汽车维修工具使用指南丛书

刘春晖　吴云◎主编

汽车维修工具与设备使用指南

机械工业出版社
CHINA MACHINE PRESS

本书的读者对象为职业院校汽车类专业的学生以及汽车维修企业中刚入门的汽车维修从业人员，通过本书可以使读者对汽车维修中常见的维修工具、量具和机械设备有一个初步了解和认识。本书全面、系统地介绍了六个方面的内容：汽车维修常用扭力工具；汽车维修常用钳工工具；汽车维修常用量具；汽车维修专用工具；汽车维修机械设备；不同系统维修常用工具和设备。

本书多采用实物照片和原厂维修手册高清图片，有很强的针对性和真实性，可以使初学者在极短的时间内入行入门，缩短试用期，尽快适应新的工作岗位。

图书在版编目（CIP）数据

汽车维修工具与设备使用指南/刘春晖，吴云主编. —北京：机械工业出版社，2019.8（2025.1重印）

ISBN 978-7-111-63424-9

Ⅰ.①汽… Ⅱ.①刘…②吴… Ⅲ.①汽车-车辆维修设备-职业教育-教材 Ⅳ.①U472.46

中国版本图书馆 CIP 数据核字（2019）第 173687 号

机械工业出版社（北京市百万庄大街22号 邮政编码100037）

策划编辑：杜凡如 责任编辑：杜凡如
责任校对：刘雅娜 封面设计：马精明
责任印制：郜 敏

中煤（北京）印务有限公司印刷

2025 年 1 月第 1 版第 4 次印刷

184mm×260mm·14.25 印张·349 千字

标准书号：ISBN 978-7-111-63424-9

定价：49.00 元

电话服务　　　　　　　　　网络服务

客服电话：010-88361066　机 工 官 网：www.cmpbook.com
　　　　　010-88379833　机 工 官 博：weibo.com/cmp1952
　　　　　010-68326294　金 书 网：www.golden-book.com

封底无防伪标均为盗版　机工教育服务网：www.cmpedu.com

前言
PREFACE

  随着汽车工业的不断发展，我国的汽车维修类企业也得到了极大的发展，传统维修工具和设备相对较为简单，功能单一，不能满足现代汽车检测与维修技术发展的需要。现代的汽车维修技术人员不仅需要掌握汽车基本维修工具、量具、设备、仪表的使用，更要具备使用现代汽车专用工具和检测仪器、仪表、设备的能力。

  本书的主要读者对象为职业院校汽车类专业的学生以及汽车维修企业中刚入门的汽车维修从业人员，通过本书可以使读者对汽车维修中常见的维修工具、量具和机械设备有一个初步的了解和认识。本书全面、系统地介绍了六个方面的内容：汽车维修常用扭力工具；汽车维修常用钳工工具；汽车维修常用量具；汽车维修专用工具；汽车维修机械设备；不同系统维修常用工具和设备。

  本书不仅是一线汽车维修人员和初学者使用和操作汽车工具、量具、仪器、仪表等的入门指导书，更是职业院校、技工学校汽车检测与维修专业、汽车运用与维修专业、汽车维修专业在校学生的一本很好的专业学习参考书。

  本书由山东华宇工学院刘春晖、吴云任主编，参加编写工作的还有陈明、张薇薇、肖媛媛、王淑芳、刘凤阁、张洪梅、杜祥、张文志。

  本书在编写过程中参考了许多国内外文献资料，并得到了德州元盛鑫喜汽车销售公司、德州汇众汽车销售技术服务有限公司的技术支持，对此对相关人员表示衷心感谢！

  由于编者水平所限，书中难免有错误和不当之处，恳请广大读者批评指正。

编 者

目录
CONTENT

前言
第一章　汽车维修常用扭力工具 ……… 1
第一节　概述 ……………………… 1
一、扳手的类型 ………………… 1
二、扳手的选用原则 …………… 1
第二节　套筒扳手类工具 ………… 2
一、套筒 …………………… 2
二、套筒接合器 ……………… 4
三、万向接头 ……………… 5
四、接杆 …………………… 5
五、手柄 …………………… 6
六、动力扳手 ……………… 12
第三节　其他常用扳手 …………… 14
一、呆扳手 ………………… 14
二、梅花扳手 ……………… 16
三、两用扳手 ……………… 17
四、活扳手 ………………… 18
五、管子扳手 ……………… 19
六、内六角扳手 …………… 20
第二章　汽车维修常用钳工工具 ……… 21
第一节　螺钉旋具 ……………… 21
一、螺钉旋具类型及使用 …… 21
二、一字槽螺钉旋具 ……… 23
三、十字槽螺钉旋具 ……… 24
四、梅花螺钉旋具 ………… 24
五、冲击螺钉旋具 ………… 24
第二节　钳子 …………………… 25
一、鲤鱼钳 ………………… 25
二、钢丝钳 ………………… 26

三、尖嘴钳 ………………… 27
四、大力钳 ………………… 29
五、水泵钳 ………………… 29
六、斜口钳 ………………… 30
七、弯嘴钳 ………………… 31
八、卡簧钳 ………………… 31
九、剥线钳 ………………… 33
十、断线钳 ………………… 33
十一、台虎钳 ……………… 34
第三节　锤子和錾子 ……………… 35
一、圆头铁锤 ……………… 35
二、软手锤 ………………… 38
三、组合锤 ………………… 38
四、錾子 …………………… 38
第四节　手锯 …………………… 40
一、手锯的结构 …………… 40
二、手锯的使用 …………… 41
第五节　锉刀和刮刀 ……………… 45
一、锉刀的结构 …………… 45
二、锉刀的分类 …………… 45
三、锉刀的规格 …………… 46
四、锉刀的使用 …………… 47
五、刮刀 …………………… 51
第六节　丝锥和板牙 ……………… 51
一、丝锥 …………………… 51
二、板牙 …………………… 55
第七节　划线工具和钻孔工具 …… 58
一、划线工具 ……………… 58

二、钻孔工具 ………………… 60
第八节 其他钳工工具 ………… 61
　一、砂轮机 …………………… 61
　二、压力机 …………………… 61
　三、钢丝刷 …………………… 63
第三章 汽车维修常用量具 …… 64
第一节 常用测量尺 …………… 64
　一、钢直尺 …………………… 64
　二、钢卷尺 …………………… 65
　三、内外卡钳 ………………… 67
　四、游标卡尺 ………………… 68
　五、外径千分尺 ……………… 73
第二节 专用测量尺 …………… 77
　一、塞尺 ……………………… 77
　二、塑料间隙规 ……………… 79
　三、伸缩规 …………………… 79
　四、内卡规 …………………… 80
　五、弹簧秤 …………………… 82
　六、角尺 ……………………… 82
　七、靠尺 ……………………… 83
　八、弹簧测量器 ……………… 83
第三节 指示式量具 …………… 84
　一、百分表 …………………… 84
　二、量缸表 …………………… 87
　三、冰点密度计 ……………… 89
　四、温度测量装置 …………… 91
第四章 汽车维修专用工具 …… 94
第一节 活塞环装配工具 ……… 94
　一、活塞环拆装钳 …………… 94
　二、活塞环压缩器 …………… 94
第二节 气门维修拆装专用工具 … 97
　一、气门弹簧钳 ……………… 97
　二、气门油封钳 ……………… 99
　三、气门铰刀 ………………… 99
　四、气门导管铰刀 …………… 100
第三节 机油滤清器拆装专用工具 … 101
　一、帽式机油滤清器扳手 …… 101
　二、钳式机油滤清器扳手 …… 102
　三、环式机油滤清器扳手 …… 102

四、三爪式机油滤清器扳手 …… 102
五、链式机油滤清器扳手 …… 102
六、带式机油滤清器扳手 …… 103
七、机油滤清器扳手使用注意事项 … 103
第四节 底盘维修专用工具 …… 103
　一、拉拔器 …………………… 103
　二、球头分离器 ……………… 104
　三、减振器弹簧压缩器 ……… 106
第五节 汽车电气系统维修专用工具 … 108
　一、数字式万用表 …………… 108
　二、汽车专用万用表 ………… 111
　三、钳形电流表 ……………… 114
　四、试灯 ……………………… 114
　五、高率放电计 ……………… 116
　六、电解液密度计 …………… 117
第五章 汽车维修机械设备 …… 118
第一节 双柱举升机 …………… 118
　一、双柱举升机的结构 ……… 118
　二、使用注意和安全装置 …… 120
　三、举升操作 ………………… 121
　四、故障提示 ………………… 123
第二节 剪式举升机 …………… 124
　一、剪式举升机的使用 ……… 124
　二、剪式举升机的结构 ……… 125
　三、剪式举升机的操作 ……… 126
第三节 轮胎拆装机 …………… 129
　一、基础知识 ………………… 129
　二、轮胎拆装机的安装和连接 … 132
　三、轮胎拆装机的使用 ……… 135
　四、轮胎的拆装及充气 ……… 138
　五、维护 ……………………… 142
第四节 车轮平衡机 …………… 143
　一、车轮平衡的原理 ………… 143
　二、车轮平衡机的结构 ……… 144
　三、平衡机的使用 …………… 148
第六章 不同系统维修常用工具和
　　　 设备 …………………… 151
第一节 发动机维修常用工具及设备 … 151
　一、火花塞套筒扳手 ………… 151

二、火花塞测试仪 ………………… 151

三、火花塞间隙规 ………………… 152

四、发动机气缸压力表 …………… 153

五、点火正时测试灯 ……………… 155

六、燃油压力表 …………………… 156

七、真空表 ………………………… 157

八、手动式真空泵 ………………… 160

九、散热器盖测试器 ……………… 160

十、传动带张力测试器 …………… 161

十一、排气背压测试表 …………… 162

十二、机油压力表 ………………… 164

十三、部件加热工具 ……………… 165

第二节　底盘系统维修常用工具及

　　　　设备 …………………… 165

一、轮胎压力表 …………………… 165

二、轮胎沟槽深度尺 ……………… 165

三、十字扳手 ……………………… 167

四、轮胎充氮机 …………………… 167

五、千斤顶 ………………………… 167

六、自动变速器油压表 …………… 171

七、滑脂枪 ………………………… 172

第三节　汽车涂装美容常用工具及

　　　　设备 …………………… 173

一、打磨机 ………………………… 173

二、手工打磨工具 ………………… 175

三、砂纸 …………………………… 176

四、无尘干磨设备 ………………… 179

五、辐射式干燥设备 ……………… 181

六、常用洗车设备 ………………… 183

七、喷枪 …………………………… 190

八、烤漆房 ………………………… 196

第四节　汽车空调系统维修工具的

　　　　使用 …………………… 198

一、专用成套维修工具 …………… 198

二、专用工具 ……………………… 199

三、检漏设备 ……………………… 200

四、歧管压力表 …………………… 203

五、真空泵 ………………………… 211

六、制冷剂罐注入阀 ……………… 212

七、检修阀 ………………………… 212

八、气门阀 ………………………… 213

九、氧乙炔焊割设备 ……………… 214

第五节　车身系统维修常用工具及

　　　　设备 …………………… 215

一、钣金锤 ………………………… 215

二、车身锤 ………………………… 215

三、衬铁 …………………………… 216

四、修平刀 ………………………… 217

五、撬镐 …………………………… 218

六、凹坑拉出器和拉杆 …………… 218

七、凹坑吸盘 ……………………… 219

八、金属剪 ………………………… 219

九、铆枪 …………………………… 220

第一章

汽车维修常用扭力工具

第一节 概　述

一、扳手的类型

扳手是汽车修配作业中最为常用的一类工具，主要用于拧转螺栓、螺母或带有螺纹的零件。扳手是一种利用杠杆原理拧转螺栓、螺钉、螺母和其他螺纹紧固件的手工工具。扳手通常在柄部的一端或两端制有夹持螺栓或螺母的开口或套孔。使用时沿螺纹旋转方向在柄部施加外力，就能拧转螺栓或螺母。

如果扳手选用不当或使用不当，不但会造成工件和扳手损坏，还可能引发危及人身安全的事故。因此，正确地选用和使用扳手显得尤为重要。扳手种类繁多，常见的有套筒扳手、梅花扳手、呆扳手、组合扳手、活扳手等，如图1-1所示。

二、扳手的选用原则

在拆卸螺栓时，应按照"先套筒扳手、后梅花扳手、再呆扳手、最后活扳手"的选用原则进行选取，如图1-2所示。在选用扳手时，要注意扳手的尺寸，尺寸是指它所能拧动的螺栓或螺母正对面间的距离。例如扳手上标示有17mm，即表示此扳手所能拧动螺栓或螺母棱角正对面间的距离为17mm。现在常见的工具都有米制、英制两种尺寸单位。米制和英制之间的换算关系为 1mm ＝

图1-1　汽车维修常用扳手

0.03937in。禁止使用一种单位系统的扳手旋动另外一种单位系统的螺栓或螺母，例如，不能使用英制单位的扳手去松紧米制单位的螺栓或螺母。

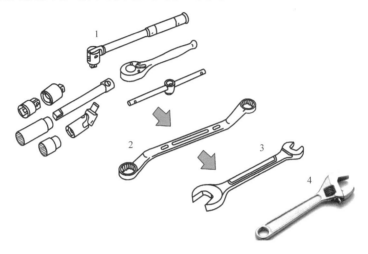

图1-2 扳手的选用顺序

第二节 套筒扳手类工具

套筒扳手主要由套筒、接杆、万向接头、手柄等几部分组成。

 套筒

1. 套筒类型

呈短管状，一端内部呈六角形或双六角形（十二角形），用来套住螺栓头；另一端有一个正方形的头孔，该头孔用来与配套手柄的方榫配合。套筒按其规格和类型分为以下几种：

1）按照套筒的长短尺寸可分为短套筒、长套筒。

2）按照套筒钳口尺寸的大小可分为小型套筒、中型套筒、大型套筒和重型套筒。大套筒可以承载比小套筒更大的扭矩，如图1-3所示。不同大小规格的套筒其尾端的方形接口大小也各不相同，如图1-4所示。

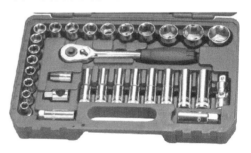

图1-3 套筒大小、长短分类

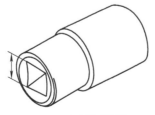

a) 大尺寸套筒

b) 小尺寸套筒

图1-4 套筒的大小分类

3）按照套筒钳口规格尺寸所遵循的标准，可分为米制和英制两种：米制用毫米（mm）表示，如8mm、10mm、12mm、14mm、17mm、19mm、21mm等；英制用英寸（in）表示，如1/4in、3/8in、1/2in等。

4）根据钳口形状分类，套筒分为双六角形和六角形，如图1-5所示。六角形套筒的六角部分与螺栓/螺母的表面有很大的接触面，这样就不容易损坏螺栓/螺母的表面。双六角形套筒与螺栓/螺母的接触面较小，容易损坏螺栓的棱角或出现滑脱产生安全事故，因此不能拆卸大扭矩或棱边已经磨损的螺栓。由于双六角形套筒各角之间只间隔30°，可以很方便地找到合适的角度套住螺栓，因此适合于在狭窄的空间中拆卸螺栓。

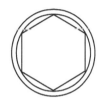

图1-5　双六角形和六角形套筒

在按套筒的钳口形状分类中，还有一种特殊形状的套筒，称作花形套筒。根据内孔夹角数分为六角花形套筒或十二角花形套筒。花形套筒是专门用来拆卸花形螺栓头螺栓的。在拆卸时，花形套筒可与这种螺栓头实现面接触，并采用曲面结构，在缩小体积的同时可增加拆卸扭矩。在花形套筒的尺寸标识中，首先是T形和E形的区分，然后才是尺寸数字的区别。花形套筒被称为E形（沉头），而花形旋具头被称为T形（柱头），如图1-6所示。

a) E形(沉头—套筒)　　b) T形(柱头)

图1-6　花形套筒的标识

2. 作用

套筒是套筒扳手的核心组成部件，其规格尺寸和钳口形状种类繁多，能够满足不同工作空间大小、扭矩和螺栓/螺母尺寸等的要求，具有更换方便，使用灵活、安全的优点，且不易损坏螺母的棱角。

3. 使用方法

套筒必须和与之配套的扭力手柄、连接杆等配合使用。在选用套筒时，应注意以下事项：

1）应根据工作空间大小、扭矩要求和螺栓/螺母的尺寸等条件来选用合适的套筒。

2）不能使用小规格套筒去拧转大扭矩螺栓/螺母。

3）不能使用双六角形套筒去拧转棱角已经磨损的螺栓/螺母。

4）套筒扳手的用处在于它能拧转螺栓/螺母而不需要重新调整，因此可以迅速转动螺栓/螺母。

5）套筒扳手可以根据所装的手柄以各种方式工作（图1-7）。如棘轮手柄适合在狭窄空间中使用。然而，由于棘轮的结构，它不可能获得很高的扭矩。滑动手柄要求极大的工作空间，但它能提供最快的工作速度。旋转手柄在调整好手柄后可以迅速工作。但此手柄很长，很难在狭窄空间使用。如图1-8所示为使用套筒扳手拆卸曲轴带轮。

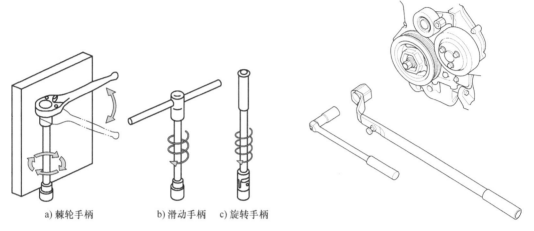

a) 棘轮手柄　　　　b) 滑动手柄　　c) 旋转手柄

图1-7　套筒扳手的不同手柄　　　　　　**图1-8　用套筒扳手拆卸曲轴带轮**

套筒接合器

1. 作用

套筒接合器也叫套筒转换接头。转换接头有两种，一种是"小"→"大"，另外一种是"大"→"小"，如图1-9所示。套筒接合器的功用就是将现有的不同尺寸规格的手柄和套筒配合使用。例如10mm系列的手柄接12.5mm系列的套筒或者12.5mm系列手柄接10mm系列套筒等都需要转换接头。

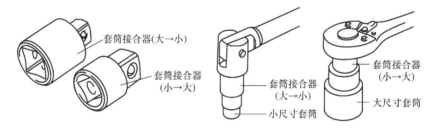

套筒接合器（大→小）
套筒接合器（小→大）
套筒接合器（大→小）
小尺寸套筒
套筒接合器（小→大）
大尺寸套筒

图1-9　套筒接合器的类型和作用

2. 使用方法

将套筒接合器的凸出端与套筒连接，将另一端（方孔端）与扭力手柄连接，从而实现不同尺寸规格的手柄和套筒能够配合使用。套筒接合器在使用过程中，必须控制扭矩的大小，因为套筒和手柄经过转换后，不是同一尺寸范围，如果按照原来的尺寸施加扭矩，就会损坏套筒或手柄。因此要以小尺寸工具（套筒或手柄）所能承受的扭矩大小为扭矩施加的上限，如图1-10所示。

三 万向接头

1. 作用

万向接头如图1-11所示，其结构与前置后驱汽车传动轴使用的万向节基本相同，套头部分可以前后或左右移动。通常套筒扳手与配套手柄是垂直连接的，但车辆上很多地方套筒是无法伸入的，这时候使用万向接头将会提供最大的方便。万向接头主要用于连接配套手柄和套筒，实现手柄和套筒之间的角度自由变化，它可以提供比可弯式接头更大的变向空间。如图1-12所示。

图1-10 使用套筒接合器应注意施加扭矩的大小

图1-11 万向接头

2. 使用方法

使用万向接头时，不要使手柄倾斜较大角度来施加扭矩，如图1-13所示。应尽可能在接近垂直状态下使用，因为偏角过大会使扭矩的传递效率降低。使用气动工具时严禁使用万向节，因为球节由于不能吸收旋转摆动会发生脱开情况，造成工具、零件或车辆损坏，甚至造成人身伤害。

四 接杆

1. 类型

接杆也称延长杆或加长杆，如图1-14所示，是套筒类成套工具不可缺少的一部分。日常汽车维修工作中，有75mm、150mm、200mm和250mm等不同长度的接杆供选用，即常说的长接杆和短接杆。

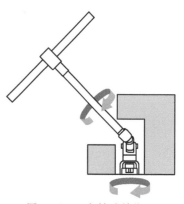

图1-12 万向接头的作用

图1-13 万向接头禁止使用的情况

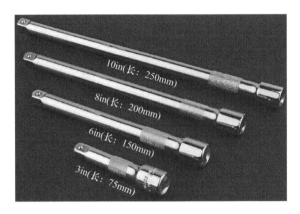

图1-14 接杆（加长杆）

2. 作用

接杆的主要作用是加装在套筒和配套手柄之间，用于拆卸和更换装得很深，仅凭套筒和手柄无法接触的螺栓、螺母。另外，在拆卸平面上的螺栓、螺母时，工具会紧贴在操作面上，妨碍正常拆卸，甚至会产生安全事故。接杆可将工具抬离平面一定高度，便于操作，如图1-15所示。

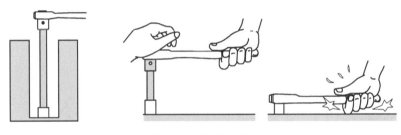

图1-15 接杆的作用

有的接杆经过改进后具有特殊功能，如转向接杆和锁定接杆等。所谓转向接杆，是指普通接杆与套筒连接的方榫部，经过改进再装上套筒后，会产生10°左右的偏角，因而使用非常方便。锁定接杆是指接杆具有套筒锁止功能。也就是说，在使用过程中再也不用为套筒或万向节接头的掉落而烦恼了。注意禁止把接杆当冲子使用。

3. 使用方法

根据作业空间的实际情况，选用合适规格的接杆，将接杆加装在套筒和配套手柄之间拆卸位置较深的螺栓、螺母。

五、 手柄

套筒手柄是装在套筒上用于扳动套筒的配套手柄，如果没有配套手柄，套筒将无法独立工作。常见的套筒手柄有滑杆、旋转手柄、快速摇杆、棘轮手柄、扭力扳手、T形手柄等种类。

1. 旋转手柄

（1）作用 旋转手柄也称摇头手柄或扳杆，如图1-16所示。旋转手柄可用于拆下或更换要求大扭矩的螺栓或螺母，也可在调整好手柄后进行迅速旋转。

（2）使用方法　一般的固定式手柄较长，很难在狭窄空间下使用，而旋转手柄头部可以作铰式移动，这样可以根据作业空间要求调整手柄的角度进行使用，如图 1-17 所示。

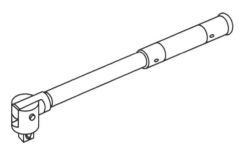

图 1-16　旋转手柄

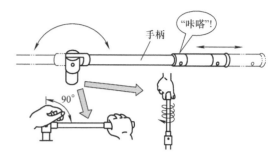

图 1-17　旋转手柄的使用方法

2. 滑杆

（1）作用　滑杆也称滑动 T 形杆，是套筒专用配套手柄，如图 1-18 所示。滑杆由滑动手柄（即横杆部）和滑动方榫两部分组成，滑动方榫可以在滑动手柄上滑动，如图 1-19 所示。滑杆是与套筒配套使用的专业手柄之一，通过调节滑动方榫在滑动手柄上的位置，可以实现 L 形扳手和 T 形扳手的结构，并实现与之相同的功能。

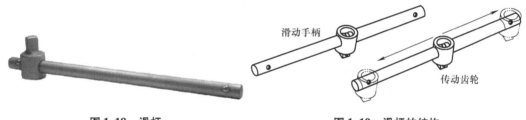

图 1-18　滑杆

图 1-19　滑杆的结构

（2）使用方法　通过滑动方榫部分，滑杆可以有两种使用方法，如图 1-20 所示。将方榫调整到滑动手柄的一端，形成 L 形结构，从而增加扭矩，达到拆卸或紧固螺栓的目的，与 L 形扳手类似。将方榫调整到滑动手柄的中部位置，形成 T 形结构，两只手同时用力，可以增加拆卸速度，但需要较大的工作空间。

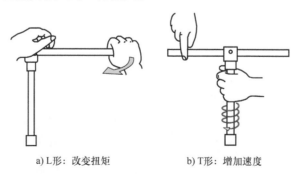

a) L 形：改变扭矩　　　　b) T 形：增加速度

图 1-20　滑杆的使用方法

3. 棘轮手柄

（1）作用　棘轮手柄是最常见的套筒手柄，如图1-21所示。棘轮手柄头部设计有棘轮装置，在不脱离套筒和螺栓的情况下，可实现拧紧和松开方向的调整，并能进行单方向快速转动。

（2）使用方法　通过调整棘轮装置上的锁紧机构可改变棘轮手柄的旋转方向：将锁紧机构手柄调到左边，可以单向顺时针拧紧螺栓或螺母；将锁紧机构手柄调到右边，可以单向逆时针松开螺栓或螺母，如图1-22所示。

设置水平

顺时针拧紧　　逆时针松开

图1-21　棘轮手柄　　　　　　　　图1-22　棘轮锁紧机构调整方法

利用棘轮装置，棘轮手柄能够在不同角度范围内快速往复进行螺栓或螺母的拧紧、松开作业，特别适合在作业面较小的场合使用，如图1-23所示。

棘轮手柄使用方便但不够结实，因此不能使用棘轮扳手对螺栓或螺母进行最后的拧紧，另外，严禁对棘轮手柄施加过大的扭矩，否则会损坏内部的棘爪结构，如图1-24所示。

有的棘轮手柄设计有套筒锁止及快速脱落功能，可防止在使用过程中套筒或接杆脱落，

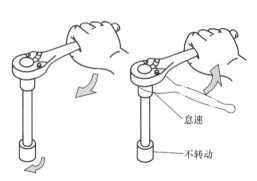

急速

不转动

图1-23　棘轮手柄的使用方法

只需单手操作即可。使用时，按下锁定按钮，将套筒头套入棘轮手柄的方榫中，松开锁定按钮，套筒即被锁止，如再次按下锁定按钮，即可解除套筒锁定，如图1-25所示。在汽车维修中，棘轮扳手可用来拆卸发电机带轮（图1-26）、拧紧凸轮轴正时齿轮（图1-27）以及拆卸曲轴带轮（图1-28）等。

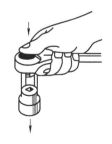

图1-24　棘轮手柄的施加扭矩不能过大　　　图1-25　棘轮手柄的锁止、脱落功能

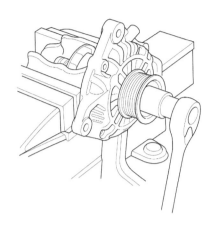

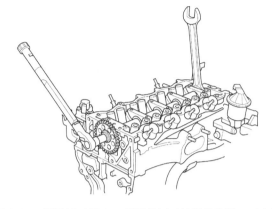

图 1-26　使用棘轮扳手拆卸发电机带轮　　图 1-27　用呆扳手固定，用棘轮扳手拧紧凸轮轴正时齿轮

4. 快速摇杆

（1）作用　快速摇杆俗称摇把，如图 1-29 所示，是旋动螺母最快的配套手柄。快速摇杆主要用于拧下已经松动的螺母，或者把螺母快速旋上螺栓，但不能在螺母上施加太大的扭矩。

（2）使用方法　使用快速摇杆时，左手握住摇杆端部，并保持摇杆与所拆卸螺栓同轴，右手握住摇杆弯曲部，迅速旋转。使用快速摇杆时，握摇杆的手不可摇晃，以免套筒滑出螺栓或螺母，发生安全事故。

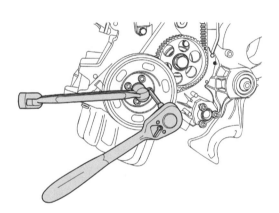

图 1-28　使用棘轮扳手拆卸发动机曲轴带轮

图 1-29　快速摇杆

5. 扭力扳手

（1）类型　扭力扳手是用来拧紧规定力矩大小的螺栓或螺母的扳手。在紧固螺栓、螺母等螺纹紧固件时，需要控制施加力矩的大小，以保证螺纹紧固且不至于因力矩过大而破坏螺纹，因此需要使用扭力扳手来操作，比如紧固车轮固定螺母、紧固气缸盖螺栓和曲轴轴承螺栓时都需要使用扭力扳手。它可以读出所施力矩大小，常与套筒扳手的套筒配合使用。汽车维修工作中常用的扭力扳手有指针式扭力扳手、预置式扭力扳手（图 1-30）和数显式扭力扳手（图 1-31）等。

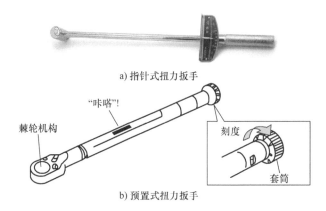

a) 指针式扭力扳手

b) 预置式扭力扳手

图1-30　扭力扳手的类型

图1-31　数显式扭力扳手

指针式扭力扳手的手柄就是棒状的弹簧,给手柄加力时发生弯曲,其弯曲量使指针指示出刻度,这种扭力扳手结构简单,使用方便,故障少,在汽车修理中使用广泛;数显式扭力扳手是通过扭力扳手上配备的数显板显示扭矩数据,显示方式清晰直观;预置式扭力扳手配有扭矩调节机构,旋转端部的套筒即可调节紧固扭矩,可预先设定好扭矩值,当扭矩达到设定值时,扭力扳手会发出声音或手感信号提示操作者已经达到设定好的扭矩了。

(2)作用　扭力扳手主要用于有规定扭矩值的螺栓和螺母的装配,如气缸盖、连杆、曲轴主轴承等处的螺栓。

(3)使用方法　扭力扳手的结构和使用方法如图1-32所示。

1)指针式扭力扳手的使用方法。指针式扭力扳手结构相对比较简单,其力臂由单片板簧构成,在拧紧螺栓或螺母时,板簧变形,利用该变形,扭矩直接显示在靠近扳手手柄的地方,即通过刻度盘读出。指针式扭力扳手的具体使用方法如下:

a. 检查零位。在使用指针式扭力扳手前,应检查指针正确无误地指向零位,如图1-32所示。

b. 选择套筒。必须使用与螺栓或螺母尺寸适合的套筒,使用扭力扳手时,要用手握住套筒结合处,

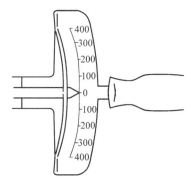

图1-32　检查指针指向零位

保证扳手和套筒不会脱离。

　　c. 正确操作。用扭力扳手测量扭矩时，必须使枢轴把手与板簧分离，如果它们相互接触就会造成扭矩读数不准。在进行拧紧操作时，应握紧扭力扳手的把手，向自己的方向用力；拉把手的方向应与力臂的方向成直角，如图1-33所示。

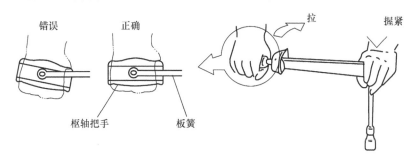

图1-33　指针式扭力扳手的操作方法

　　汽车维修中常用的指针式扭力扳手的规格为300N·m。图1-34所示为用指针式扭力扳手紧固凸轮轴螺栓。

　　2）预置式扭力扳手的使用方法。预置式扭力扳手的设计原理是通过将手柄端部的套筒转动到所需的刻度可以预先设定扭矩，这样在拧紧过程中，操作人通过声音和手感就能知道已经到达预设扭矩。预置式扭力扳手的具体使用方法如下：

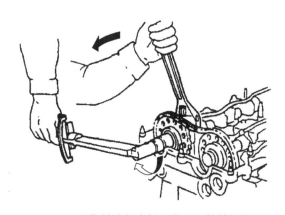

图1-34　用指针式扭力扳手紧固凸轮轴螺栓

　　a. 设定扭矩。将锁止器移到左侧释放副刻度；转动副刻度设定扭矩（主、副刻度盘组合使用）；将锁止器移到右侧锁住副刻度（如果针销碰到锁止器请重新定位），如图1-35所示。

　　b. 将扭力手柄与套筒连接。

　　c. 将套筒套入螺栓头螺母。

　　d. 顺时针转动扭力扳手紧固螺栓。

　　e. 听到"咔嗒"声停止用力。

　　如图1-36所示为用预置式扭力扳手按照紧固顺序紧固车轮螺母。

6. T形手柄和L形套筒

　　(1) 作用　T形手柄形状如T字，由于套筒通常与T形手柄做成一体，常把T形手柄称作T形套筒，如图1-37所示。T形套筒通常尺寸较小、质量较小，适用于快速扳拧（拧紧或旋松）较小尺寸六角螺母的螺纹紧固件。

　　L形套筒（图1-38）可分为两端全为套筒和一端套筒、一端螺钉旋具两种类型，可用于空间较小、力矩需求较大的场合。

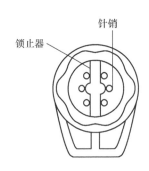

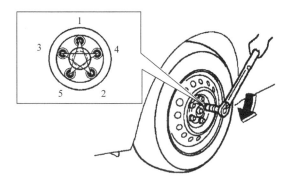

图 1-35　预置式扭力扳手的锁止机构　　图 1-36　用预置式扭力扳手按照紧固顺序紧固车轮螺母

（2）使用方法　使用 T 形套筒时沿螺纹旋转方向在顶部施加外力，拧转螺栓或螺母。T 形套筒的套筒尺寸通常为 10mm、12mm、14mm，可允许施加的力矩较小，只能将螺栓或螺母拧靠，但无法拧紧到要求的力矩，因此需要其他扭力工具完成。对于已经紧固的螺栓或螺母，T 形套筒也很难松开，需要用其他工具将螺栓或螺母松开后，利用 T 形套筒完成快速拆卸。L 形套筒和 T 形套筒使用方便、快捷，极大地提高了维修效率。

图 1-37　T 形套筒

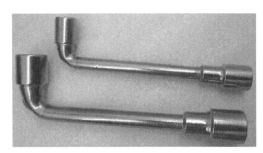

图 1-38　L 形套筒

六、动力扳手

在汽车维修工作中仅靠手工工具是不够的，还会用到气动工具和电动工具。动力扳手是一种由电力或压缩空气驱动的手提工具，利用快速的冲击力量来拆卸或旋紧螺母和螺栓。在进行大扭矩拆装作业中，经常会用到气动扳手和电动扳手等动力型扳手。

1. 气动扳手

（1）作用　气动扳手也称风动扳手，是一种以压缩空气为动力源，用于螺栓或螺母拆装的快速操作工具。根据所拆卸的螺栓扭矩大小不同，所采用的气动扳手种类也不相同，常见的气动扳手有冲击扳手和气动棘轮扳手两种，如图 1-39 所示。

（2）使用方法　如图 1-40 所示，气动扳手要与专用的套筒结合使用，专用的套筒经过专门加工，其特点是能防止零件从传动装置上飞出。

　　气动扳手不仅能够拆卸螺栓或螺母，也可以拧紧螺栓或螺母，因此在使用气动扳手前，先要对其旋转方向（正转或反转）进行选择调节，如果带有扭矩调整功能，则按照所需施加扭矩的大小进行扭矩调节，再将气源管路紧固连接到气动扳手的气源接口上，站在一个安全舒适且容易施力的位置，握紧气动扳手把手，并用手按动气源开关，在气压的作用下，使套筒带动螺栓、螺母自动旋拧。图1-41所示为使用气动扳手紧固轮胎。

图1-39　气动扳手

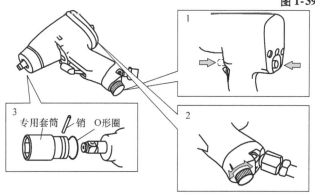

图1-40　气动扳手的使用方法

1—扭矩大小调节　2—切换正转、反转　3—套筒防脱落保险机构

　　气动扳手在使用过程中，还应注意以下操作事项（图1-42）：

　　1）一定要在正确的气压下使用（气压为686kPa左右）。

　　2）应定期检查气动扳手，并用气动工具油润滑和防锈。

　　3）如果用气动扳手从螺栓上完全取下螺母，则旋转力可使螺母飞出。

　　4）在拧紧螺母时，应先用手将螺母对准螺栓并带入几扣，如果一开始就打开气动扳手，则螺纹会被损坏。

　　5）最后应使用扭力扳手检查紧固扭矩。

图1-41　使用气动扳手紧固轮胎

2. 电动扳手

　　（1）作用　电动扳手通常采用220V单相串励式电动机驱动，这种电动机结构与汽车起动机相似，它扭矩较大，适合于断续工作，如图1-43所示。电动扳手与气动扳手功能相似，也是用于快速拆装螺栓或螺母的动力型扭力工具。

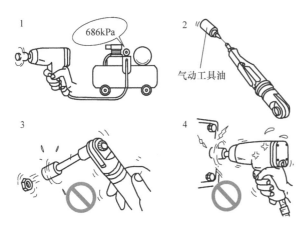

气动工具油

图 1-42 气动扳手使用注意事项

图 1-43 电动扳手

（2）使用方法

1）电动扳手一般是定扭矩的，因此进行旋紧操作时必须注意扳手的使用范围，以防拧断螺栓。

2）装配一个螺纹件，一般冲击时间为 2~3s，不应经常超过 5s。

3）电压过低或过高时都不宜使用电动扳手。

4）变换转向时，应先用电源开关切断电源，再扳动正反转开关，以保护正反转开关。

5）在使用电动扳手过程中，安全应放在第一位，如果稍有疏忽，不但会造成伤害，还可能会因漏电造成触电乃至人身伤亡事故，因此要确保电动扳手使用的电线或插头完好无损，绝缘层无脱落，无金属丝外露；电动扳手的外接线长度和直径应符合标准，否则会因为电压下降过大造成导线过热。

6）在使用电动扳手时，还应确保工作环境干燥无积水，以避免电动扳手及其连接线与水接触。

第三节 其他常用扳手

在汽车修配工作中，除了最常使用的套筒类扳手工具外，经常使用到的还有梅花扳手、呆扳手、活扳手和内六角扳手等其他扳手类工具。

 呆扳手

1. 认识

如图 1-44 和图 1-45 所示，呆扳手是一种最常见的维修工具。其开口的中心平面和本体中心平面成 15°角，这样既能适应人手的操作方向，又可降低对操作空间的要求。其规格是以两端开口的宽度来表示的，如 8 – 10、12 – 14 等；通常是成套装备，有 8 件一套、10 件一套等，通常用 45 钢、50 钢锻造，并经热处理。

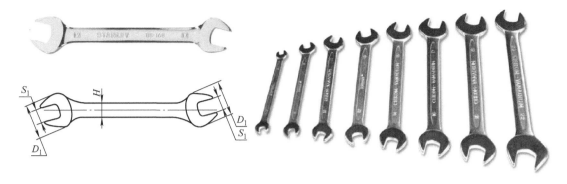

图1-44　呆扳手

图1-45　8件套呆扳手

2. 作用

呆扳手两头均为U形的开放式钳口，可套住螺栓或螺母六角的两个对向面，因此呆扳手主要适用于无法使用套筒扳手和梅花扳手操作的位置。有些螺栓或螺母必须从横侧插入，此时呆扳手可以做到，而其他扳手则不行，如图1-46所示。

3. 使用方法

呆扳手的钳口与手柄存在一定的角度，这样可以通过反转呆扳手来增加适用空间，如图1-47所示。

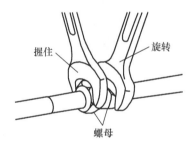

图1-46　呆扳手的作用

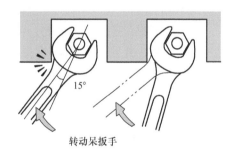

图1-47　呆扳手的使用力法

1）呆扳手的规格应与所拆螺栓、螺母相适应。如果过大，呆扳手开口侧面就不能与螺栓头部或螺母贴紧，用力时呆扳手就会脱离螺栓头部或螺母，导致滑丝。

2）用呆扳手时，为了使扳手不致损坏或滑出，在最初旋松和最后旋紧螺栓时，拉力应施加在较厚一边的扳口上，但螺栓松动后可以翻转使用。

3）使用呆扳手时，最好的效果是拉动，若必须推动，只能用手掌来推并且手指要伸直，以防螺栓松动时碰伤手指。

4）呆扳手钳口以一定角度与手柄相连。这意味着通过转动呆扳手（扳手），可在有限空间中进一步旋转。为防止相对的零件也转动，如在拧松一根燃油管时，用两个呆扳手去拧松一个螺母。呆扳手不能提供较大扭矩，因此不能用于最终拧紧。

5）不能在呆扳手手柄上接套管，这会造成超大扭矩，损坏螺栓或呆扳手（图1-48）。

6）呆扳手还可起到固定作用，比如在拆装凸轮轴链轮螺栓时，为防止凸轮轴转动，可用尺寸合适的呆扳手固定住凸轮轴六角头部位，使凸轮轴无法转动，从而顺利拆装凸轮轴链轮螺栓，如图 1-49 所示。

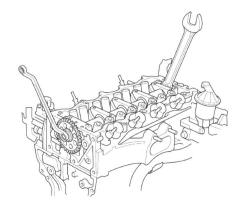

图1-48 禁止在呆扳手手柄上套装加长套管　　　**图1-49 用呆扳手固定凸轮轴**

二、梅花扳手

1. 结构

如图 1-50 和图 1-51 所示，梅花扳手同呆扳手的用途相似，其两端是花环式的。其孔壁一般是十二边形，可将螺栓和螺母头部套住，扭矩大，工作可靠，不易滑脱，携带方便。使用时，扳动30°角后，即可换位再套，因而适用于狭窄场合下操作。与呆扳手相比，梅花扳手强度高，因为扳手钳口是双六角形的，可以容易地装配螺栓/螺母。梅花扳手可以在一个有限空间内重新安装，并且由于螺栓/螺母的六角形表面被包住，因此没有损坏螺栓角的危险，使用时可施加大扭矩。这种扳手的特点是使用时不易滑脱，但套上、取下不方便。

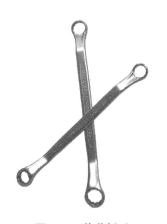

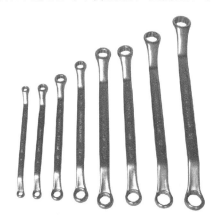

图1-50 梅花扳手　　　　　**图1-51 8件套梅花扳手**

梅花扳手也有单头（图 1-52）和双头之分。很多梅花扳手带有弯头，常见的弯头角度在 10°～45°，从侧面看梅花扳手的旋转螺栓部分和手柄部分是错开的，这种弯头结构便于拆卸安装在凹陷空间上的螺栓和螺母，并可以为手指提供足够的操作空间，防止擦伤。在汽车维修操作中，梅花扳手主要用来在狭窄空间拆装螺栓或螺母，如可以用梅花扳手拆卸机油滤清器螺母（图 1-53），用梅花扳手配合调整气门间隙（图 1-54）等。

图 1-52 单头梅花扳手

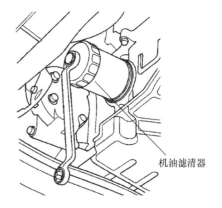

机油滤清器

图 1-53 用梅花扳手拆卸机油滤清器螺母

梅花扳手规格以闭口尺寸 S（mm）来表示，如 8 - 10、12 - 14 等；通常是成套装备，有 8 件一套、10 件一套等；通常用 45 钢或 40Cr 锻造，并经热处理。

2. 使用方法

如图 1-55 所示，梅花扳手使用方法及注意事项如下。

① 扳手钳口是双六角形的，可以容易地装配螺栓/螺母。梅花扳手可以在一个有限空间内重新安装。

② 螺栓/螺母的六角形表面被包住，因此没有损坏螺栓角的危险，并可施加大扭矩。

③ 由于轴是有角度的，可用于在凹进空间里或在平面上旋转螺栓/螺母。

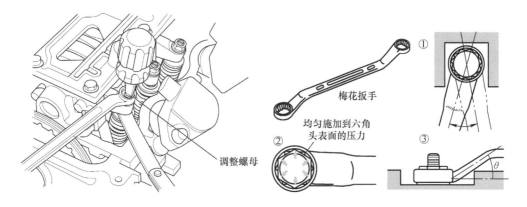

调整螺母

梅花扳手

均匀施加到六角头表面的压力

图 1-54 用梅花扳手配合调整气门间隙

图 1-55 梅花扳手的使用方法

三、两用扳手

1. 作用

如图 1-56 和图 1-57 所示，两用扳手兼有两种扳手的优点，用起来更方便。两用扳手就是把呆扳手和梅花扳手制成一体，即一端是呆扳手，另一端是梅花扳手，并且呆扳手和梅花扳手的米制尺寸相同。呆扳手一端适合快拧，梅花扳手一端可用于扭矩紧固操作，工作效率高。因此，在汽车维护作业中，两用扳手的使用更加普遍，通常也是成套装备。

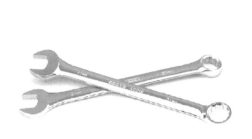

图1-56 两用扳手

图1-57 6件套两用扳手

2. 使用方法

在紧固过程中，可以先使用两用扳手的开口端把螺栓旋到底，然后使用梅花端完成最后的紧固，而拧松时先使用梅花端。呆扳手和梅花扳手的使用注意事项，同样适用于两用扳手：不可使用开口端作最后的拧紧，如果必须使用呆扳手作最后的拧紧，要完全按照螺栓或螺母扭矩要求，不能过大，否则会导致螺栓棱角损坏。

四、活扳手

1. 作用

如图1-58所示，活扳手的开口尺寸能在一定的范围内任意调整，可用于拆装不规则的螺母/螺栓，使用场合与呆扳手相同，但活扳手操作起来不太灵活。其规格是以最大开口宽度（mm）来表示的，常用的有150mm、300mm等，通常是由碳素工具钢（T）或铬钢（Cr）制成的。

图1-58 活扳手

活扳手的结构如图1-59所示，活扳手的固定钳口、活动钳口用于夹紧工件，开口调节螺母用于调节扳手开口大小，握把用于加长力臂，固定销用于防止开口调节螺母脱落。

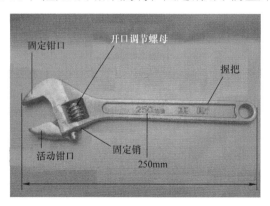

图1-59 活扳手的结构

2. 使用方法

使用活扳手时，应将活动钳口调整合适，工作时应使扳手可动部位承受推力，固定部分承受拉力，并且用力应均匀，如图 1-60 所示。使用中，尽量使用梅花扳手和呆扳手，不得已使用活扳手时，一定要调整好开口的尺寸与螺栓棱角的配合，小心使用，以防破坏螺栓棱角。使调节钳口在旋转方向上来转动扳手。如果不用这种方法转动扳手，压力将作用在调节螺杆上，使其损坏。图 1-61 所示为用活扳手固定凸轮轴，安装链条张紧器，图 1-62 为使用呆扳手和活扳手配合紧固变速器螺栓。

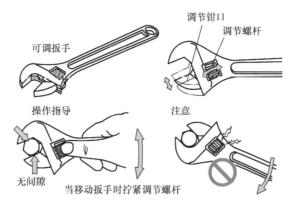

图 1-60 活扳手使用注意事项

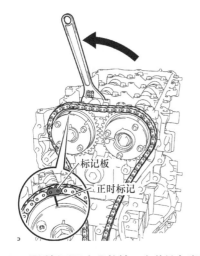

图 1-61 用活扳手固定凸轮轴，安装链条张紧器

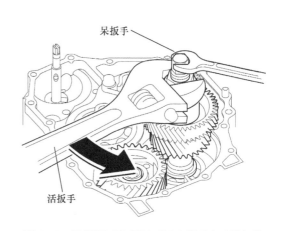

图 1-62 用呆扳手和活扳手配合紧固变速器螺栓

在使用活扳手时，应注意以下事项：

1）严禁在扳手上随意加装套管或锤击活扳手。

2）严禁将活扳手当作锤子来使用，这样会使活扳手损坏。

五、管子扳手

管子扳手也叫管钳，是用来拧动管子、圆棒以及其他扳手难以夹持的光滑圆柱形工作物的，如图 1-63 所示。在汽车维修中，调整车轮前束时，可用管钳转动转向横拉杆。

图 1-63　管子扳手

六、内六角扳手

1. 作用

内六角扳手通常分为专用内六角扳手和花形内六角扳手，此类扳手多为 L 形，如图 1-64b 所示。内六角扳手专门用于拆装内六角和花形内六角螺栓，是内六角螺栓的专用拆装工具。

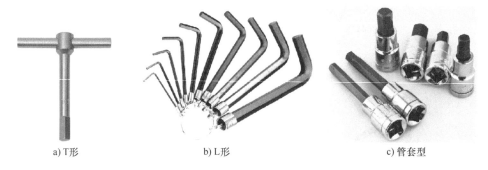

a) T形　　　　　　　　b) L形　　　　　　　　c) 管套型

图 1-64　内六角扳手

2. 使用方法

L 形内六角扳手，其长端的尾部设计成球形，有利于内六角扳手从不同角度操作，便于狭小角度空间使用，如图 1-65 所示。使用内六角扳手时，应选取与螺栓内六方孔相适应的扳手，并且严禁使用任何加长装置。图 1-66 所示为用内六角扳手拆装自动张紧器。

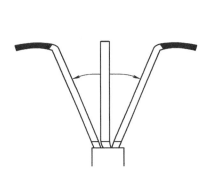

图 1-65　L 形内六角扳手的使用方法

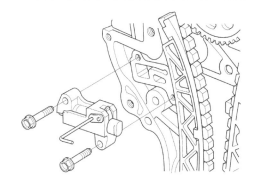

图 1-66　用内六角扳手拆装自动张紧器

第二章

汽车维修常用钳工工具

第一节　螺　钉　旋　具

一、螺钉旋具类型及使用

螺钉旋具俗称改锥或起子，主要用于旋拧小扭矩、头部开有凹槽的螺栓和螺钉。螺钉旋具的样式和规格较多，按头部形状分，常用的有一字形、十字形和专用形多种；按握柄材料分，常用的有木柄、塑柄和胶柄等多种。常用螺钉旋具如图2-1所示。

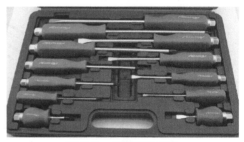

图2-1　成套螺钉旋具

汽车维修常用螺钉旋具类型主要有一字槽、十字槽、米字槽、梅花、方头、六角头、Y形头等。其中一字槽螺钉旋具和十字槽螺钉旋具是汽车维修过程中最常用的，六角头用得不多，而常用内六角扳手，因为设备上内六角螺钉较多，方便多角度用力。螺钉旋具头部的截面形状如图2-2所示。

a) 一字形　　b) 十字形　　c) 米字形　　d) 梅花形　　e) 方形　　f) 三角形

g) 中孔梅花形　　h) 六角形　　i) 十二角形　　j) 五角形　　k) Y形　　l) U形

图2-2　螺钉旋具头部的截面形状

虽然普通螺钉旋具使用最为频繁，但在不同用途下也需要使用特殊形式的螺钉旋具。如图2-3所示，利用穿透螺钉旋具可以上紧固定螺钉；使用短柄螺钉旋具，可以方便地在有限的空间内拆卸并更换螺钉；使用方柄螺钉旋具，可以借助扳手增加螺钉旋具施加的扭矩，可用在需要大扭矩的地方；使用精密螺钉旋具，可以拆卸并更换小零件。

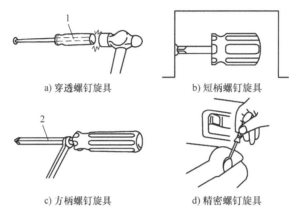

a) 穿透螺钉旋具   b) 短柄螺钉旋具

c) 方柄螺钉旋具   d) 精密螺钉旋具

图2-3　特殊形式螺钉旋具

头部形状相同的螺钉旋具，尺寸也不完全一样。在汽车维修中经常用到头部尺寸是2号的螺钉旋具，但也有更大一点的3号和更小一点的1号，甚至还有更小的微型螺钉旋具。选用螺钉旋具时，应先保证螺钉旋具头部的尺寸与螺钉的槽部形状完全配合（图2-4）选用不当会严重损坏螺钉旋具。

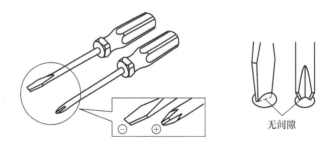

无间隙

图2-4　螺钉旋具头部尺寸应与螺钉槽部形状完全配合

螺钉旋具是通过头部插入螺钉头部槽缝内，拧紧或拧松至使用要求的工具。一般螺钉旋具的把手要比头部粗，这就会造成人手的力矩比较大，利于转动和拧紧螺钉。将螺钉旋具特定形状的端头对准螺钉的顶部凹槽，固定后开始旋转握柄。根据规格标准，顺时针方向旋转为拧紧，逆时针方向旋转则为松出。一般一字槽螺钉旋具可以应用于十字槽螺钉，十字槽螺钉拥有较强的抗变形能力。

选用螺钉旋具时应遵循"先大后小"的原则，即先选择3号，如3号不合适，再依次选择2号、1号。如果螺钉旋具的头部太厚，则不能落入螺钉槽内，容易损坏螺钉槽；如果螺钉旋具的头部太薄，使用时螺钉旋具头部容易扭曲。

二　一字槽螺钉旋具

1. 作用

一字槽螺钉旋具的刀口端面为一字形，用于旋拧一字槽螺钉，故称为一字螺钉旋具，如图2-5所示。一字槽螺钉旋具用于单个槽头螺钉的拆卸和安装。

2. 使用方法

首先选择规格尺寸与螺钉槽口相吻合的螺钉旋具，用手握持螺钉旋具，手心抵住柄端，让螺钉旋具口端与螺钉槽口处于垂直吻合状态（图2-6）。当开始拧松或最后拧紧时，应用力将螺钉旋具压紧后再用手腕力扭转螺钉旋具；

图2-5　一字槽螺钉旋具

当螺栓松动后，即可使手心轻压螺钉旋具柄，用拇指、中指和食指快速转动螺钉旋具。螺钉旋具的用途很广，可以拆卸活塞销卡环（图2-7），用螺钉旋具撬出火花塞套管衬垫（图2-8），使用一字槽螺钉旋具拆卸发电机前后端盖（图2-9）。

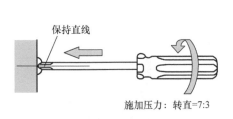

图2-6　螺钉旋具使用方法

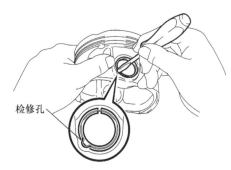

图2-7　用小螺钉旋具将新卡环安装到活塞销孔的另一端

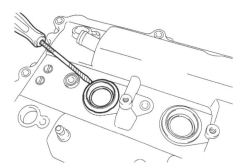

图2-8　用螺钉旋具撬出火花塞套管衬垫

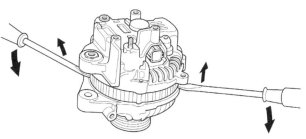

图2-9　使用一字槽螺钉旋具拆卸发电机前后端盖

在使用螺钉旋具时应注意：

1）在使用前应先擦净螺钉旋具柄和头部的油污，以免工作时滑脱而发生意外，使用后也要擦拭干净。

2）使用时，不可用螺钉旋具当撬棒或凿子使用。

3）切勿用锂鱼钳或其他工具过度施加扭矩，这可能刮削螺钉的凹槽或损坏螺钉旋具头部。如图 2-10 所示。

三、十字槽螺钉旋具

十字槽螺钉旋具的刀口端面为十字形，用于旋拧十字槽螺钉，故称为十字槽螺钉旋具，如图 2-11 所示。十字槽螺钉旋具的使用方法和注意事项与一字螺钉旋具相同。

图 2-10　螺钉旋具使用注意事项

图 2-11　十字槽螺钉旋具

四、梅花螺钉旋具

1. 作用

梅花螺钉旋具的结构与普通螺钉旋具的结构基本相同，主要差异是其头部的形状为梅花（六角）形，如图 2-12 所示。梅花螺钉旋具用于拆卸和安装梅花形槽头的螺钉或螺栓。

2. 使用方法

梅花螺钉旋具的使用方法和注意事项与一字槽螺钉旋具相同。

五、冲击螺钉旋具

1. 作用

冲击螺钉旋具的形状与普通螺钉旋具相似，主要区别是它通常采用高强度铬钒合金钢，把手顶部为可

图 2-12　梅花螺钉旋具

以用于敲击的金属端面，该端面与螺钉旋具金属柄为一体，如图 2-13 所示。通过施加在螺钉旋具上的冲击力来松动螺钉。

2. 使用方法

使用时利用锤子敲击螺钉旋具把手的顶部端面，以此利用冲击力振动、释放螺纹的拧紧力矩，使螺钉与螺纹孔松动。

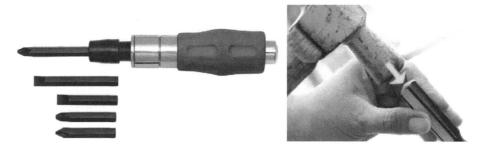

图 2-13　冲击螺钉旋具

第二节　钳　　子

　　钳子是一种利用杠杆原理，用于弯曲小尺寸的金属材料件、夹持扁形或圆形零件、切断软的金属丝等的工具。钳子的外形呈 V 形，通常包括手柄、钳腮和钳嘴三个部分。钳子的手柄依据持形式而设计成直柄、弯柄和弓柄三种样式。钳子在使用时常与电线之类的带电导体接触，故其手柄上一般都套有以聚氯乙烯等绝缘材料制成的护管，以确保操作者的安全。钳嘴的形式很多，常见的有尖嘴、平嘴、扁嘴、圆嘴、弯嘴等样式，可适应对不同形状工件的作业需要。

　　在汽车维修中，常用钳子的类型有钢丝钳、鲤鱼钳、尖嘴钳、斜嘴钳、水泵钳、卡簧钳、大力钳、管钳等，如图 2-14 所示。

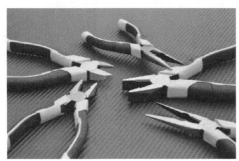

图 2-14　钳子的不同类型

　　钳子的选择与使用，一方面应根据在汽车维修中所要达到的不同目的来选用，另一方面还要考虑工作空间的大小等因素。

一　鲤鱼钳

1. 作用

　　如图 2-15 所示，鲤鱼钳钳头的前部是平口细齿，适用于夹捏一般小零件；中部凹口粗长，用于夹持圆柱形零件；钳口后部的刃口可剪切金属丝。一片钳体上有两个互相贯通的孔，又有一个特殊的销子，所以操作时钳口的张开度可很方便地变化，以适应夹持不同大小的零件。鲤鱼钳是汽车维修作业中使用最多的手钳。其规格以钳长来表示，一般有

165mm、200mm 两种，用 50 钢制造。

图 2-15　鲤鱼钳

2. 使用方法

如图 2-16 所示，改变支点上销的位置使钳口打开的程度可以调节，可用钳口夹紧或拉动，可在颈部切断细导线。在使用鲤鱼钳时，应注意以下事项：

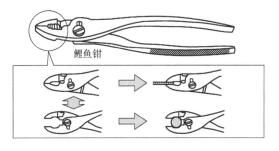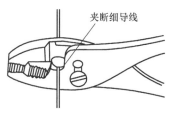

图 2-16　鲤鱼钳的使用

1）在用钳子夹持零件前，必须用防护布或其他防护罩遮盖易损坏件，如图 2-17 所示，防止锯齿状钳口对易损件造成伤害。

2）严禁把鲤鱼钳和水泵钳当成扳手使用，因为锯齿状钳口会损坏螺栓或螺母的棱角。

3）鲤鱼钳钳柄外的塑料防护套可以耐高压，使用过程中不要随意乱扔，以免损坏塑料护套。

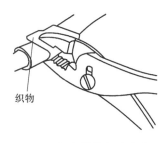

图 2-17　鲤鱼钳使用注意事项

二　钢丝钳

1. 作用

钢丝钳是汽车修配作业中最常见的一种钳子，如图 2-18 所示。钢丝钳主要用来切断金属丝或夹持零件（图 2-19）。钢丝钳按总长分一般有三种规格，分别是 150mm、175mm 和 200mm。如图 2-20 所示，钢丝钳由钳头和钳柄组成，钳头包括钳口、齿口、刃口和铡口，各部位的作用分别如下。

图 2-18　钢丝钳

图 2-19　钢丝钳的作用

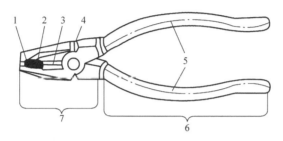

图 2-20　钢丝钳的结构及作用

1—钳口　2—齿口　3—刃口　4—铡口　5—绝缘管　6—钳柄　7—钳头

1) 钳口用来弯绞或钳夹导线线头。

2) 齿口可用来紧固或拧松螺母。

3) 刃口可用来剖切软电线的橡胶或塑料绝缘层，也可用来剪切电线、铁丝。

4) 铡口可以用来切断电线、钢丝等较硬的金属线。

2. 使用方法

使用钢丝钳时一般用拇指扣住一个钳柄，食指、中指勾住另一个钳柄，无名指和小指放在两个钳柄中间，握住钳柄尾端发力剪断金属丝，如图 2-21 所示，钳口前端主要用于夹持各种零件，根部的刃口可用来切割细导线。

在使用钢丝钳时，还应注意以下事项：

1) 钳子钳柄上套装的绝缘塑料管具有绝缘功能，通常耐压 500V 以上，有了它可以带电剪切电线。使用中，切忌乱扔，以免损坏绝缘塑料管。

图 2-21　钢丝钳的握法

2) 当钢丝钳切断较硬的钢丝等物体时，禁止使用锤子击打钳子来增加切削力，这样会损坏钢丝钳。

三、尖嘴钳

1. 作用

尖嘴钳又叫修口钳，其结构如图 2-22所示，由尖头、刃口和钳柄三部分组成。尖嘴钳体型小巧，由于钳子的头部非常细长，因此可以在狭小的工作空

图 2-22　尖嘴钳

间内操作使用。如果带有刃口，还可以用来剪切线径较细的单股导线和剥除导线的塑料绝缘层。钳柄上一般带有绝缘套管，汽车电器维修中经常用到。在使用中要注意，尖嘴钳钳嘴细长，因此操作时不要用力太猛，以免导致钳口变形或销轴松动。尖嘴钳的优势在于在狭窄的空间中，钢丝钳无法满足工作条件时，尖嘴钳可以代替钢丝钳完成，如图 2-23 所示。

尖嘴钳的公称尺寸用钳子的全长表示，一般有 125mm、150mm、175mm 等规格。在汽车维修中常用来夹持比较细小的零件，如用尖嘴钳拆装制动蹄下回位弹簧（图 2-24），用尖嘴钳拆卸发动机气门油封（图 2-25）。

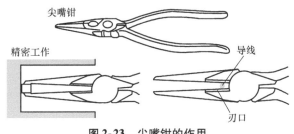

图 2-23　尖嘴钳的作用

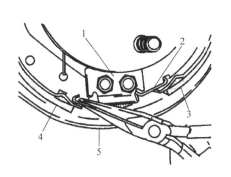

图 2-24　用尖嘴钳拆装制动蹄下回位弹簧
1—固定板　2—制动蹄下回位弹簧　3—后制动蹄
4—前制动蹄　5—制动底板

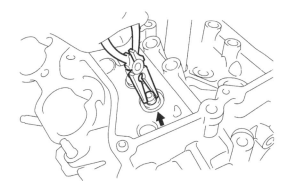

图 2-25　用尖嘴钳拆卸发动机气门油封

2. 使用方法

尖嘴钳的使用方法与钢丝钳相同，通常采用平握法：用手握住钳柄后端，使钳口开闭，钳口前端主要用于夹持各种零件，根部的刃口可用来切割细导线。另外，在必要的空间条件下，还可以采用立握法使用尖嘴钳来夹取工件。如图 2-26 所示。

a) 平握法　　　　　　b) 立握法

图 2-26　尖嘴钳的握法

由于尖嘴钳的强度有限，所以严禁对尖嘴钳的钳头部施加过大的压力，这样会使尖嘴钳的钳口尖部扩张成 U 形。如图 2-27 所示。尖嘴钳钳柄只能用手握，不允许用其他方法加力（如用锤子打、用台虎钳夹等）。

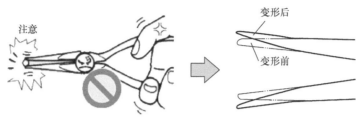

图 2-27　尖嘴钳使用注意事项

四、大力钳

1. 作用

大力钳也称锁钳、多用钳，因它能产生很大的夹紧力而得名，其外形结构如图 2-28 所示。大力钳属于杠杆增力的手工工具，其工作的关键是应用二次杠杆原理，在一组顶杆的夹角较大时，可以获得数倍的增力，从而通过钳爪给工件施加一个较大的夹紧力。因此，大力钳除了具备钳子的夹持作用外，还兼具活扳手、夹具的功能，适于汽车保修时用来固定零件（图 2-29）。

图 2-28　大力钳

2. 使用方法

大力钳后面有滚花式调整螺杆，通过旋转这个螺杆可以调节钳爪的开口尺寸，向外旋松调整螺杆时，钳口张开的尺寸增大；向里旋拧调整螺杆时，钳口张开的尺度将减小。将钳爪的开口尺寸调到适当的宽度，然后将钳柄合上即可。

注意，大力钳的钳柄只能用手握，不能用其他方法加力（如用锤子打、用台虎钳夹等）。

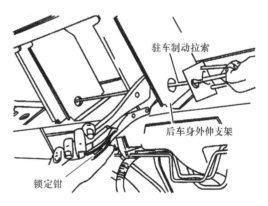

图 2-29　用大力钳锁定驻车制动器自动调整器

五、水泵钳

1. 作用

水泵钳也称为鸟嘴钳，结构与鲤鱼钳类似，其钳口的开口宽度均可调节，其结构如图 2-30 所示。

水泵钳的作用类似管钳，但比管钳更轻便，小巧易用，主要用于夹持扁形或圆柱形金属零件，其特点是钳口的开口宽度有多档（五档）调节位置，以适应夹持不同尺寸的零件的需要，是汽车、内燃机等安装、维修工作中常用的工具，用于上紧或松开管件（金属管、附件）和管箍。

2. 使用方法

打开钳头的咬口部分，滑动钳轴进行调节，使其与夹持部件的尺寸吻合。

图 2-30　水泵钳

六、斜口钳

1. 作用

斜口钳又称剪钳，斜口钳的钳口有刃口，头部为圆形，如图 2-31 所示。这种钳子不具备夹持零件的作用，只能用于切割金属丝或导线。在汽车维修中主要用来剪切细导线或线束中的导线，如图 2-32 所示。图 2-33 所示为使用斜口钳剪断转向万向防尘罩箍带。

图 2-31　斜口钳

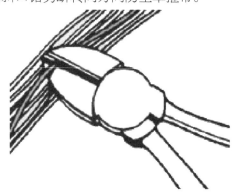

图 2-32　斜口钳的作用

2. 使用方法

斜口钳的握持使用方法与钢丝钳相同，值得注意的是，严禁使用斜口钳来切割硬的或粗的金属丝，这样会损坏刃口，如图 2-34 所示。

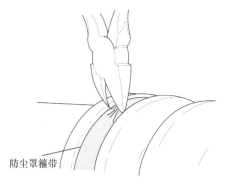

防尘罩箍带

图 2-33　使用斜口钳剪断转向万向防尘罩箍带

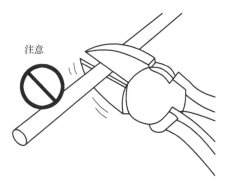

注意

图 2-34　斜口钳使用注意事项

七、弯嘴钳

弯嘴钳顾名思义，钳嘴呈弯曲状，如图 2-35 所示。它的功能和尖嘴钳类似，主要用于在狭小的工作空间内操作，也是用来夹持比较细小的部件，比如可以夹持拆卸细长的驻车制动拉索，如图 2-36 所示。其公称尺寸是用钳子的全长表示。

图 2-35 弯嘴钳

八、卡簧钳

1. 作用

卡簧钳是专门用来拆卸和安装卡簧的工具，外形上属于尖嘴钳一类，钳头可采用直嘴和弯嘴两种结构形式，如图 2-37 所示。根据使用范围的不同，卡簧钳分为外卡簧钳和内卡簧钳两大类，分别用来拆装轴外用卡簧和孔内用卡簧。其中外卡簧钳又叫作轴用卡簧钳，常态时钳口是闭合的；内卡簧钳又叫作孔用卡簧钳，常态时钳口是打开的。这两种卡簧钳均有直嘴和弯嘴两种结构形式。

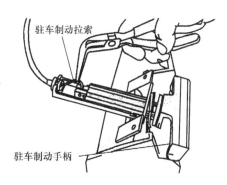

图 2-36 用弯嘴钳夹持拆卸驻车制动拉索

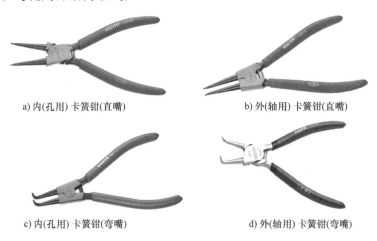

a) 内(孔用) 卡簧钳(直嘴)   b) 外(轴用) 卡簧钳(直嘴)

c) 内(孔用) 卡簧钳(弯嘴)   d) 外(轴用) 卡簧钳(弯嘴)

图 2-37 卡簧钳的类型

2. 使用方法

如图 2-38、图 2-39、图 2-40 所示，在拆卸卡簧时，用手握住卡簧钳钳柄，调整钳嘴开度，将卡簧钳钳嘴插入卡簧端部，然后手部对钳柄施力，使卡簧脱离轴或孔，保持手柄握紧状态，将卡簧从轴上或孔中取出。在安装卡簧时，也应先将卡簧钳钳嘴插入卡簧端部的孔，对于孔用卡簧，使用内卡簧钳来压缩卡簧，使其直径变小，然后放入孔中；对于轴用卡簧，使用外卡簧钳使卡簧张开，使其直径变大，然后放在轴上。图2-41所示为使用卡簧钳拆卸自动变速器内的卡簧，图2-42所示为使用卡簧钳安装自动变速器止推垫片。

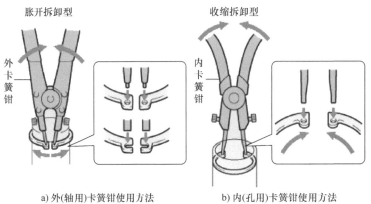

a) 外(轴用)卡簧钳使用方法　　b) 内(孔用)卡簧钳使用方法

图2-38　卡簧钳使用方法

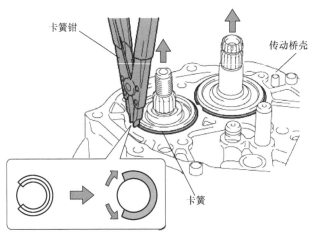

图2-39　外卡簧钳的使用

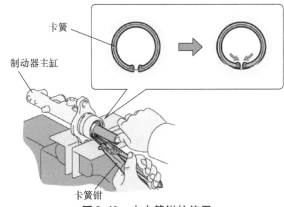

图2-40　内卡簧钳的使用

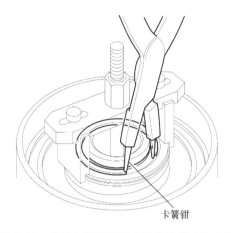

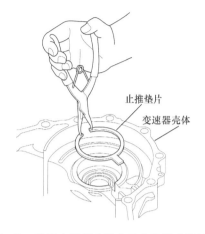

止推垫片

变速器壳体

图 2-41 使用卡簧钳拆卸自动变速器内的卡簧 **图 2-42 使用卡簧钳安装自动变速器止推垫片**

九、剥线钳

1. 作用

剥线钳为汽车电工常用工具之一，它由刃口、压线口和钳柄组成，如图 2-43 所示。剥线钳适宜用于塑料或橡胶绝缘电线及电缆芯线的剥皮，钳头上有多个大小不同的切口，以适用于不同规格的导线。

2. 使用方法

将待剥皮的线头置于钳头的刃口中，用手将两钳柄一捏，然后一松，绝缘皮便与芯线脱开。使用剥线钳时导线必须放在稍大于线芯直径的切口上切剥，以免损伤线芯。

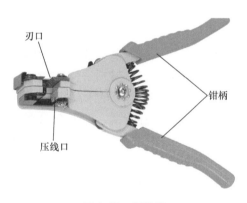

刃口

钳柄

压线口

图 2-43 剥线钳

十、断线钳

断线钳是利用一组复合杠杆，能比较省力地剪断较粗的金属线材的工具，如图 2-44 所示。在汽车维修操作中，常用来剪断锈死的螺栓，断线钳的钳刃一般用非常优质的钢材制成，有很高的硬度和韧性；刃口锋利、耐磨、剪切阻力小，钳子握把一般采用 PVC（聚氯乙烯）材料制成，手感舒适。

图 2-44 断线钳

十一 台虎钳

1. 结构

如图 2-45 所示，台虎钳是一种常用的夹持工具，与前面所介绍的各种钳子不同的是，上述各种钳子为手持式工具，而台虎钳则为台式工具，是锯、锉维修设备零件时所必需的夹持工具。台虎钳的类型分固定式和回转式两种，按钳口长度划分为 100mm、150mm、200mm 等不同规格。

a) 回转式 b) 固定式

图 2-45 台虎钳

如图 2-46 所示，回转式台虎钳主要由固定钳身（口）、活动钳身（口）、回转盘、固定座、夹紧杆、丝杠、丝杠螺母及手柄组成。汽车修配作业中常用回转式台虎钳，其工作原理是，活动钳身通过导轨与固定钳身的导轨孔作滑动配合。丝杠装在活动钳身上，与安装在固定钳身内的丝杠螺母配合。当摇动手柄使丝杠旋转，就可带动活动钳身相对于固定钳身作进退移动，起夹紧或放松工件的作用。在固定钳身和活动钳身上，各装有钢质钳口，并用螺钉固定，钳口的工作面上制有交叉的网纹，使工件夹紧后不易产生滑动，且钳口经过热处理淬硬，具有较好的耐磨性。固定钳身装在回转盘上，并能绕转盘轴心线转动，当转到要求的方向时，扳动夹紧杆使夹紧螺钉旋紧，便可在夹紧座的作用下把固定钳身固紧。转盘上有三个螺栓孔，用以通过螺栓与工作台固定。

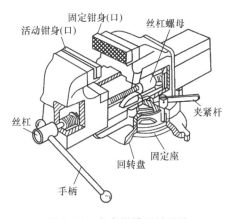

图 2-46 台虎钳错开的结构

固定钳身（口）、活动钳身（口）、丝杠螺母、丝杠、夹紧杆、回转盘、固定座、手柄

2. 作用

台虎钳主要用于夹持工件。

3. 使用方法

1）在台虎钳使用前应先将回转盘的夹紧杆固定好。

2）调节钳口，顺时针旋转手柄，钳口矩变小，反之钳口矩变大，旋转手柄时要平稳。

3）夹持工件时不要太紧，防止钳口压溃工件表面或损坏钳身。夹持工件时，若工件过长，另一端要用支架支撑。

4）用完后要用棉纱将钳口和工作台擦干净。

在使用台虎钳时还应注意以下事项：

1）固定钳身的钳口工作面应处于工作台边缘，安装台虎钳时，必须使固定钳身的钳口工作面处于工作台边缘以外，以保证夹持长条形工件时，工件的下端不受钳台边缘的阻碍。

2）必须把台虎钳牢固地固定在工作台上，工作时手柄和夹紧杆必须扳紧，保证钳身没有松动现象，以免损坏台钳和影响加工质量。

3）用手扳紧手柄夹紧工件时，只允许用手的力量扳紧手柄，不能用手锤敲击手柄或套上长管子扳手柄，以免丝杠、丝杠螺母或钳身因受力过大而损坏。

4）施力应朝向固定钳身方向，强力作业时，应尽量使力量朝向固定钳身，否则丝杠和丝杠螺母会因受到过大的力而损坏。

5）不允许在工作台和钳身上砸东西，特别是不能在活动钳身的光滑平面上进行敲击作业，以免降低活动钳身与固定钳身的配合性能。

6）应保持丝杠清洁，丝杠螺母和其他活动表面应经常加润滑油以防锈，并注意保持清洁。

7）安装台虎钳的工作台高度约 800～900mm，装上台虎钳后，钳口高度恰好与人的手肘平齐为宜，长度和宽度随工作需要而定。

第三节　锤子和錾子

锤子俗称榔头或手锤，属于捶击类工具。主要用于捶击錾子、冲子等工具或用来敲击工件，使工件变形、振动或产生位移，从而达到校正、整形等目的，也可通过敲击来拆卸和更换零件。另外，也可以根据捶击的声音来测试螺栓的松紧度。

如图 2-47 所示，锤子按锤头形状不同可分为圆头锤、方锤、钣金锤等，按锤头材料不同可分为铁锤、软面锤（木锤、橡胶锤、塑料锤）等。铁锤的规格一般用其质量表示，常用的有 0.25kg、0.5kg 和 1kg 等。

图 2-47　锤子的不同类型

 一、圆头铁锤

1. 作用

圆头铁锤又称钳工锤，锤头多由碳素工具钢锻制而成，是汽车维修中广泛使用的工具。

这种锤子一头为圆头，一头为平头，如图 2-48 所示。平头用来锤击冲子、黄铜棒（图 2-49）或錾子等工具，图 2-50 所示为用木块和锤子敲入火花塞套管。圆头用来铆接和锤击垫片。圆头铁锤的规格一般用锤头质量表示，如 0.5kg、0.75kg 等。

图 2-48　圆头铁锤

2. 使用方法

（1）锤子手柄的选择　多数锤子在购买时就已安装了手柄，若自己选择并安装手柄，应注意手柄的粗细要与锤头的大小相适应，锤头中心线要与锤柄中心线垂直，并且锤柄的最大椭圆直径方向要与锤头中心线方向一致。

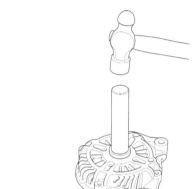

图 2-49　用圆头锤敲击黄铜棒拆卸交流发电机前轴承

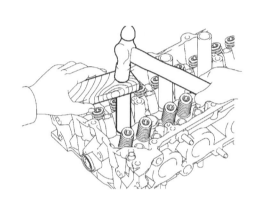

图 2-50　用木块和锤子敲入火花塞套管

（2）锤子的握法　锤子的握法主要有紧握法和松握法两种。

1）紧握法。如图 2-51a 所示，右手五指紧握锤柄，大拇指合在食指上，虎口方向对准锤头方向，手锤木柄尾端露出 15～30mm，在锤击过程中五指始终保持紧握状态。

2）松握法。如图 2-51b 所示，只有大拇指和食指始终握紧锤柄，其余三个手指在挥动手锤时，按小指、无名指、中指顺序依次放松；在敲击时，又按照相反的次序收拢握紧三个手指，这种方法在操作时手不易疲劳，且产生的敲击力度较大。

a) 紧握法

b) 松握法

图 2-51　锤子的握法

（3）挥锤方法 在实际操作中，根据对加工工件捶击力量的不同要求，挥锤方法有三种。如图 2-52 所示。

a) 腕挥　　　　　　　　　　b) 肘挥　　　　　　　　　　c) 臂挥

图 2-52　挥锤方法

1）腕挥。挥锤时仅用手腕的动作来进行捶击运动，捶击力小。采用紧握法握锤，一般应用于需求捶击力较小的加工工作。

2）肘挥。挥锤时手腕与肘部一起挥动完成捶击运动，敲击力较大。采用松握法握锤，这是一种常用的挥锤方法。

3）臂挥。挥锤时腕、肘和臂联合动作，锤头要过耳背，捶击力最大。它适用于需要大锤击力的工作。这种方法费力大，较难掌握，但只要掌握了臂挥，其他两种方法也就容易掌握了。

注意：使用锤子时，眼睛要注视工件，锤头面要和工作面平行，以确保锤面平整地打在工件上，不得歪斜，避免破坏工件表面形状，也防止锤子击偏，造成人员受伤和设备受损。

使用锤子时的注意事项

1）使用前要保证锤面及手柄上无油污，以防止在使用过程中锤子自手中滑脱，造成伤人损物的事故。

2）使用前要检查手柄安装是否牢固，有无开裂现象，以防锤头脱出造成事故。如锤头松动，可用楔子塞牢，如手柄开裂或断裂，应立即更换新手柄，禁止继续使用。

3）使用外表已损坏了的锤子非常危险，当击打时，锤子上的金属可能会飞出并造成事故。

4）使用锤子锤击錾子、冲子等工具时，一定要带防护眼镜。

5）严禁使用铁锤直接锤击配合表面及易损部位。例如铝制外壳或气缸盖等，材料硬度低，这些部位只能使用软手锤。

（4）与锤子配套使用的辅助工具 黄铜棒是使用锤子时常用的辅助工具。黄铜棒用于协助锤子敲击不允许直接捶击工件表面的工件，是防止锤子损坏零件的支撑工具。黄铜棒由黄铜制成，因为黄铜是低硬度材料，在零件还未变形前黄铜就已先变形。

使用时一只手握黄铜棒，将其一端置于工件表面，另一只手用锤子锤击黄铜棒另一端，如图 2-53 所示。如果黄铜棒尖头变形，可用磨床研磨。

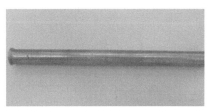

图 2-53　黄铜棒的使用

二、软手锤

1. 作用

软手锤顾名思义，其锤头是使用材质较软的材料制成的，比如橡胶、木头、塑料或黄铜等，如图 2-54 所示。在汽车维修作业中，常用软手锤敲击需要装配的工件或金属薄片（图 2-55），由于软手锤材质较软，使用这种锤子敲击时不会在受敲击的工件表面留下伤痕。在汽车零部件装配中也可用软手锤敲击零部件，使零部件之间形成更好的配合。比如有的汽车发动机在将活塞销安装到活塞销孔的时候，就需要用塑料锤敲击安装。使用橡皮锤还有一个非常突出的优点，即敲击金属工件时不会产生敲击火花，因此可以避免引燃维修场地的汽油、机油等易燃物品。

a) 橡皮锤　　　　　　　　　　　　　　　　b) 黄铜锤

图 2-54　软手锤

2. 使用方法

软手锤的使用方法和注意事项与铁锤相同。

三、组合锤

组合锤是一种将硬锤锤头和软锤锤头组合在一体的手锤。采用双锤头设计，可根据工作需要灵活替换，因此使用起来方便灵活，如图 2-56 所示。

四、錾子

錾子是錾削用到的主要工具。所谓錾削，是指用锤子锤击錾子对金属进行切削加工的操作，又称齿削。錾子通常配合手锤一起使用，一般由工具钢锻制，其刃部经刃磨和热处

图 2-55　用塑料锤轻敲气门杆顶部以确保安装到位

理而成，如图 2-57 所示。在汽车维修工作中，錾子主要用于剔下不能拆卸的旧螺栓。

图 2-56 组合锤

图 2-57 錾子

1. 錾子的类型

常见的錾子有扁錾、狭錾、油槽錾和扁冲錾等，如图 2-58 所示。扁錾用于錾削平面，切割和去除毛刺；狭錾用于开槽；油槽錾用于錾削润滑油槽；扁冲錾用于打通两个钻孔之间的间隔。

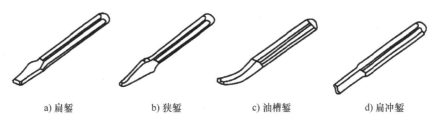

a) 扁錾　　　　　　b) 狭錾　　　　　　c) 油槽錾　　　　　　d) 扁冲錾

图 2-58 錾子的类型

2. 錾子的使用

（1）錾子的握法　錾子的握法随錾削工件不同而不同，一般有三种握法，如图 2-59 所示。

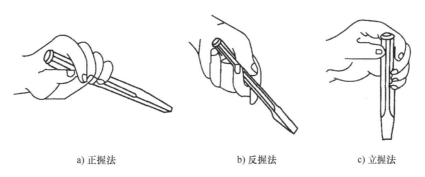

a) 正握法　　　　　　　b) 反握法　　　　　　　c) 立握法

图 2-59 錾子的握法

1）正握法。手的腕部伸直，拇指和食指自然接触，松紧适当，用中指、无名指握住錾子，小指自然合拢，錾子头部伸出约20mm。这种握法适合于錾削平面。

2）反握法。手心向上，左手拇指、中指握住錾子，食指抵住錾身，无名指、小指自然接触。这种握法适合于錾削小平面和侧面。

3）立握法。左手拇指与食指捏住錾子，中指、无名指和小指轻轻扶持錾子。这种握法适合于垂直錾削，如在铁砧上錾断材料等。

（2）錾子的使用注意事项　錾子使用时要握稳握平，使用锤子锤击时，防止锤子击在手上，造成人身伤害。錾削将要完工时，应轻轻敲击锤子，以免阻力突然消失时手及錾子冲出去，碰在工件上把手划破。

（3）錾子的刃磨　新锻制或使用钝了的錾子，要及时修磨锋利，修磨可在砂轮机上进行。刃磨时，两手要拿稳錾身，一手在上，一手在下，使刃口向上倾斜靠在砂轮上，轻加压力同时要注意刃口要高于砂轮水平中心线，在砂轮全宽上平稳均匀地左右移动錾身。錾子在刃磨过程中，要注意磨后的楔角大小要适宜，两刃面要对称，刃口要平直，刃面宽2～3mm。錾子头部未经过热处理，在使用过程中易卷边，如出现这种现象应及时磨掉。

第四节　手　　锯

手锯是锯削的工具，主要用于分割材料或在工件上切槽。在汽车修配工作中，经常用到的手锯是钳工用手锯，如图2-60所示。

图 2-60　手锯

一　手锯的结构

如图2-61所示，手锯由锯弓和锯条组成。将锯条装于锯弓上就成了手锯。

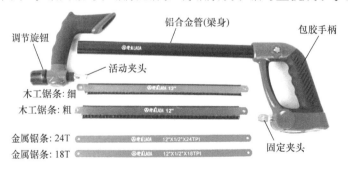

图 2-61　手锯的构造

1. 锯弓

锯弓用来张紧锯条。锯弓由手柄、梁身和夹头组成。锯弓两端都装有夹头，与锯弓的方孔配合，一端是固定的，一端为活动的。当锯条装在两端夹头的销子上后，旋紧活动夹头上的调节旋钮就可以把锯条拉紧。

锯弓有固定式和可调整式两种形式，如图2-62所示。固定式锯弓的长度不能变动，只能使用单一规格的锯条。可调整式锯弓可以使用不同规格的锯条，手把形状便于用力，故目前广泛使用。

a) 固定式　　　　　　　　　b) 可调整式

图2-62　锯弓的形式

2. 锯条

锯条一般用碳素工具钢和合金工具钢制作，然后经过热处理淬硬。锯条的两端开有安装孔，便于安装到锯弓上，如图2-63所示。锯条的规格以两个安装孔之间的中心距来表示，常见钢锯条的长度为300mm。

锯条根据锯齿的牙距的大小，有细齿（齿距1.1mm）、中齿（齿距1.4mm）、粗齿（齿距1.8mm）之分，使用时应根据所锯材料的软硬、厚薄来选择。

图2-63　锯条

二、手锯的使用

1. 锯条的选用

选择粗细合适的锯条，是保证锯割质量和效率的重要条件。选择锯齿粗细的主要依据是工件材料的硬度、强度、厚度及切面的形状大小等。一般地说，锯割薄材料时，在锯割截面上至少应有三个齿能同时参加锯割，这样才能避免锯齿被钩住和崩裂，如图2-64所示。

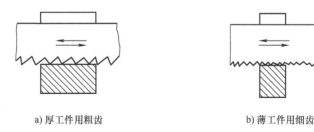

a) 厚工件用粗齿　　　　　　　　b) 薄工件用细齿

图2-64　锯齿粗细的选择

（1）软而切面大的工件用粗齿锯条　一般说来，粗齿锯条的容屑槽较大，适用于锯割软材料或较大的切面。因为这种情况每锯一次的切屑较多，只有大容屑槽才不致发生堵塞而影响锯割效率。如锯割纯铜、青铜、铝、铸铁、低碳钢和中碳钢等软材料，以及较厚的材料时应选用粗齿锯条。

（2）硬而切面较小的工件应用细齿锯条　因硬材料不易锯入，每锯一次切屑较少，不易堵塞容屑槽，细齿锯同时参加切削的齿数增多，可使每齿担负的锯削量小，锯削阻力小，材料易于切除，推锯省力，锯齿也不易磨损。如锯割工具钢、合金钢等硬材料或小尺寸型钢、钢丝缆绳等薄的材料时应选用细齿锯条。在锯割薄板和薄壁管子时，必须用细齿锯条，以保证在锯割截面上至少有两个以上的锯齿同时参加锯割。否则会因齿距大于板厚，使锯齿被钩住而崩断。

（3）锤割中等硬度的材料用中齿锯条　锯割中等硬度的钢、黄铜、铸铁、厚壁管及大、中尺寸的型钢用中齿锯条。

2. 锯条的正确安装

安装锯条时，应注意使锯齿朝前，如图2-65，因为这样安装会使操作用力方便且工作平稳，在实际锯割操作中是推锯起锯割作用的。安装时锯条不能安装得过松或过紧，过紧则受力过大容易在操作中折断，过松则锯条容易发生扭曲从而导致锯缝偏斜。

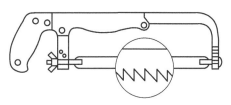

图2-65　锯齿向前

3. 工件的夹持

需要锯割的工件应尽可能夹持在台虎钳的左面，便于操作；锯割线应与钳口垂直，以防锯斜；工件夹持应稳当而牢固，以防操作中因工件移动而导致锯条折断。工件伸出钳口不应过长，以防止锯削时产生振动。工件要夹紧，但不能使工件变形和夹坏已加工的表面。

4. 锯削的站姿

锯削时的站立位置，应面向台虎钳，站在台虎钳中线的左侧，与台虎钳的距离按大小臂垂直端平锯弓，使锯弓前段能搭在工件上来掌握。然后迈出左脚，迈出的距离以右脚尖到左脚跟约为300mm。左脚与台虎钳中线约成30°角，右脚与台虎钳中线约成75°角，如图2-66所示。

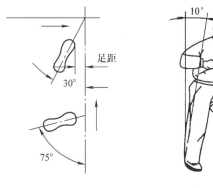

图2-66　锯削的站姿

锯割时，身体稍向前倾，与竖直方向约成10°角，此时右肘尽量向后收（图2-66），随着推锯行程的增大，身体逐渐向前倾斜（图2-67a），行程达三分之二时，身体倾斜约18°角，左右臂均向前伸出（图2-67b），当锯削最后三分之一行程时，用手腕推进锯弓，身体随着锯弓的反作用力退回到10°角位置（图2-67c）；回程时，取消压力使手和身体都退回到最初位置；锯削频率以每分钟20～40次为宜。

5. 起锯方法

起锯时一般可采用远边起锯和近边起锯两种方式，如图2-68所示。为保证起锯的位置

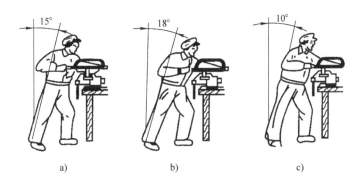

图 2-67　锯削运动姿势

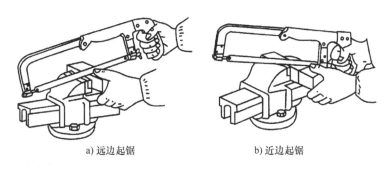

a) 远边起锯　　　　　　　　b) 近边起锯

图 2-68　远边起锯和近边起锯

准确和平稳，维修工在操作时可以用左手大拇指挡住锯条的方法来定位，也可在锯割位置先用三角锉刀锉出一条槽来定位。起锯的角度要恰当，一般应在 15°左右，如图 2-69 所示。起锯角过大，锯条的锯齿容易被工件的棱边卡住；起锯角过小则不容易切入工件并且容易打滑。

6. 锯割的压力、速度和行程

锯割运动时，推力和压力由右手控制，左手主要配合右手扶正锯弓，压力不要过大。手锯推出时为切削行程施加压力，返回行程不切削、不加

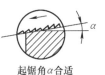

起锯角α合适

起锯角α过大

起锯角α过小

图 2-69　起锯角度

压力，从加工面上轻轻滑过，锯割的速度不宜太快，控制在每分钟 40 次左右即可。锯割比较硬的材料时速度应放慢一些，锯割软材料时速度应快一些。锯割行程一般不小于锯条全长的 2/3，这样可以减少锯条在锯割中锯齿的磨损，延长锯条的使用寿命。

7. 各种材料的锯割方法

（1）圆管　锯割圆管时应把圆管夹在两块木制的 V 形槽垫之间，用台虎钳夹正，这样由于有 V 形槽垫的保护，就不会夹扁圆管，如图 2-70 所示。锯割时不要在一个方向上一次锯断，因为锯齿锯穿管子内壁后，锯齿即在薄壁上切削，受力过于集中，锯条很容易被管壁勾住而折断，应每次只锯透管壁后就把管子转过一个角度，逐次进行锯切，直至锯断为止，如图 2-71 所示。

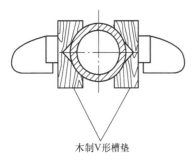

木制V形槽垫

图 2-70　把圆管夹在木制 V 形槽垫之间

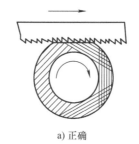

a) 正确

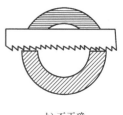

b) 不正确

图 2-71　转动管子进行锯割

（2）薄板料　锯割薄板料时很容易发生弯曲和抖动，因此锯割时应尽可能从宽面上锯下去，如图 2-72 所示。当只能在薄板的窄面上锯下去时，可使用两块木板把薄板料夹在中间，连同木板一起锯开，这样可以增加板料刚度，锯割时就不会发生抖动，如图 2-73 所示。

（3）深缝　当锯缝的深度超过锯弓的高度时，应将锯条转过 90°重新安装，把锯弓转到工具旁边进行锯割；锯弓横下来后，如果高度仍然不够，可将锯条安装成锯齿在锯弓内进行锯割作业，如图 2-74 所示。

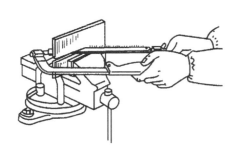

图 2-72　从薄板宽面锯割

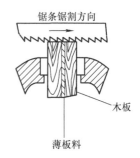

锯条锯割方向

木板

薄板料

图 2-73　用木板夹持薄板进行锯割

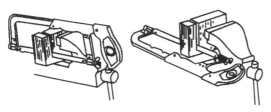

a) 锯缝深度超
出锯弓高度

b) 将锯条转过90°
安装后锯割

c) 将锯条安装成锯齿在
锯弓内进行锯割

图 2-74　深缝的锯割方法

8. 安全注意事项

1）起锯角度要正确，操作姿势要自然。

2）锯割钢件时，可以加些机油，这样可以减少锯条的摩擦并冷却锯条，从而延长锯条的使用寿命。

3）工件将要锯断时，压力要小，避免压力过大使工件突然断开，手向前冲造成事故。一般工件将要锯断时，要用左手扶住工件断开部分，避免掉下砸伤腿。

4）锯割操作时，思想要集中，防止锯条折断从锯弓弹出造成伤人事故。

第五节 锉刀和刮刀

锉刀由碳素工具钢制成，是手工锉削的主要工具，如图 2-75 所示。锉削就是对工件表面进行切削加工，使其尺寸、形状、位置和表面粗糙度都达到要求的加工方法，其加工范围包括平面、台阶面、角度、曲面、沟槽和各种复杂的表面等。

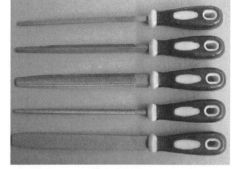

图 2-75 锉刀

一、锉刀的结构

锉刀主要由锉身和锉柄两部分组成，如图 2-76所示。

1. 锉身

锉身包括锉刀面、锉刀边、锉刀尾三部分。

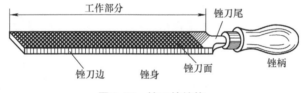

图 2-76 锉刀的结构

1）锉刀面指锉刀上下两面，锉削的主要工作面。锉刀面在前端做成凸弧形，上下两面都有锉齿，便于进行锉削。锉也在纵长方向做成凸弧形的作用是能够抵消锉削时由于两手上下摆动而产生的表面中凸现象，以使工件锉平。

2）锉刀边是指锉刀的两个侧面，有齿边和光边之分。齿边可用于切削，光边只起导向作用。有的锉刀两边都没有齿，有的其中一个边有齿。没有齿的一边叫光边，其作用是在锉削内直角形的一个面时，用光边靠在已加工的面上去锉另一直角面，防止碰伤已加工表面。

3）锉刀尾（舌）是用来装锉刀柄的。锉舌是不经淬火处理的。

2. 锉柄

锉柄的作用是便于锉削时握持传递推力。通常是木质制成的，在安装孔的一端应有铁箍。

二、锉刀的分类

（1）按锉齿的大小分类 锉刀分为粗齿锉、中齿锉、细齿锉和油光锉等。这通常是按锉刀的 10mm 长度范围内齿纹条数多少来划分，齿纹条数越多，则齿纹越细。4～12 齿的称为粗齿锉、13～23 齿的称为中齿锉、30～40 齿的称为细齿锉、50～62 齿的称为油光锉。

（2）按齿纹分类　锉刀分为单齿锉和双齿锉。单齿锉是锉刀上只有一个方向齿纹，呈条形，与锉刀中心线成 70°，一般用于锉软金属，如铜、锡、铅等；双齿锉则有两种齿纹，有低齿和面齿之分，呈多齿，低齿纹与锉刀中心线成 45°，齿纹间距较疏，面齿纹与锉刀中心线成 60°～65°，间距较密，适用于锉削硬材料。

（3）按断面形状分类　锉刀分为平锉（板锉）、方锉、三角锉、圆锉和半圆锉等几种类型，如图 2-77 所示。

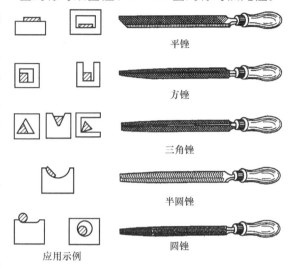

图 2-77　锉刀按断面形状的分类

板锉主要用于锉削平面、外圆和凸圆弧面；方锉主要用于锉削平面和方孔及方槽；三角锉主要用于锉削平面、方孔及60°以上的锐角；圆锉主要用于锉削圆内弧面；半圆锉主要用于锉削平面、内弧面和大的圆孔。

（4）按用途分类　锉刀分为普通锉、特种锉和整形锉。普通锉主要用于一般工件的加工，按其断面形状不同，分为平锉、方锉、三角锉、半圆锉和圆锉五种，适用于不同表面的加工；特种锉，也称异形锉，主要用来锉削工件特殊表面，有刀口锉、菱形锉、扁三角锉、椭圆锉、圆肚锉等类型；整形锉，也称什锦锉，主要用于修整细小部分的表面，其长度和截面尺寸均很小，截面形状有圆形、不等边三角形、矩形、半圆形等。整形锉因分级配备各种断面形状的小锉而俗称组锉，

图 2-78　整形锉

通常以每组 5 把、6 把、8 把、10 把或 12 把为一套，如图 2-78 所示。

汽车维修中还经常用到螺纹锉。它主要用来修复受损的螺纹，如图 2-79 所示。

三、锉刀的规格

锉刀的规格通常用以下两种方式表示。

（1）尺寸规格　圆锉刀用直径表示，如 ⊙；方锉刀以断面边长表示，如

▭、△、▭：其他锉刀，以锉身长度（锉刀有齿部分的长度）表示，板锉常用的有 100mm、150mm、200mm、250mm 和 300mm 等几种尺寸规格。

（2）粗细规格　以锉刀每 10mm 长度内主锉纹条数表示。通常分为 1#（粗齿纹，

图 2-79 螺纹锉

CUT1）、2#（中齿纹，CUT2）、3#（细齿纹，CUT3）三种规格，特殊的规格有00#（特粗齿纹，CUT00）、0#（加粗齿纹，CUT0）、4#（特殊齿纹，又称油光锉）等。

四、锉刀的使用

1. 锉刀的选用原则

合理选用锉刀对提高锉削效率、保证锉削质量、延长锉刀使用寿命有很大影响。每种锉刀都有它一定的用途，锉削前必须认真选择合适的锉刀。如果选择不当，就不能充分发挥它的效能或过早地使其丧失切削能力，不能保证锉削质量。

正确地选择锉刀要根据加工对象的具体情况，从如下几方面考虑：

1）要根据所要加工零件的形状选用不同截面的锉刀。方锉四面都有锉齿，可锉方形孔，另外还可加工内直角形状的工件；半圆锉可用来锉内凹的弧面；圆锉可用来锉内圆弧面工件，还可把圆孔锉大。

2）粗加工选用粗锉刀，精加工选用细锉刀。粗锉刀用于粗加工，适用于锉削加工余量大、加工精度低和表面粗糙度值大的工件；中锉刀用于粗加工后的加工；细锉刀适用于锉削加工余量小、加工精度高和表面粗糙度值小的工件；油光锉刀只用于对工件最后表面修光；单齿纹锉刀适用于加工软材料。

3）锉刀尺寸规格的大小选择取决于工件加工面尺寸的大小和加工余量的大小。加工面尺寸较大，加工余量也较大时，宜选用较长锉刀；反之，则选用较短的锉刀。锉刀的长度一般应比锉削面长 150～200mm。

4）选用锉刀时，锉刀的硬度必须高于所要锉削材料的硬度，而且普通的锉刀不能用来锉如铜、铝等低硬度的材料，因为铜、铝会把锉齿堵塞。

2. 锉刀的使用方法

（1）安装锉刀手柄　在使用锉刀前，首先要给锉刀安装大小合适的手柄，并检查手柄是否松动。有些锉刀，如世达工具的新锉自带手柄。

（2）锉刀的握法　不同的锉刀在使用时有不同的握法，具体如图 2-80 所示。

使用大锉、重锉（长度大于 250mm）的握锉方法：右手握柄，柄端抵在拇指根部的手掌上，大拇指放在手柄上部，其余手指由上而下地握着锉刀柄，左手拇指根部肌肉压在锉刀上，拇指自然伸直，其余四指弯向掌心，用中指、无名指捏住锉刀前端，锉削时右手小臂要与锉身水平，右手肘部要提起。

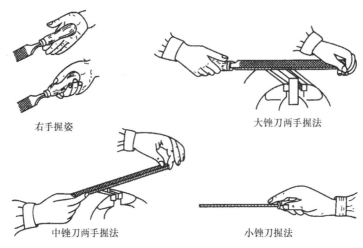

右手握姿　　　　　　　　　　大锉刀两手握法

中锉刀两手握法　　　　　　　小锉刀握法

图 2-80　锉刀的握法

　　使用中型锉（长度 200mm 左右）的握锉方法：右手与握大锉一样，左手的拇指与食指轻轻捏住锉身前端。

　　使用小型锉（长度 150mm 左右）的握锉方法：右手拇指放在刀柄的上方，食指放在刀柄的侧面，其余手指则从下面稳住锉柄；用左手的食指、中指、无名指压在锉身中部，以防锉身弯曲。

　　使用整形锉或长度小于 150mm 的更小锉刀时，只用右手握住，拇指放在锉柄的侧面，食指放在上面，其余手指由上而下握住锉刀柄。

　　在锉削过程中，不可用手擦摸锉削表面、锉屑及锉刀，因为锉削时产生的金属粉沾在手上后很难去除，会造成手部打滑。

　　（3）锉削时的站立姿势　锉削时的站立姿势如图 2-81 所示，两手握住锉刀，放在工件上面。左臂弯曲，小臂与工件锉削前面的左右方向保持基本平行；右小臂自然地与工件锉削的前后方向保持基本平行。右脚尖到左脚跟的距离约等于锉刀长，左脚与锉销工件中线约成 30°角，右脚与锉削工件中线约成 75°角。

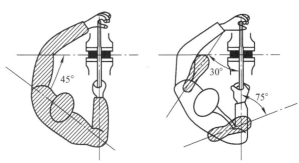

图 2-81　锉削时的站立姿势

　　（4）锉削时的动作　锉削时的动作按以下步骤进行（图 2-82）。开始锉削时，身体前倾约 10°，右脚后伸，以充分利用锉身有效的长度。当锉刀推到 1/3 行程时，身体前倾约 15°，使左腿稍弯曲。右肘再向前推至 2/3 行程时，身体逐渐前倾到 18°左右。锉削最后 1/3 行程时，用手腕推锉至尽头，身体随着锉刀的反作用力自然退回到前倾 15°左右的位置。锉削终了时，两手按住锉刀，取消压力，抽回锉刀，身体恢复到原来位置。如此进行下一次的锉削。锉削时身体的重心要落在左脚上，右腿伸直、左腿弯曲，身体向前倾斜，两脚站稳不动，锉削时靠左腿的屈伸使身体作往复运动。两手握住锉刀放在工件上面，左臂弯曲，小臂与工件锉削面的左右方向保持基本平行，右小臂要与工件锉削面的前后方向保持基本平行，但要自然。

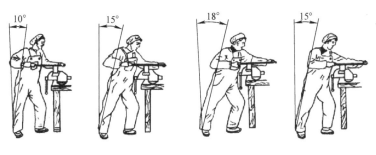

a) 开始锉削　　　b) 锉刀推至1/3行程　　　c) 推至2/3行程　　　d) 锉刀行程推尽时

图 2-82　锉削时的动作

锉削行程中，身体先于锉刀一起向前，右脚伸直并稍向前倾，重心在左脚，左膝部呈弯曲状态；当锉刀锉至约四分之三行程时，身体停止前进，两臂则继续将锉刀向前锉到头，同时，左腿自然伸直并随着锉削时的反作用力，将身体重心后移，使身体恢复原位，并顺势将锉刀收回；当锉刀收回将近结束，身体又开始先于锉刀前倾，作第二次锉削的向前运动。

如要锉出平直的平面，必须使锉刀保持直线锉削运动。在锉刀回程时两手不要加压，以减少锉刀磨损。

（5）锉削时的施力　锉刀推进时应保持在水平面内。两手施力按图 2-83 所示变化，返回时不加压力，以减少齿面磨损。如锉削时两手施力不变，则开始阶段刀柄会下偏，而锉削终了时前端又会下沉，结果将锉成两端低，中间凸起的鼓形表面。

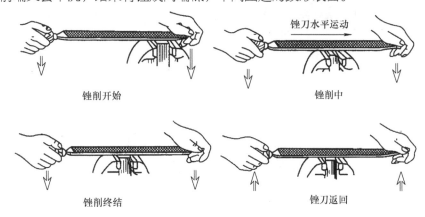

锉削开始　　　　　　　　　　　锉刀水平运动　　锉削中

锉削终结　　　　　　　　　　　锉刀返回

图 2-83　锉削时的施力

（6）锉削方法

1）平面锉削。平面锉削是锉削中最基本的一种，常用顺向锉、交叉锉、推锉三种操作方法，如图 2-84 所示。

顺向锉是锉刀始终沿其长度方向锉削，一般用于最后的锉平或锉光。

交叉锉是先沿一个方向锉一层，然后再转 90°锉平。交叉锉切削效率较高，锉刀也容易掌握，如工件余量较多先用交叉锉法较好。

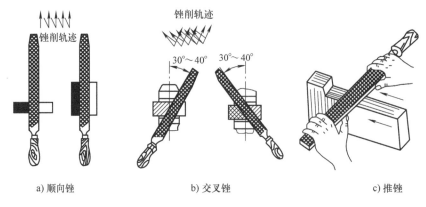

图 2-84　平面锉削方法

推锉法的锉刀运动方向与其长度方向垂直。当工件表面已锉平，余量很小时，为了降低工件表面粗糙度值和修正尺寸，用推锉法较好。推锉法尤其适用于较窄表面的加工。

2）圆弧面锉削。锉削圆弧面时，锉刀既需向前推进，又需绕弧面中心摆动。常用的有外圆弧面锉削时的滚锉法和顺锉法，如图 2-85 所示。内圆弧面锉削时的滚锉法和顺锉法，如图 2-86 所示。滚锉时，锉刀顺圆弧摆动锉削。滚锉常用作精锉外圆弧面。顺锉时，锉刀垂直圆弧面运动。顺锉适宜于粗锉。

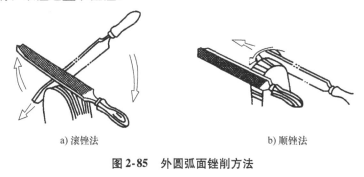

图 2-85　外圆弧面锉削方法

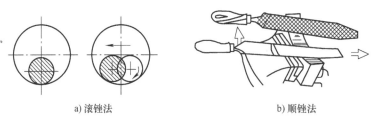

图 2-86　内圆弧面锉削方法

3. 锉刀的使用注意事项及保养

1）不能使用无柄锉刀、裂柄锉刀和无柄箍锉刀。

2）新锉要先使用一面，用钝后再使用另一面。另外，锉刀在使用时应充分利用有效全长，这样既可提高锉削效率，又可避免锉齿局部磨损。

3）锉刀上不可沾水和油污。当锉刀槽齿被锉屑堵塞时，应使用专用铜丝刷顺其齿纹进行清涂。

4）不可锉毛坯件的硬皮及淬硬的工件。若铸件或毛坯表面有硬皮，应先用砂轮磨去或用旧锉刀锉去后，再进行正常锉削加工。

5）不能把锉刀当作撬棒或手锤使用。

6）锉刀硬而脆，无论在使用过程或存放过程中，不可与其他工具或工件堆放在一起，另外还要防止锉刀掉落在地上，以免损坏锉刀。

7）锉刀使用完毕必须清刷干净，存放在干燥通风的地方，以免生锈。

五、刮刀

刮刀是用来进行刮削作业的工具，一般用碳素工具钢或轴承钢锻成，分为平面刮刀（图2-87）和曲面刮刀（图2-88）两类。曲面刮刀主要用来刮削内弧面，例如滑动轴承的轴瓦，刮刀种类很多，最常见的是三角刮刀。平面刮刀主要用于刮削平面，如在汽车维修中用平面刮刀清除零件接合面上的密封垫或密封胶等，如图2-89所示。

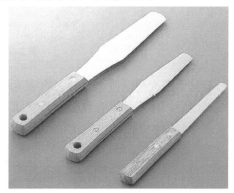

图2-87　平面刮刀

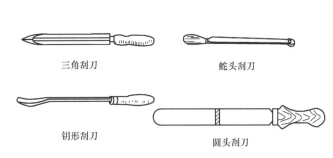

三角刮刀　　蛇头刮刀

钥形刮刀　　圆头刮刀

图2-88　各种曲面刮刀

图2-89　用平面刮刀去除活塞顶部的积炭

第六节　丝锥和板牙

丝锥和板牙是切削内、外螺纹的工具。一般用工具钢或高速钢制作，并经热处理淬火硬化。通常，丝锥和板牙以组合工具的形式出现，如图2-90所示。

一、丝锥

丝锥是用于攻螺纹的工具。所谓攻螺纹，是指在孔中切削出内螺纹的加工方法。攻螺纹工具由丝锥和铰杠（铰手）两部分

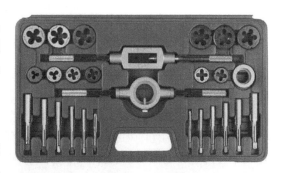

图2-90　丝锥和板牙组合工具

组成，如图 2-91 所示。

图 2-91　丝锥和铰杠

铰杠是用来夹持丝锥的工具。有普通铰杠和丁字铰杠两类。丁字铰杠适用于在高凸台旁边或箱体内部攻螺纹。各类铰杠又有固定式和活络式两种，如图 2-92 所示。固定式铰杠常用在攻 M5 以下螺孔，活络式铰杠可以调节方孔尺寸。

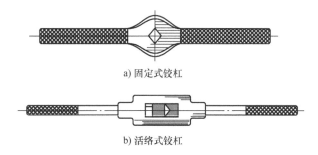

a) 固定式铰杠

b) 活络式铰杠

图 2-92　铰杠的类型

1. 丝锥的构造

丝锥主要由柄部和工作部分组成，如图 2-93 所示。

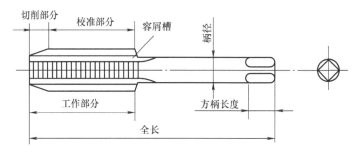

图 2-93　丝锥的构造

柄部的方头用来插入丝锥铰手中用以传递扭矩。工作部分又包括切削部分与校准部分（导向部分）。切削部分担任主要的切削任务，其牙形由浅入深，并逐渐变得完整，以保证丝锥容易攻入孔内，并使各牙切削的金属量大致相同。常用丝锥轴向开 3~4 条容屑槽，以形成切削部分锋利的切削刃和前角，同时能容纳切屑。端部磨出切削锥角，使切削负荷分布在几个刀齿上，逐渐切到齿深，而使切削省力、刀齿受力均匀，不易崩刃或折断，也便于正确切入。校准部分均具有完整的牙形，主要用来校准和修光已切出的螺纹，并引导丝锥沿轴向前进。为了制造和刃磨方便，丝锥上的容屑槽一般做成直槽。有些专用丝锥为了控制排屑方向，做成螺旋槽。加工不通孔螺纹，为使切屑向上排出，容屑槽做成右旋槽。加工通孔螺纹，为使切屑向下排出，容屑槽做成左旋槽。

2. 丝锥的类型

按加工方法分类，丝锥分为机用丝锥和手用丝锥两种；在实际工作中，机用丝锥可用于手工攻螺纹，而手用丝锥也可用于机攻螺纹。

按加工螺纹的种类不同，丝锥又分为普通三角螺纹丝锥（其中 M6 ~ M24 的丝锥为两只一套，小于 M6 和大于 M24 的丝锥为三只一套）、圆柱管螺纹丝锥（为两只一套）和圆锥管螺纹丝锥（大小尺寸均为单只）。圆柱管螺纹丝锥与一般手用丝锥相近，只是其工作部分较短。圆锥管螺纹丝锥的直径从头到尾逐渐增大，而牙型与丝锥轴线垂直，以保证内、外螺纹结合时有良好的接触。

对于成组丝锥，按照丝锥的攻螺纹先后顺序，分为头锥、二锥、三锥（有些只有头锥和二锥）。三种丝锥直径相同，但斜切面长度不同，通常头锥斜切面长度最长，三锥斜切面长度最短。如图2-94 所示，自上而下分别是头锥、二锥和三锥。

另外，丝锥还有粗牙/细牙之分、粗柄/细柄之分；有单支/成组之分、等径与不等径之分，还有长柄机用丝锥、短柄螺母丝锥、长柄螺母丝锥等。

图 2-94　成组丝锥的头锥、二锥、三锥

3. 丝锥的使用

（1）丝锥的选用　为减小切削力和延长丝锥使用寿命，提高耐用度和加工精度，通常在攻螺纹时将整个切削工作量分配给几支丝锥来分别担当，并按切削顺序分别叫头攻、二攻和三攻。通常手用丝锥中 M6 ~ M24 的丝锥为两支一套，小于 M6 和大于 M24 的丝锥为三支一套，称为头锥、二锥、三锥。这是因为 M6 以下的丝锥强度低，易折断，分配给三个丝锥切削可使每一个丝锥担负的切削余量小，因而产生的扭矩小，从而保护丝锥不易折断。而 M24 以上的丝锥要切除的余量大，分配给三支丝锥后可有效减少每一支丝锥的切削阻力，以减轻工人的体力劳动。细牙螺纹丝锥为两支一组。

（2）攻螺纹流程　在汽车修配作业中，攻螺纹主要用于内孔螺纹的修复。通常遵循以下操作流程：

1）确认螺纹孔有坏牙，不是螺栓断裂。

2）用游标卡尺测量螺栓外径，获得标准尺寸用以选择合适的丝锥。

3）用螺距量规测量螺纹螺距。以此为依据，选择与螺纹螺距相同相配的丝锥。

4）选择与螺纹中径螺距相适应的丝锥。丝锥选择不合适可能导致修出的螺纹孔过大，因此一定要仔细选择。选择丝锥时应参考丝锥上显示的尺寸，如图 2-95 所示，M8 代表螺纹直径，1. 25 代表螺距。

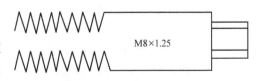

图 2-95　丝锥上的尺寸标注

5）插入选好的丝锥转动1~2圈，安装丝锥铰杠。铰杠应与丝锥（方柄）尺寸相配。

6）按照下述方法完成攻螺纹。

7）用压缩空气将铁屑吹净。

8）插入螺栓检查是否可以旋转。

（3）攻螺纹方法　在攻螺纹前，先将头锥插入到要修复的螺纹孔中转动1~2圈（用于丝锥定位，使丝锥轴线与螺纹孔轴线一致），然后将铰杠安装到丝锥方柄上。用头锥起攻时，右手握住铰杠中间，沿丝锥中心线加适当压力，左手配合将铰杠顺时针转动（左旋丝锥则逆时针转动铰杠），或两手握住铰杠两端均匀施加适当压力，并将铰杠顺向旋进，将丝锥旋入，保证丝锥中心线与孔中心线重合，不歪斜。当丝锥切削部分切入1~2圈后，应及时用目测或用直角尺在前后、左右两个方向检查丝锥是否垂直，并不断校正至要求。校正丝锥轴线与底孔轴线是否一致，若一致，两手即可握住铰杠手柄继续平稳地转动丝锥。一般在切入3~4圈时，丝锥位置应正确无误，此时不应再强行纠正偏斜。

此后，当丝锥的切削部分全部进入工件时，只需要两手用力均匀地转动铰杠，就不再对丝锥施加压力，而靠丝锥作自然旋进切削，丝锥会自行向下攻削。为防止切屑过长损坏丝锥，每扳转铰杠1/2~2圈，应反转1/4~1/2圈，以使切屑折断排出孔外，避免因切屑堵塞而损坏丝锥（图2-96）。在攻螺纹过程中要用刷子或加油器加注切削油（图2-97），这可以降低切削过程中产生的高温，保护丝锥，降低丝锥的工作强度。

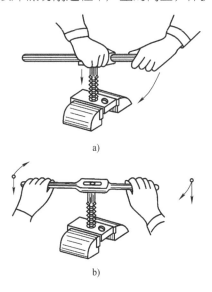

图2-96　攻螺纹操作方法

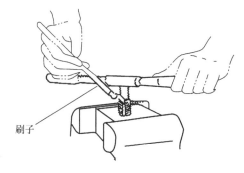

刷子

图2-97　为丝锥加注切削油

（4）攻螺纹注意事项

1）底孔的孔口必须倒角。钻孔后，在螺纹底孔的孔口必须倒角，通孔螺纹两端都倒角，倒角处最大直径应和螺纹大径相等或略大于螺纹大径，这样可使丝锥开始切削时容易切入，并可防止孔口出现挤压出的凸边。

2）对于成组丝锥要按头锥、二锥、三锥的顺序攻削。攻螺纹时，必须以头锥、二锥、三锥顺序攻削至标准尺寸。用头锥攻螺纹时，应保持丝锥中心与螺孔端面在两个相互垂直方向上的垂直度。头锥攻过后，先用手将二锥旋入，再装上铰杠攻螺纹。以同样办法攻三锥。在较硬的材料上攻螺纹时，可轮换各丝锥交替攻下，以减小切削部分负荷，防止丝锥折断。

3）攻不通孔时，可在丝锥上做好深度标记，并要经常退出丝锥，清除留在孔内的切屑，否则会因切屑堵塞易使丝锥折断或攻螺纹达不到深度要求。当工件不便倒向进行清屑时，可用弯曲的小管子吹出切屑或用磁性针棒吸出。

4）攻螺纹时要加切削液。为了减少摩擦，减小切削阻力，减小加工螺孔的表面粗糙度，保持丝锥的良好切削性能，延长丝锥寿命，得到光洁的螺纹表面，攻螺纹时应根据工件材料，选用适当的冷却润滑液。攻钢件时用机油，螺纹质量要求高时可用工业植物油。攻铸铁件可加煤油。

5）断丝锥取出方法。在攻制较小螺孔时，常因操作不当，会造成丝锥断在孔内。如果不能取出，或即使取出而使螺孔损坏，都将使工件报废。在取断丝锥前，都应先将螺孔内的切屑及丝锥碎屑清除干净，防止回旋时再将断丝锥卡住。去除碎屑时可使用铁丝或小号凿子。如果孔较深，可以向孔内吹入压缩空气清洁丝锥，并加入适当的润滑液，如煤油，机油等，来减小摩擦阻力。拆下断裂的丝锥前最好搞清楚导致断裂的原因。例如：如果是定位孔太小，丝锥会咬入材料中，从而损坏。

应根据断裂丝锥的尺寸和材质选择最合适的拆卸方式。如果折断部分距孔口较浅，可采用手锤敲击冲子的方式取出。沿松动方向转动丝锥，小心不要破坏孔口的螺纹，如图2-98a所示。如果断裂部分还露在孔外，就用钳子夹住丝锥，然后沿松动方向转动取出，如图2-98b所示。

如果丝锥较大，可根据丝锥槽数选用3脚或4脚工具将它取出。把插脚伸进槽内小心地将丝锥旋出，如图2-98c所示。

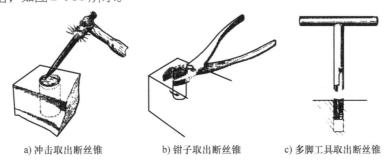

a) 冲击取出断丝锥　　　b) 钳子取出断丝锥　　　c) 多脚工具取出断丝锥

图2-98　断丝锥取出方法

在一般情况下，也可以在带方榫的断丝锥上拧上两个螺母，用钢丝插入断丝锥和螺母间的容屑槽中，然后用铰杠顺着退转方向扳动方榫，把断在螺孔中的丝锥带出来。当断丝锥与螺孔契合牢固而不能取出时，可在断丝锥上焊上便于施力的弯杆，或用电焊小心地在断丝锥上堆焊出一定厚度的便于施力的金属层，然后用工具旋出。如果以上办法不奏效，可用喷灯沿孔圆周表面加热，然后试着取出。在大多数情况下这种方法都会奏效。

 板牙

板牙是套螺纹用的工具。所谓套螺纹，就是用板牙在圆杆上切削出外螺纹的操作。套螺纹工具由板牙和板牙架组成，如图2-99所示。板牙架是装夹板牙的工具，它上面有紧固螺钉，用以固定装在其中的板牙。

图 2-99   板牙和板牙架

1. 板牙的构造

板牙由切削部分、校准部分和排屑孔组成。其本身就像一个圆螺母，在它上面钻有几个排屑孔而形成刀刃，如图 2-100 所示。

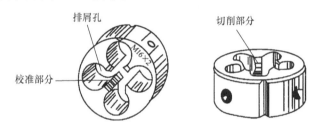

图 2-100   板牙的构造

切削部分是板牙两端有切削锥角的部分。板牙的中间一段是校准部分，也是套螺纹时的导向部分。板牙的校准部分因磨损会使螺纹尺寸增大而超出公差范围。因此，为延长板牙的使用寿命，常用的圆板牙，在外圆上有四个锥坑和一条 V 形槽，起调节板牙尺寸的作用。其中的两个锥坑，其轴线与板牙直径方向一致，借助铰杠上的两个相应位置的紧固螺钉顶紧后，用以套螺纹时传递扭矩。

另外两个与板牙中心偏心的锥坑起调节作用。当板牙磨损，套出的螺纹尺寸变大，以致超出公差范围时，可用锯片砂轮沿板牙 V 形槽将板牙磨割出一条通槽，用铰杠上的另两个紧固螺钉，拧紧顶入板牙上面两个偏心的锥坑内，让板牙产生弹性变形，使板牙的螺纹中径变小，以补偿尺寸的磨损。调整时，应使用标准样件进行尺寸校对。板牙两端面都有切削部分，待一端磨损后，可换另一端使用。

2. 板牙的类型

按板牙按外形和用途可分为圆板牙、方板牙、六角板牙和管形板牙，如图 2-101 所示。其中以圆板牙应用最广，规格范围为 M0. 25 ~ M68。当加工出的螺纹中径超出公差时，可将板牙上的调节槽切开，以便调节螺纹的中径。

圆板牙分为固定式、可调式和滚丝圆板牙三种。可调式圆板牙也称为开口式圆板牙。

如图 2-102 所示。

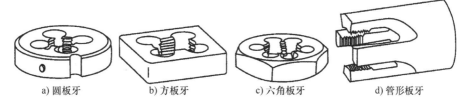

| a) 圆板牙 | b) 方板牙 | c) 六角板牙 | d) 管形板牙 |

图 2-101　板牙的类型

开口式圆板牙因其直径可以调整，是应用最为广泛的普通外螺纹切削工具。开口式圆板牙的开始端有 2～2.5 个螺扣被切削成锥形，这种设计使得板牙斜切面直径较大，能够保证板牙可以很容易切入被加工材料，如图 2-103 所示。

需要注意的是，在套螺纹起始时，应保持板牙锥角朝下。

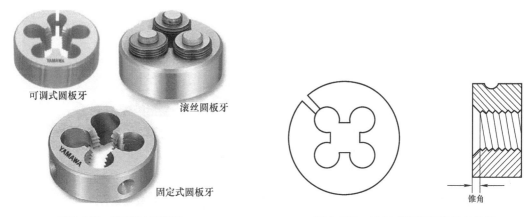

图 2-102　圆板牙的类型　　　　图 2-103　开口式圆板牙的锥角设计

3. 板牙的使用

（1）套螺纹流程　在汽车修配作业中，套螺纹主要用于螺栓或螺杆外螺纹的修复。通常遵循以下操作流程：

① 将螺母插入螺栓检查牢固程度。

② 用游标卡尺测量螺栓外径，以选出标准尺寸。

③ 用螺距量规测量螺距。

④ 根据测得的螺栓外径和螺距，选择合适的板牙。

⑤ 利用板牙修理螺栓。

⑥ 用刷子清理切屑。

⑦ 将螺母置入螺栓确认螺栓转动。

（2）套螺纹方法　套螺纹前应检查圆杆直径，太大则难以套入，太小则套出螺纹不完整。为便于板牙顺利导入，套螺纹的圆杆必须倒角，通常为 60°，如图 2-104 所示。

起套时，用右手掌按住板牙架中部，沿圆杆的轴向施加压力，左手配合使板牙架顺时针旋进，转动要慢，压力要大，并保证板牙端面与圆杆垂直，不歪斜。在板牙旋转切入圆杆 2～3 圈时，要及时检查板牙与圆杆垂直情况并及时校正，应从两个方向进行垂直度的及时校正，这是保证套螺纹质量的重要一环。进入正常套螺纹后，不再加压力，让板牙自然引进，以免损坏螺纹和板牙，并经常倒转以断屑，如图 2-105 所示。套螺纹时，由于板牙切削部分的锥角较大，起套时的导向性较差。容易产生板牙端面与圆杆轴心线的不垂直，造成切出的螺纹牙形一面深一面浅，并随着螺纹长度的增加，其歪斜现象将按比例明显增加，甚至不能继续切削。因此，起套的正确性以及套螺纹时控制两手用力均匀和掌握好最大用力限度，是影响套螺纹质量的关键因素。

（3）套螺纹注意事项　用板牙在工件上套螺纹时，材料因受到撞压而变形，牙顶将被挤高一些，所以圆杆直径应稍小于螺纹大径的尺寸。

在钢件上套螺纹时要加冷却润滑液，以减小加工螺纹的表面粗糙度和延长板牙使用寿命。一般可用机油或较浓的乳化液，要求高时可用工业植物油。

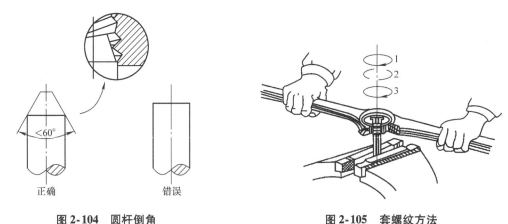

图 2-104　圆杆倒角　　　　　　　图 2-105　套螺纹方法

第七节　划线工具和钻孔工具

一　划线工具

所谓划线，就是根据图样和实物的要求，在零件表面准确划出加工界线的操作，是汽车维修过程中一个重要工序。通过划线，可以确定零件表面的加工余量、确定孔的位置，使机械加工有明确的标志；还可以检查加工件是否存在偏差，以避免浪费机械加工工时。划线操作时使用的专用工具就是划线工具，一般有以下几种：

1. 划针

划针是用于在被划线的工件表面沿着钢板尺、直尺或样板进行划线的工具，常用的划针是用工具钢或弹簧钢锻制成细长的针状，经淬火磨尖后制作的，一般有弯头划针和直划针两种，如图 2-106 所示。在工件上操作时，如果某些部位用直划针划不到，就要使用弯头划针进行划线。

划线时，划针要按照图 2-107 所示，沿着钢尺、角尺或划线样板等导向工具移动，同时向外倾斜 15°～20°，向移动方向倾斜 45°～75°。

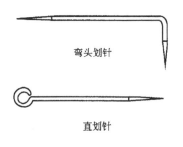

图 2-106 弯头划针和直划针

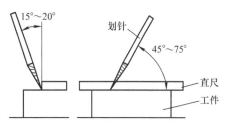

图 2-107 使用划针

2. 划线盘

划线盘是在工件上划水平线和校正工件位置的常用工具，分为普通划线盘和可微调划线盘两种，如图 2-108 所示。划针的一端焊上硬质合金，另一端弯头是校正工件用的。划线时，在量高尺上（图 2-109）取出尺寸，将划针调节到一定的高度并移动划线盘底座，划针的尖端即可对工件划出水平线，如图 2-110 所示。

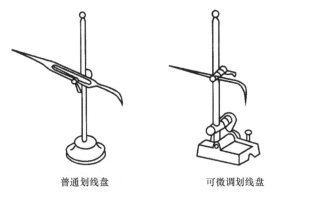

图 2-108 划线盘

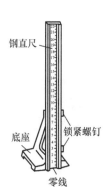

图 2-109 量高尺

3. 划规

划规俗称圆规，划线操作中使用的划规主要用于划圆或划弧、等分线段或角度，以及把直尺上的尺寸移到工件上，如图 2-111 所示。

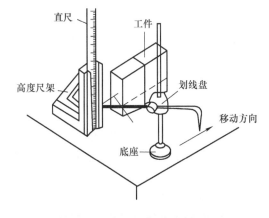

图 2-110 用划线盘进行划线操作

图 2-111 各种划规

4. 样冲

样冲是在划好的线上冲眼时使用的工具。它可以在工件上所划线条的交叉点上打出小而均匀的样冲眼，以便在所划的线模糊后，仍能找到原线及交叉点位置，从而起到强化显示用划针划出的加工界线的作用。此外样冲也可以在划圆弧时作为定心脚点使用。样冲使用如图 2-112 所示。

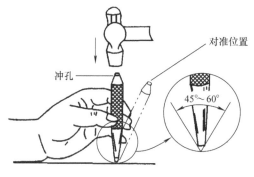

图 2-112　样冲使用

二、钻孔工具

钻孔就是指用钻头在实心工件上加工孔，在汽车维修作业中，常用的钻孔工具有钻床和手电钻两种。

1. 钻床

常见的钻床有台式、立式和摇臂钻床三种，汽车维修中最常用的是台钻（图 2-113）。台钻顾名思义是一种放置在工作台上使用的小型钻床，它重量较轻、移动方便、转速高，非常适合在零件上钻出直径较小的钻孔。钻床结构如图 2-114 所示。

图 2-113　台钻的外形

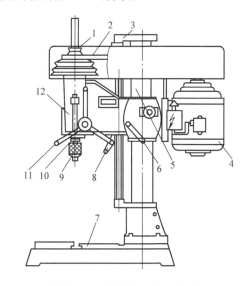

图 2-114　典型的台式钻床结构

1—塔轮　2—V 带　3—丝杆架　4—电动机　5—立柱
6—锁紧手柄　7—工作台　8—升降手柄　9—钻夹头
10—主轴　11—进给手柄　12—头架

2. 手电钻

手电钻主要用于钻直径 12mm 以下的孔，常用于不便使用钻床钻孔的场合。手电钻的电源有 220V 和 380V 两种，手电钻体型小巧，携带方便，操作简单灵活，在汽车维修中应用非常广泛。常用手电钻如图 2-115 所示。

3. 钻头

钻头（图 2-116）是钻孔的主要刀具，一般用高速钢或超硬合金制作，常用的钻头由

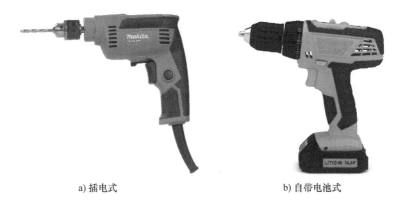

a) 插电式   b) 自带电池式

图 2-115　常用手电钻

柄部、颈部和工作部分组成，如图 2-117 所示。钻头柄部是钻头的夹持部分，有直柄和锥柄两种。直柄传递的力矩较小，一般用于直径小于 12mm 的钻头；锥柄则可以传递较大的力矩，用于直径大于 12mm 的钻头。

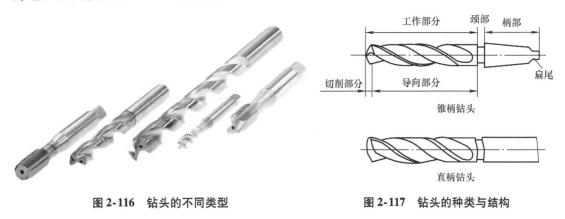

图 2-116　钻头的不同类型   图 2-117　钻头的种类与结构

第八节　其他钳工工具

一、砂轮机

砂轮机主要用于对金属的磨削加工，是利用砂轮的旋转对工件的表面进行磨削或切断的机器。砂轮机一般以电力或压缩空气为动力，分为立式和台式两种，如图 2-118 所示。在汽车维修中最为常用的是台式电动砂轮机，常用于对工件的端部或表面进行磨削。

二、压力机

压力机是在汽车零件拆装过程中，压入或压出衬套、气缸套、滚珠轴承、齿轮、带轮及校正零件弯曲等必用的设备。如图 2-119 所示，按照工作原理可分为电动式压力机和液压式压力机。图 2-120 所示为使用压力机拆卸变速器齿轮。

a) 台式砂轮机   b) 立式砂轮机

图 2-118   砂轮机

a) 电动式压力机   b) 液压式压力机

图 2-119   压力机

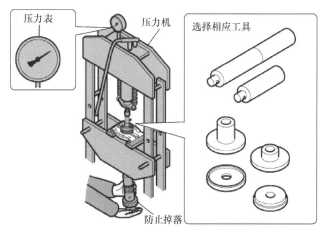

图 2-120   使用压力机拆卸变速器齿轮

三　钢丝刷

在汽车维修工作中，钢丝刷（图2-121）是一种用来清理顽固污渍的工具，比如清理蓄电池电缆桩头上的污垢，清理活塞头部的积炭（图2-122），清理气缸盖表面的污垢（图2-123）等。

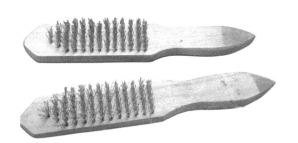

图2-121　钢丝刷

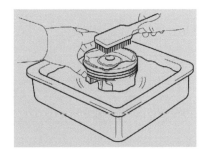

图2-122　用钢丝刷和溶剂彻底清洁活塞

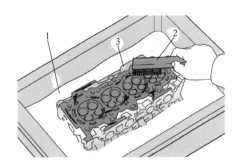

图2-123　使用钢丝刷清洗气缸盖

1—煤油　2—钢丝刷　3—气缸盖

第三章

汽车维修常用量具

第一节　常用测量尺

一、钢直尺

1. 钢直尺的规格

钢直尺是最简单的长度测量工具，用钢材打造而成，它一般用于精度要求不高的测量，可以直接测量出工件的尺寸。钢直尺（图3-1）是具有一组或多组有序的标尺标记及标尺数码所构成的钢制板状的测量器具。钢直尺用于确定两点（位置）间的距离，粗略地测量工件的长、宽、高、深、厚等几何尺寸。钢直尺为普通测量长度用量具，尺的正面上下两边刻有刻度，其规格按标称长度有150mm、300mm、500（600）mm、1000mm、1500mm、2000mm六种。尺的方形一端为工作端边，另一端有圆弧形附悬挂孔。

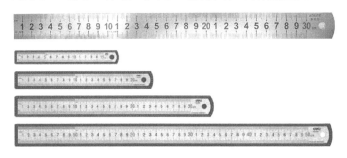

图3-1　不同尺寸钢直尺

2. 钢直尺的使用

钢直尺用于测量零件的长度尺寸（图3-2），但测量结果不太准确。因为钢直尺的刻线间距为1mm，而刻线本身的宽度就有0.1~0.2mm，所以测量时读数误差比较大，只能读出毫米数，即它的最小读数值为1mm，比1mm小的数值，只能估读而得。

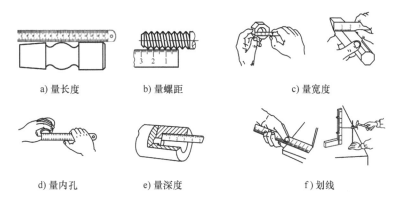

图3-2　钢直尺的使用方法

如果用钢直尺直接去测量零件的直径尺寸（轴径或孔径），则测量精度更差，因为除了钢直尺本身的读数误差比较大以外，钢直尺无法正好放在零件直径的正确位置。因此，零件直径尺寸的测量，需要钢直尺和内外卡钳配合起来进行。

钢直尺使用注意事项：

1）使用时，应注意尺身不能弯曲，尺端边及两个直角不应有磨损及损伤，以保证尺端与尺边的垂直。使用钢直尺时，应以方形端的"0"刻度线作为测量基准，这样不仅便于找正测量基准，而且便于读数。测量时尺子要放正，不得前、后、左、右歪斜，否则从尺上读得的数比被测的实际尺寸要大。

2）用钢直尺测量工件时，应当注意使钢直尺的侧边与工件被测尺寸的轴线重合或平行，以减小因操作方法不正确引起的测量误差，提高测量准确度。

3）测量矩形工件时，尺的端边要与工件垂直并对准零位，读数时注意视差的影响。测量圆柱形工件时，应使钢直尺刻度线面与圆柱体的轴线平行。测量圆形工件的外径或孔径时，用尺端（或任一刻度）对准工件的一边，而尺的另一端绕此点来回摆动，读取最大值即为测量结果。

4）使用钢直尺后，应擦去尺面的油垢，并平放在工作台上或利用尺子的悬挂孔，将尺子挂起，以防钢直尺变形。

5）使用钢直尺时，要以端边的"0"刻度线作为测量基准。这样，在测量时不仅容易找到测量基准，而且便于读数和计数。最好的方式是用拇指将钢直尺按住，使其贴靠在工件上。

二、钢卷尺

一般来讲，钢卷尺的刻度单位与钢直尺刻度单位相同。钢卷尺按其结构可分为自卷式钢卷尺和制动式钢卷尺两种。

1. 钢卷尺的结构

钢卷尺（图3-3）用于测量较长工件的尺寸或距离，在车身修复和四轮定位时可能会用到钢卷尺。钢卷尺长度有2m、3m、5m、…、20m、30m、50m等多种。

钢卷尺主要由尺带、盘式弹簧（发条弹簧）和卷尺外壳等组成。所谓盘式弹簧，就像旧式钟表里的发条。当拉出刻度尺时，盘式弹簧被卷紧，产生回卷力，当松开刻度尺的拉力时，刻度尺就被盘式弹簧的拉力拉回，钢卷尺的具体结构如图3-4所示。

图3-3　钢卷尺

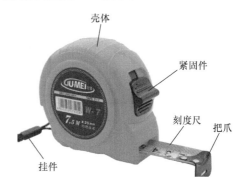

图3-4　钢卷尺的结构

把爪在测量外部长度时起卡紧作用；紧固件对刻度尺起固定作用；挂件起防止意外掉落损坏的作用；壳体对刻度尺起保护作用，同时有装饰作用；刻度尺起测量物品规格的作用。

2. 钢卷尺的使用

钢卷尺在使用前，首先要检查钢卷尺的各个部位：对自卷式和制动式钢卷尺来说，拉出和收入钢卷尺时，应轻便、灵活、无卡滞现象；制动时，钢卷尺的按钮装置应能有效地控制尺带收卷，不得有阻滞失灵现象；尺带表面不得有锈迹和明显的斑点、划痕，刻线应十分清晰。

使用钢卷尺应以"0"点端为测量基准，这样便于读数。当以非"0"点端为基准测量物品时，要特别注意起始端的数字，否则在读数时易读错。使用钢卷尺和使用钢直尺一样，不得前后左右歪斜，而且要拉紧尺带进行测量。

刻度尺的标识如图3-5所示。25feet：代表钢卷尺总长25英尺（ft）；7.5m：表示此钢卷尺总长为7.5米。上排为英制刻度单位，常用单位为英寸、英尺；下排为米制刻度单位，常用单位为厘米、分米、米。

钢卷尺的保养方法如下：

1）钢卷尺的尺带一般镀铬、镍或其他涂料，要保持钢卷尺清洁，测量时不要使其与被测表面摩擦，以防划伤。

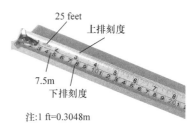

注：1 ft=0.3048m

图3-5　刻度尺的标识

2）使用钢卷尺时，拉出尺带不得用力过猛，应缓慢拉出，用后也应让它缓慢退回。

3）对于制动式钢卷尺，应先按下制动按钮，然后缓慢拉出尺带，用后松开制动按钮，尺带自动收卷。

4）应切记，尺带只能卷，不能折。

5）不允许将钢卷尺放在潮湿或有酸类气体的地方，用后将尺带上的油污水渍擦干，以防锈蚀。

6）为了便于夜间或无光处使用，有些钢卷尺尺带的刻线面上涂有发光物质，在黑暗中能发光，使人能看清线纹和数字，在使用中应注意保护涂膜。

三、内外卡钳

1. 内外卡钳作用

内外卡钳是一种间接读数的量具，卡钳上不能直接读出尺寸，必须与钢直尺或其他刻度线量具配合测量。图3-6所示是常见的两种内外卡钳。内卡钳是用来测量内径和凹槽的，如图3-7a所示，外卡钳是用来测量外径和平面的，如图3-7b所示。它们本身都不能直接读出测量结果，而是把测量得到的长度尺寸（直径也属于长度尺寸）在钢直尺上进行读数，或在钢直尺上先取下所需尺寸，再去检验零部件的直径是否符合。

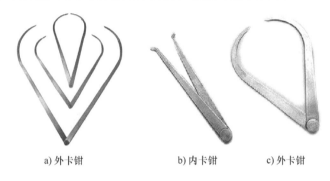

a) 外卡钳　　　　b) 内卡钳　　　　c) 外卡钳

图3-6　内外卡钳

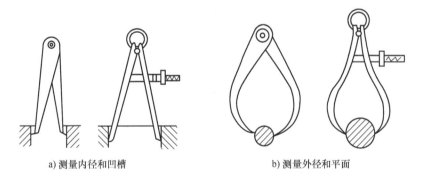

a) 测量内径和凹槽　　　　　　b) 测量外径和平面

图3-7　测量内外径、凹槽和平面

内外卡钳开度的调节，应首先检查钳口的形状，钳口形状对测量精确性影响很大，应注意经常修整钳口的形状。调节卡钳的开度时，应轻轻敲击卡钳脚的两侧面。先用两手把卡钳调整到和工件尺寸相近的开口，然后轻敲卡钳的外侧来减小卡钳的开口，敲击卡钳的内侧来增大卡钳的开口，如图3-8a、b所示。但不能直接敲击钳口，更不能在机床的导轨上敲击卡钳（图3-8c），这会导致卡钳的钳口损伤，而引起测量误差。

内外卡钳是一种简单的量具，由于它具有结构简单、制造方便、价格低廉、维护和使用方便等特点，广泛应用于要求不高的零件尺寸的测量和检验，尤其是对锻铸件毛坯尺寸的测量和检验，内外卡钳是最合适的测量工具。

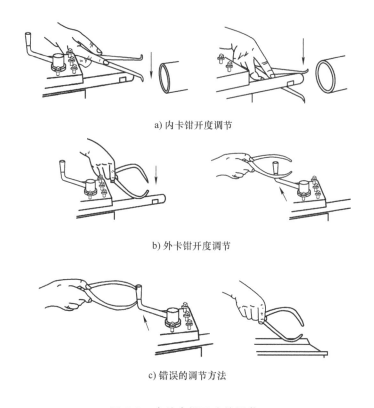

a) 内卡钳开度调节

b) 外卡钳开度调节

c) 错误的调节方法

图 3-8　内外卡钳开度的调节

2. 内外卡钳使用

内外卡钳虽然是简单量具，但只要掌握得好，也可获得较高的测量精度。例如，用外卡钳比较两根轴的直径大小时，即使是轴径相差只有 0.01mm，有经验的老师傅也能分辨得出。又如，用内卡钳与外径千分尺联合测量内孔尺寸时，有经验的老师傅完全有把握用这种方法测量高精度的内孔。这种内径测量方法称为"内卡钳 + 外径千分尺"法，利用内卡钳在外径千分尺上读取准确的

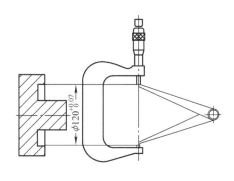

图 3-9　内卡钳 + 外径千分尺测量内径

尺寸，如图 3-9 所示，再去测量零件的内径；或利用内卡钳在孔内调整好与孔接触的松紧程度，再在外径千分尺上读出具体尺寸。这种测量方法，不仅在缺少精密的内径量具时是测量内径的好办法，而且对于某些零件的内径，因为它的孔内有轴，所以使用精密的内径量具有困难，此时使用"内卡钳 + 外径千分尺"测量内径的方法就能解决问题。

四、 游标卡尺

游标卡尺又称四用游标卡尺，简称卡尺，是一种精密测量仪器，能够正确且简单地进行长度、外径、内径及深度的测量，如图 3-10 所示。

图3-10 游标卡尺

1. 游标卡尺的组成

如图 3-11 所示，游标卡尺主要由下列几部分组成。

（1）具有固定量爪的尺身 尺身上有类似钢直尺一样的主尺刻度。主尺刻度是以毫米为单位，刻线间距为 1mm。在厘米刻度线上标有数字 1、2、3 等，表示为 1cm、2cm、3cm 等（或者在厘米刻度线上标注数字 10、20、30 等，表示为 10mm、20mm、30mm 等）。主尺的长度决定游标卡尺的测量范围。在汽车修配中，经常用到的游标卡尺的测量范围是 0～150mm。

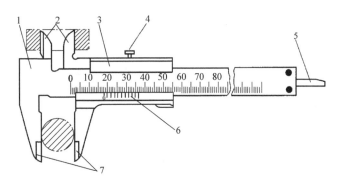

图3-11 游标卡尺的组成

1—尺身　2—上（内径）量爪　3—尺框　4—紧固螺钉　5—深度尺　6—游标　7—下（外径）量爪

（2）具有活动量爪的尺框 尺框上有游标。游标卡尺根据最小刻度的不同一般分为 0.05mm 和 0.02mm 两种。若游标上有 50 个刻度线，每刻度表示 0.02mm；若游标上有 20 个刻度线，每刻度表示 0.05mm，如图 3-12 所示。游标读数值，就是指使用这种游标卡尺测量零件尺寸时，卡尺上能够读出的最小数值。在汽车维修工作中，0.02mm 精度的游标卡尺使用最多。

（3）测量深度的深度尺 深度尺固定在尺框的背面，能随着尺框在尺身的导向凹槽中移动。测量深度时，应把尺身尾部的端面靠紧在零件的测量基准平面上。

机械式游标卡尺都存在一个共同的问题，就是读数不很清晰，容易读错，有时不得不借放大镜将读数部分放大。现有游标卡尺采用无视差结构，使游标刻线与主尺刻线处在同一平面上，消除了在读数时因视线倾斜而产生的视差；有的卡尺还装有测微表成为带表游标卡尺（图3-13），便于读数准确，提高了测量精度；更有一种带有数字显示装置的游标卡尺（图3-14），这种游标卡尺在零件表面上量得尺寸时，就直接用数字显示出来，使用极为方便，且测量精度可达到 0.005mm 或 0.001mm。

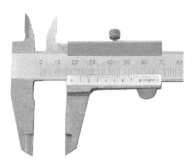
a) 0.02mm精度游标卡尺

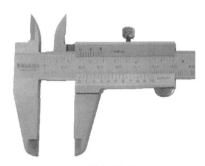
b) 0.05mm精度游标卡尺

图 3-12　游标卡尺的不同精度

图 3-13　带表游标卡尺

图 3-14　电子式游标卡尺

2. 游标卡尺的读数

游标卡尺读数分为三个步骤，下面以图 3-15 所示的 0.05mm 游标卡尺的某一状态为例进行说明。

1）读数时，首先读出游标零线左边与主刻度尺身相邻的第一条刻线的整毫米数，即为测得尺寸的整数值。如图 3-15 所示，读出 A 点位置，即游标 0 线所对尺身前面的刻度 45mm。

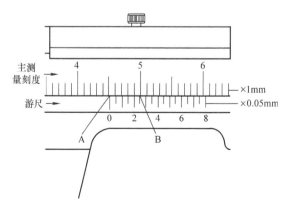

图 3-15　0.05mm 游标卡尺的读数

2）再读出游标尺上与主刻度尺刻度线对齐的那一条刻度线所表示的数值（游标尺上一定有一条刻线与主尺的刻线对齐），即为测量的小数。图 3-15 所示 B 点位置，即游标 0 线后的第 5 条线与尺身的一条刻线对齐。游标 0 线后的第 5 条线表示为：$0.05\text{mm} \times 5 = 0.25\text{mm}$。

3）最后将所得到的整数和小数部分相加，就得到最终的测量值。图 3-15 所示所测的总尺寸为 $45\text{mm} + 0.25\text{mm} = 45.25\text{mm}$。

按照相同的读数方法，图 3-16 所示的 0.02mm 游标卡尺的测量值为 16.14mm。

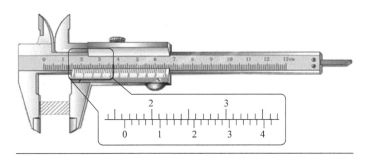

图 3-16 0.02mm 游标卡尺的读数

为确保读数的准确性，读数时要正对游标刻度，看准对齐的刻线，目光不能斜视，以减小读数误差。

3. 游标卡尺的使用

（1）使用前的检查 使用游标卡尺时先应依照下列事项逐一检查：

① 测定量爪的密合状态：主尺、副尺（即游标尺）的量爪必须完全密合。内径测定用量爪在密合状态下，能够看到少许光线表示密合良好；反之，如果穿透光线很多，则表示量爪密合不佳。

② 零点校正：当量爪密切结合后，主、副尺零点必须相互一致才是正确的。

③ 游标的移动状况：游标必须能够在主尺上轻轻地移动而不会发出声音才行。

（2）测量操作 在从事测量作业之前，必须事先清理测量零件及游标尺。

内径尺寸的测量如图 3-17b 所示，首先是用拇指轻轻拉开副尺，并使主尺量爪与测定物件保持正确的接触，上下晃动，由指示的最大尺寸读取读数。

在测量外径时，需要将零件深夹在量爪中，如图 3-17c 所示，然后用右手拇指轻压游标卡尺，同时使测定工件和游标卡尺保持垂直状态。

此外，用游标卡尺还可以测量汽车零部件的深度，如图 3-17d 所示。

游标卡尺测量示例：用游标卡尺测量气门弹簧的自由长度（图 3-18）；用游标

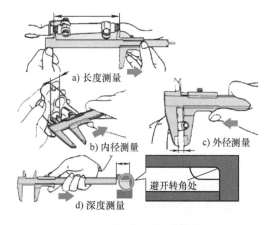

图 3-17 游标卡尺的测量操作

卡尺测量带链条的链轮直径（图3-19）；用游标卡尺测量起动机电枢换向器直径（图3-20）。

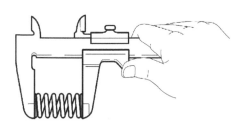

图3-18　用游标卡尺测量气门弹簧的自由长度

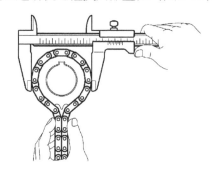

图3-19　用游标卡尺测量带链条的链轮直径

4. 使用游标卡尺的注意事项

1）使用前，应先把测量爪和被测工件表面的灰尘、油污等擦净，以免碰伤游标卡尺测量爪测量面和影响测量精度，同时检查各部位的相互作用。如尺框和微动装置移动是否灵活，紧固螺钉能否起作用等。

2）检查游标卡尺零位，使游标卡尺两测量爪紧密贴合，用眼睛观察应无明显的光隙，同时观察游标零刻线与尺身零刻线是否对准，游标的尾刻线与尺身的相应刻线是否对准。最好把游标卡尺测量爪闭合三次，观察各次读数是否一致。如果三次读数虽然不是零，但三次读数完全一样，可把这数值记下来，在测量时，加以修正。

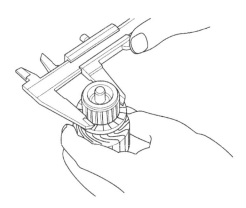

图3-20　用游标卡尺测量起动机
电枢换向器直径

3）使用时，要掌握好测量爪测量面同工件表面接触时的压力，既不能太大，也不能太小，要刚好使测量面与工件接触，同时测量爪还能沿着工件表面自由滑动。有微动装置的游标卡尺，应使用微动装置。

4）用游标卡尺测量读数时，应把游标卡尺水平地拿着朝亮光方向，使视线尽可能地和尺上所读的刻度线垂直，以免由于视线的歪斜而引起读数误差。最好在工件的同一位置多次测量，取其平均值。

5）测量外尺寸读数后，切不可从被测工件上猛地抽下游标卡尺，应将测量爪张开后拿出；测内尺寸读数后，要使测量爪沿着孔的中心线方向滑动，防止歪斜，否则会导致测量爪磨损、扭伤、变形或使尺框走动，影响测量精度。

6）不能用游标卡尺测量运动着的工件，否则会导致游标卡尺受到严重磨损，也容易发生事故。

7）不准以游标卡尺代替卡钳在工件上来回拖拉。使用游标卡尺时，不可用力同工件撞击，以防损坏游标卡尺。

8）不要将游标卡尺放在强磁场附近（如磨床的磁性工作台上），以免使游标卡尺磁化，影响使用。

9）使用后，应将游标卡尺擦拭干净，平放在专用盒内，尤其是大尺寸游标卡尺，应注意防锈，避免尺身弯曲变形。

五、外径千分尺

千分尺也称为螺旋测微器，如图3-21所示，它是利用螺纹节距来测量长度的精密测量仪器，用于测量加工精度要求较高的零部件。汽车维修工作中一般使用可以测至1/100mm的千分尺，其测量精度可达到0.01mm。

外径千分尺测量范围一般为0~25mm。根据所测零部件外径粗细，可选用测量范围有0~25mm、25~50mm、50~75mm、75~100mm等多种规格，如图3-22所示。

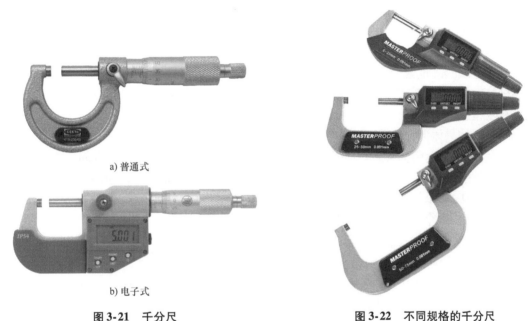

a) 普通式

b) 电子式

图3-21 千分尺

图3-22 不同规格的千分尺

1. 外径千分尺的结构

各种千分尺的结构大同小异，由框架、测微螺杆、测力装置和止动旋钮等组成。如图3-23所示，框架的一端装着固定测砧，另一端装着测微螺杆。固定测砧和测微螺杆的测量面上都镶有硬质合金，以提高测量砧的使用寿命。框架的两侧面覆盖着绝热板，使

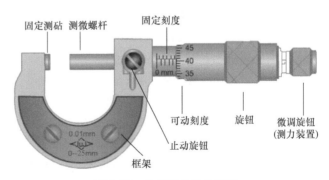

固定测砧　测微螺杆　固定刻度

可动刻度　旋钮　微调旋钮（测力装置）

止动旋钮

框架

图3-23 外径千分尺的结构

用千分尺时，手拿在绝热板上，防止人体的热量影响千分尺的测量精度。

2. 外径千分尺的工作原理

外径千分尺的工作原理就是应用螺旋读数机构，它包括一对精密的螺纹副（测微螺杆与螺纹轴套）和一对读数套筒（固定套筒与微分筒）。用千分尺测量零件的尺寸，就是把

被测零件置于千分尺的两个测砧之间，因此两测砧面之间的距离，就是零件的测量尺寸。当测微螺杆在螺纹轴套中旋转时，由于螺旋线的作用，测量螺杆就有轴向移动，使两测砧面之间的距离发生变化。如测微螺杆按顺时针的方向旋转一周，两测砧面之间的距离就缩小一个螺距。同理，若按逆时针方向旋转一周，则两砧面的距离就增大一个螺距。

常用千分尺测微螺杆的螺距为 0.5mm。因此，当测微螺杆顺时针旋转一周时，两测砧面之间的距离就缩小 0.5mm。若测微螺杆顺时针旋转不到一周，缩小的距离就小于一个螺距，它的具体数值，可从与测微螺杆结成一体的微分筒的圆周刻度上读出。微分筒的圆周上刻有 50 个等分线，当微分筒转一周时，测微螺杆就推进或后退 0.5mm，微分筒转过它本身圆周刻度的一小格时，两测砧面之间转动的距离为 0.5mm÷50 = 0.01mm。

由此可知：千分尺上的螺旋读数机构，可以正确地读出 0.01mm，也就是千分尺的读数值为 0.01mm。

3. 千分尺的读数方法

在千分尺的固定套筒上刻有轴向中线，作为微分筒读数的基准线。另外，为了计算测微螺杆旋转的整数转，在固定套筒中线的两侧，刻有两排刻线，刻线间距均为 1mm，上下两排相互错开 0.5mm。

千分尺的具体读数方法可分为三步：

1）读出固定套筒上露出的刻线尺寸，一定要注意不能遗漏应读出的 0.5mm 的刻线值。

2）读出微分筒上的尺寸，要看清微分筒圆周上哪一格与固定套筒的中线基准对齐，将格数乘以 0.01mm 即得微分筒上的尺寸。

3）将上面两个数相加，即千分尺上测得尺寸。

如图 3-24 所示，在固定套筒上读出的尺寸"A"，读数为 55.50mm，微分筒上读出的尺寸"B"，为 45（格）×0.01mm = 0.45mm（因为 45 刻度线对齐基准线），因此读数是：55.50mm + 0.45mm = 55.95mm。

4. 千分尺的使用方法

千分尺使用得是否正确，对保持精密量具的精度和保证产品质量的影响很大，因此在使用千分尺测量零件尺寸时必须注意下列几点：

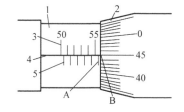

图 3-24　千分尺的读数方法
1—固定刻度套筒　2—微分筒　3—1mm 递增
4—固定刻度套筒上的基准线　5—0.5mm 递增

1）使用前，应把千分尺的两个测砧面揩干净，转动测力装置，使两测砧面接触（若测量上限大于 25mm 时，在两测砧面之间放入校对量杆或相应尺寸的量块），接触面上应没有间隙和漏光现象，同时微分筒和固定套筒要对准零位。

2）转动测力装置时，微分筒应能自由灵活地沿着固定套筒活动，没有任何卡滞和不灵活的现象，否则应送计量站及时检修。

3）测量前，应把零件的被测量表面揩干净，以免有脏物存在时影响测量精度。绝对不允许用千分尺测量带有研磨剂的表面，以免损伤测量面的精度。不允许用千分尺测量表面粗糙的零件，否则易使测砧面过早磨损。

4）用千分尺测量零件时，应当手握测力装置的转帽来转动测微螺杆，使测砧表面保持标准的测量压力，即听到"嘎嘎"的声音，表示压力合适，并可开始读数。要避免因测量压力不等而产生测量误差。绝对不允许用力旋转微分筒来增加测量压力，使测微螺杆过分压紧零件表面，致使精密螺纹因受力过大而发生变形，损坏千分尺。有时用力旋转微分筒后，虽因微分筒与测微螺杆间的连接不牢固，对精密螺纹的损坏不严重，但是微分筒打滑后，千分尺的零位走动了，就会造成质量事故。

5）使用千分尺测量零件时（图3-25），要使测微螺杆与零件被测量的尺寸方向一致。如测量外径时，测微螺杆要与零件的轴线垂直，不要歪斜。测量时，可在旋转测力装置的同时，轻轻地晃动尺架，使测砧面与零件表面接触良好。如图3-26～图3-29所示为使用外径千分尺测量不同零部件的外径或厚度。

图3-25 外径千分尺的使用方法

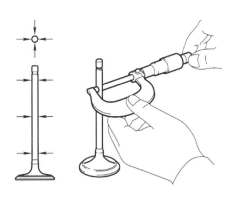

图3-26 用外径千分尺测量气门杆直径

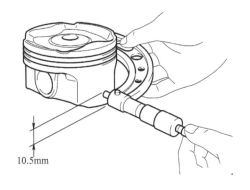

10.5mm

图3-27 用外径千分尺在距活塞底部10.5mm的
位置测量活塞直径

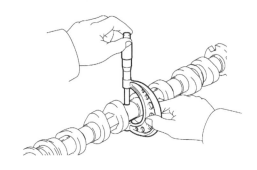

图3-28 用外径千分尺测量
凸轮轴轴颈的直径

6）用千分尺测量零件时，最好在零件上进行读数，放松后取出千分尺，这样可减少测砧面的磨损。如果必须取下读数时，应用制动器锁紧测微螺杆后，再轻轻滑出零件。把千分尺当卡规使用是错误的，因为这样做不但易使测量面过早磨损，甚至会使测微螺杆或尺架发生变形而失去精度。

7）在读取千分尺上的测量数值时，要特别留心不要读错。

8）为了获得正确的测量结果，可在同一位置上再测量一次。尤其是测量圆柱形零件时，应在同一圆周的不同方向测量几次，检查零件外圆有没有圆度误差，再在全长的各个部位测量几次，检查零件外圆有没有圆柱度误差等。

9）对于超常温的工件，不要进行测量，以免产生读数误差。

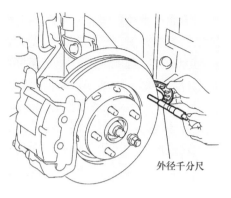

图3-29　用外径千分尺测量制动盘厚度

5. 千分尺的调整

千分尺在使用过程中，由于磨损，特别是使用不妥当时，会使千分尺的示值误差超差，应定期进行检查，进行必要的拆洗或调整，以便保持千分尺的测量精度。

（1）校正千分尺的零位　千分尺如果使用不妥，零位就会走动，使测量结果不正确，容易造成产品质量事故。因此，在使用千分尺之前，应当校对千分尺的零位。所谓"校对千分尺的零位"，就是把千分尺的两个测砧面揩干净，转动测微螺杆使它们贴合在一起（这是指0~25mm的千分尺而言，若测量范围大于0~25mm时，应该在两测砧面间放上校对样棒），检查微分筒圆周上的"0"刻线是否对准固定套筒的中线，微分筒的端面是否正好使固定套筒上的"0"刻线露出来。如果两者位置都是正确的，就认为千分尺的零位是对的，否则就要进行校正，使之对准零位。

如果零位走动是由于微分筒的轴向位置不对，如微分筒的端部盖住固定套筒上的"0"刻线，或"0"刻线露出太多，0.5的刻线搞错，必须进行校正。此时，可用制动器把测微螺杆锁住，再用千分尺的专用扳手，插入测力装置轮轴的小孔内，把测力装置松开（逆时针旋转），微分筒就能进行调整，即轴向移动一点。使固定套筒上的"0"线正好露出来，同时使微分筒的零线对准固定套筒的中线，然后把测力装置旋紧。

如果零位走动是由于微分筒的零线没有对准固定套筒的中线，也必须进行校正。此时，可用千分尺的专用扳手，插入固定套筒的小孔内，把固定套筒转过一点，使之对准零线。但当微分筒的零线相差较大时，不应当采用此法调整，而应该采用松开测力装置转动微分筒的方法来校正。

（2）调整千分尺的间隙　千分尺在使用过程中，由于磨损等原因，会使精密螺纹的配合间隙增大，从而使示值误差超差，必须及时进行调整，以便保持千分尺的精度。

要调整精密螺纹的配合间隙，应先用制动器把测微螺杆锁住，再用专用扳手把测力装置松开，拉出微分筒后再进行调整。在螺纹轴套上，接近精密螺纹一段的壁厚比较薄，且连同螺纹部分一起开有轴向直槽，使螺纹部分具有一定的胀缩弹性。同时，螺纹轴套的圆锥外螺纹上，旋着调节螺母。当调节螺母旋入时，因螺母直径保持不变，则迫使外圆锥螺纹的直径缩小，于是精密螺纹的配合间隙就减小了。然后，松开制动器进行试转，看螺纹间隙是否合适。间隙过小会使测微螺杆活动不灵活，可把调节螺母旋出一点，间隙过大则使测微螺杆有松动，可把调节螺母再旋进一点。直至间隙调整好后，再把微分筒装上，对准零位后把测力装置旋紧。

6. 使用外径千分尺的注意事项

1）调整零位，量程为0~25mm的千分尺，直接用后面的棘轮转动对零；量程为25mm

以上的千分尺，用调节棒调节零位。

2）测量外径时，在最后应该活动一下千分尺，不要偏斜。

3）对零位和测量时，都要使用棘轮，这样才能保持千分尺使用的测砧压力（≈5N）。

4）测量前应把千分尺擦干净，检查千分尺的测砧是否有磨损，测砧紧密贴合时，应无明显间隙。

5）测量时，零件必须在千分尺的测量面中心测量。

6）测量时，用力要均匀，轻轻旋转棘轮，以响三声为旋转限度，零件需保持似掉非掉的状态。

7）在读数时，要注意固定刻度尺上表示半毫米的刻线是否已经露出。

8）测量零件时，零件上不能有异物，并要在常温下测量。

第二节 专用测量尺

 塞尺

1. 塞尺的构造

塞尺俗称间隙片，常用来测量零件之间的小间隙，主要用来检验活塞与气缸、活塞环槽和活塞环、十字头滑板和导板、进排气阀顶端和摇臂、齿轮啮合间隙等两个结合面之间的间隙大小。塞尺是由许多层厚薄不一的薄钢片组成（图3-30），并按照塞尺的组别制成一把一把的塞尺，每把塞尺中的每一片具有两个平行的测量平面，配有厚度标记，以供组合使用。

图3-30 塞尺

2. 塞尺的应用

在汽车维修工作中，塞尺主要用于测量活塞与气缸间隙、活塞环槽和活塞环间隙（图3-31）、活塞环端隙（图3-32）、气门间隙（图3-33）、齿轮啮合间隙（图3-34）、触点间隙和一些接触面的平直度（图3-35）、曲轴轴向间隙（图3-36）等。

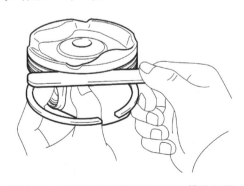

图3-31 使用塞尺测量活塞环和环槽的间隙

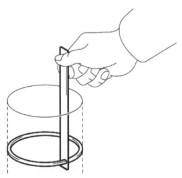

图3-32 用塞尺测量活塞环端隙

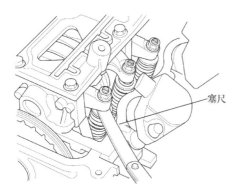

图 3-33　用塞尺检查气门间隙

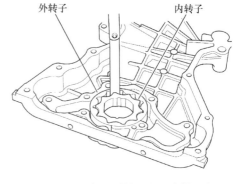

图 3-34　用塞尺测量机油泵内转子与
外转子间的间隙

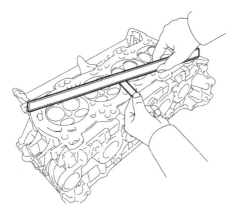

图 3-35　用精密靠尺和塞尺测量气缸盖与
气缸体接触面的平直度

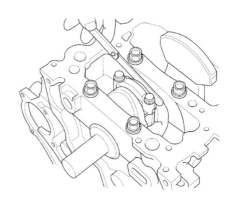

图 3-36　用塞尺测量曲轴轴向间隙

3. 塞尺的使用

每条钢片标出了厚度（单位为 mm），它们可以单独使用，也可以将两片或多片组合在一起使用，以便获得所要求的厚度，最薄的一片可以达到 0.02mm。常用塞尺长度有 50mm、100mm、200mm 三种。

使用塞尺前必须将钢片擦净，不得有污垢、锈蚀及杂物。使用塞尺时应根据结合面的间隙情况选用塞尺片数，片数愈少愈好，因为片数重叠过多会增加测量误差。使用塞尺测量时，应根据间隙的大小，先用较薄片试插，逐步加厚，可以一片或数片重叠在一起插入间隙内，插入深度应在 20mm 左右。塞尺必须平整插入，松紧适度，所插入的钢片厚度为间隙尺寸。例如，用 0.2mm 的塞尺片刚好能插入两工件的缝隙中，而 0.3mm 的塞尺片插不进，则说明两工件的结合间隙为 0.2mm。

由于塞尺很薄，容易弯曲或折断，测量时不能用力太大（图 3-37）。测量时应在结合面的全长上多处检查，取其最大值，即为两结合面的最大间隙量。

当塞尺同一把靠尺一起使用时，塞尺可用来检查零件的平直度，如气缸盖的平直度（图 3-35）。

塞尺使用完毕要将测量面擦拭干净并涂油，及时将测量片合到夹板中去，以免损伤各金属薄片。如发现有折损或标示刻度已经模糊不清的塞尺应予以更新。

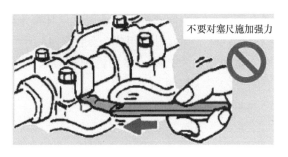
不要对塞尺施加强力

图 3-37 避免塞尺弯曲

二、塑料间隙规

塑料间隙规（图3-38）是一种在汽车维修中用来测量曲轴主轴承、凸轮轴主轴承或连杆轴承间隙（图3-39）时使用的特制塑料条。塑料条在轴承间隙中夹扁后，用特种量尺测量出夹扁后的塑料条宽度，尺上表示的数字即轴承间隙的数据。测量发动机轴承间隙时，可按照图 3-40 所示，首先在轴承上放置塑料间隙规，然后安装轴承，轴承安装后塑料间隙规即被夹扁，然后再拆卸轴承，测量夹扁后的塑料条宽度。

塑料间隙规由软塑料制成，分三种颜色，每一种颜色表示不同的厚度间隙测量范围：绿色：0.025～0.076mm；红色：0.051～0.152mm；蓝色：0.102～0.229mm。

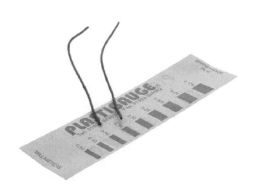

图 3-38 塑料间隙规

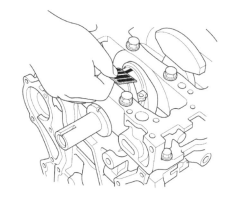

图 3-39 用塑料间隙规检查曲轴轴承间隙

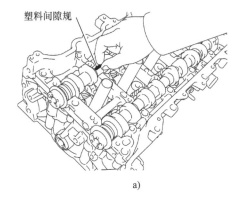

a)

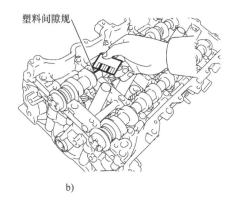

b)

图 3-40 用塑料间隙规检查凸轮轴轴承间隙

三、伸缩规

伸缩规主要用于测量小孔径的部件尺寸，如进、排气门之类的部件。一套伸缩规一般由多个不同尺寸的伸缩规组成，尺寸从几毫米到几百毫米不等，如图 3-41 所示。伸缩规主要由一个轴杆加弹性触头组成，如图 3-42 所示，转动手柄的滚花轮可将测头锁定，这样就可以将量规设定为孔径，然后再用千分尺测量。拧松滚轮时，伸缩规的触头会迅速弹出，故有时称为"快放规"。

图 3-41　伸缩规

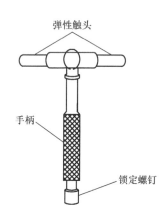

图 3-42　伸缩规结构

测量时将手柄略斜，将伸缩规放入要测的缸孔内。拧紧手柄端部的锁定螺钉，然后将伸缩规翻回通过垂直方向测取读数，如图 3-43 所示。回翻时伸缩规的触头会被推入，并由此得出缸孔的最大直径，然后取出伸缩规，用千分尺进行测量。

四、内卡规

内卡规（图 3-44）是一种用来测量物体内径的百分表，如气门导管内径等。内卡规一般有 5 ~ 25mm、20 ~ 40mm、40 ~ 60mm 三种量程的规格。

内卡规一般由表盘、移动钮、固定吊耳和移动吊耳组成，如图 3-45 所示。测量时，将吊耳放入测量的内孔里，通过调整移动钮到合适的位置后，读出表盘上的数据。

内卡规的测量一般分为两个步骤：

1）如图 3-46a 所示，使用固定吊耳做支承轴，左右移动表盘，并利用移动吊耳及指针的移动找出距离最远的那一点。

2）如图 3-46b 所示，找到那一点后，上下移动表盘并在距离最短的那一点读数，此数

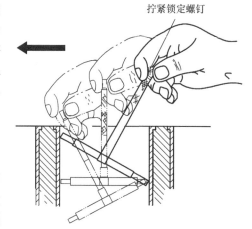

图 3-43　伸缩规的使用

图 3-44　内卡规

据就是被测物体的内径，如图 3-47 所示。

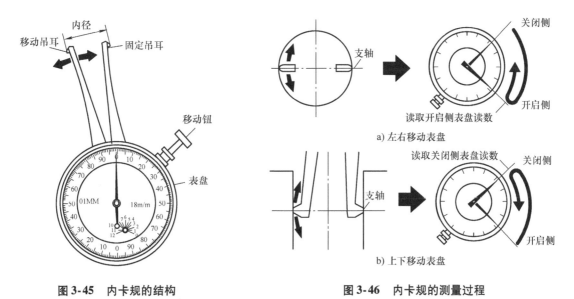

图 3-45　内卡规的结构　　　　　　　　图 3-46　内卡规的测量过程

如图 3-48 ~ 图 3-50 所示，可以使用内卡规测量气门导管衬套的内径、测量气缸盖的衬套孔径以及测量活塞销孔的内径。

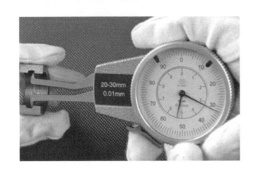

图 3-47　内卡规的测量

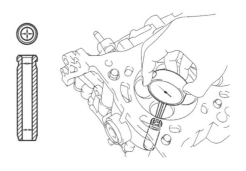

图 3-48　用内卡规测量气门导管衬套的内径

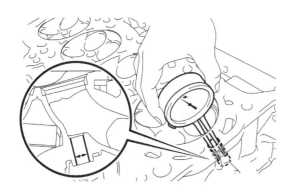

图 3-49　用内卡规测量气缸盖的衬套孔径

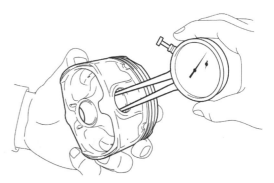

图 3-50　用内卡规测量活塞销孔的内径

五、弹簧秤

弹簧秤（图 3-51）是利用弹簧变形原理，其构造是在钩子上加上荷重时弹簧受力伸长，并指示出与伸长量相应的刻度。由于检测荷重的装置使用了弹簧，受热膨胀影响容易产生测量误差，精度不是很高。在汽车维修中，弹簧秤常用于检测转向盘转动力，以讴歌 TL 轿车为例，该车的转动力检测步骤见表 3-1。

如图 3-53 所示，测量起动机电刷弹簧拉力时，将电刷插入电刷架内，且使电刷与换向器接触，然后把弹簧秤放在电刷弹簧上。当弹簧提起电刷时测量弹簧拉力。如果不在标准范围内，则更换电刷架总成。

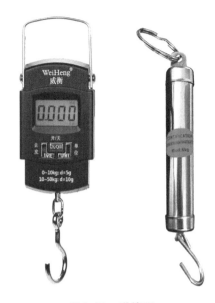

图 3-51　弹簧秤

表 3-1　讴歌 TL 轿车转向盘转动力检测步骤

步骤	操作
1	检查动力转向系统储液罐液位，确保液位处于正常范围
2	起动发动机，急速运行，将转向盘从一个极限位置转到另一个极限位置，重复操作几次，来预热部件和动力转向液
3	把弹簧秤连接到转向盘上，发动机保持急速运转状态，如图 3-52 所示，拉动弹簧秤，当转向盘开始转动时读取弹簧秤的测量值
4	转向盘初始转动力应为 3.0kgf

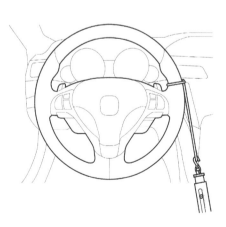

图 3-52　使用弹簧秤测量转向盘转动力

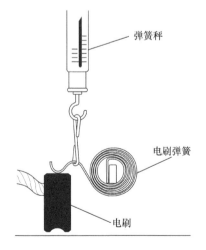

弹簧秤

电刷弹簧

电刷

图 3-53　用弹簧秤测量电刷弹簧拉力

六、角尺

角尺如图 3-54 所示，是用来检测工件的直角面、直度、平面度的。如图 3-55 所示有平形角尺、I形角尺、带平台角尺等类型。各类型角尺都有成直角的两边，直角的精度均经过精密加工，并根据直角度的精度规定等级。各面的平行度、平面度也都经过精密加工。用角尺检查气门弹簧直角度如图 3-56 所示。

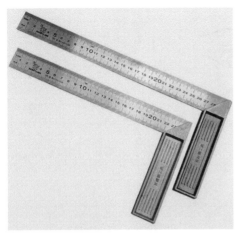

图 3-54　角尺

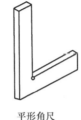
平形角尺

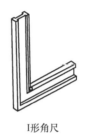
I形角尺

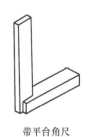
带平台角尺

图 3-55　角尺类型

七、靠尺

靠尺是一种长方形断面或 I 字形断面的钢制直尺，汽车维修操作中经常使用规格为 0.5m 或 1m 的靠尺，可用来测量气缸体或气缸盖的平直度，如图 3-57 所示。

八、弹簧测量器

弹簧测量器在汽车维修中主要用于检测气门弹簧、离合器弹簧等，用来测量这些弹簧的自由长度和加荷重时的长度。弹簧测量器由荷重计、标尺、操作手柄等组成，如图 3-58 所示。使用时可将弹簧固定在承台上，然后转动操作手柄对弹簧施加荷重，读取弹簧的收缩量。

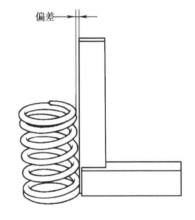

图 3-56　用角尺检查气门弹簧直角度

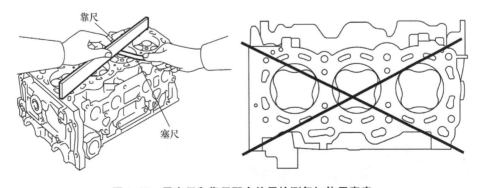

图 3-57　用塞尺和靠尺配合使用检测气缸体平直度

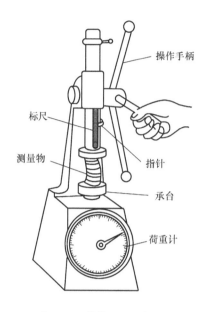

图 3-58　弹簧测量器部件组成

操作手柄

标尺

测量物

指针

承台

荷重计

第三节　指示式量具

一、百分表

百分表利用指针和刻度将芯轴移动量放大来表示测量尺寸，它可以和夹具配合使用，主要用于测量工件的尺寸误差以及配合间隙，如图 3-59 所示。在进行汽车检测时，多采用最小刻度为 1/100mm 的百分表。

图 3-59　百分表

1. 测量头的种类

百分表的测量头主要包括四种类型，分别为长型、辊子型、杠杆型和平板型，如图 3-60 所示。其中，长型适合在有限空间中使用；辊子型通常用于轮胎的凸、凹面测量；杠杆型用于测量不能直接接触的部件；平板型用于测量活塞突出部分等。

2. 百分表的结构原理

百分表主要由齿条和小齿轮装配而成，它是利用指针和刻度将芯轴移动量放大来表示测量尺寸，主要用于测量工件的尺寸误差以及配合间隙。其工作原理如图 3-61 所示：百分表测量头和芯轴的移动带动 1 号小齿轮转动，再利用同轴上的作动齿轮传递给 2 号小齿轮转动，于是装置在 2 号小齿轮上的指针（百分表中的长针）即能放大芯轴的移动量显示在刻度盘上。由于长针

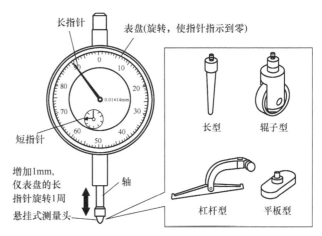

图 3-60 百分表的测量头种类

每一个回转相当于 1mm 的移动量，将刻度盘分刻 100 等份，所以测定的移动量可精确到 1/100mm。

3. 百分表的读数

如图 3-62 所示，百分表表盘刻度分为 100 格，当测量头每移动 0.01mm 时，大指针偏转 1 格；当测量头每移动 1.0mm 时，大指针偏转 1 周、小指针偏转 1 格。另外百分表的表盘是可以转动的，以便于零位校准。

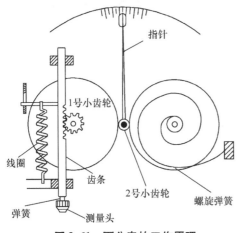

图 3-61 百分表的工作原理

图 3-62 百分表表盘

4. 百分表的使用

百分表要装设在支座上才能使用。目前的百分表多采用磁性支座，在该类型支座的内部设有磁铁，旋转支座上的旋钮使表座吸附在工具台上，因而又称磁性表座，如图 3-63 所示。此外，百分表还可以和夹具、V 形槽、检测平板和顶心台配合使用，从事弯曲、振动及平面状态的测定或检查。

（1）曲轴径向圆跳动量测定 图 3-64 所示是利用百分表进行曲轴弯曲度测定的情形。先将曲轴的两端支撑在 V 形块上，然后将百分表固定在磁性支架上，调整百分表测量头使其顶住中央的轴颈部，接着慢慢地转动曲轴，如果曲轴有微小的弯曲，百分表就会将它放

大在刻度盘上显示出来，即可看见指针转动。

（2）使用百分表测量凸轮轴圆跳动 凸轮轴跳动量必须保持在规范范围内，如果测量时发现超出规范，应更换凸轮轴，如图3-65，可将凸轮轴放置在V形块上，转动凸轮轴，将百分表和百分表表架配合使用，执行测量操作。

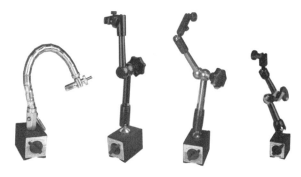

图3-63　百分表可以与不同形式的磁性表座配合使用

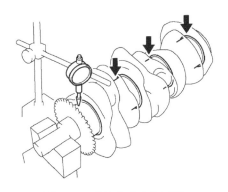

图3-64　曲轴弯曲度的测量

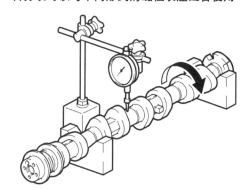

图3-65　凸轮轴径向圆跳动的检测

测定时要注意的一点是，百分表的测量头顶住测定物时要保持垂直，并有一定的预压力，否则无法正确测定。如果百分表的测量头部分及V形块支撑部分有部分磨耗时，得到的测定值是不准确的，一定要注意这一点。

（3）用百分表测量制动盘的振摆（轴向圆跳动） 图3-66所示为利用百分表对制动盘进行振摆检查的情形。测定时以装置面为基准面，通过转动制动盘可以在百分表上观测到不同部位的数值即能发现各部位高低差，从而了解制动盘振摆的情况。

（4）用百分表检测发动机飞轮平面度 如图3-67所示，将飞轮至少转动2周，用百分表测量飞轮平面度。转动时应推紧飞轮，如果测量值超过维修极限，则更换飞轮。

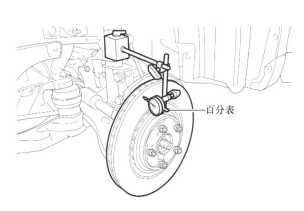

图3-66　百分表测量制动盘的轴向圆跳动量

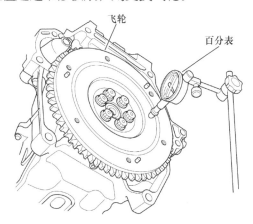

图3-67　用百分表检测发动机飞轮平面度

（5）使用百分表测量发动机凸轮轴轴向间隙 测量时用百分表顶着凸轮轴端部，将百分表调零，前后推动凸轮轴，读取百分表测量的轴向间隙，如图3-68所示。

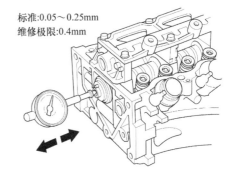

标准:0.05～0.25mm
维修极限:0.4mm

图3-68 用百分表测量发动机凸轮轴轴向间隙

5. 百分表使用维护注意事项

使用百分表时要注意以下五点：

1）百分表内部构造和钟表相类似，应避免摔落或遭受强烈撞击。

2）芯轴上不可涂抹机油或油脂。如果芯轴上沾有油污或灰尘而导致芯轴无法平滑移动时，应使百分表保持垂直状态，再将套筒浸泡在品质极佳的汽油内浸至中央部位，来回移动数次后再用干净的抹布擦拭，即能恢复至原来平滑的情况。

3）为防止生锈，使用后立即擦拭并涂上一层防锈油。

4）定期检查百分表的精密度。

5）收藏时先将百分表放在工具盒内，再放置在湿度低、无振动的库房内。

二 量缸表

量缸表也叫内径百分表，是由内量杠杆式测量架和百分表组合而成的测量仪器（图3-69），是用以测量或检验零件的内孔、深孔直径及其形状精度的比较性测量工具。在汽车维修中，量缸表通常用于测量气缸的磨耗量及内径。

图3-69 量缸表

1. 量缸表的结构

量缸表主要由百分表、测量架（表杆）和成组可换量杆等组成。量缸表测量架的内部结构如图3-70所示。在三通管1的一端装着活动测头2，另一端装着可换量杆3，垂直管口一端，通过表管4装有百分表10。活动测头2的移动，使传动杠杆7回转，通过活动杆6，推动百分表的测量杆，使百分表指针产生回转。由于杠杆7的两侧触点是等距离的，当活动测头移动1mm时，活动杆也移动1mm，推动百分表指针回转一圈。因此，活动测头的移动量，可以在百分表上读出来。

两触点量具在测量内径时，不容易找正孔的直径方向，活动套8与锁紧螺母11组成的定心导向板和弹簧9就起了一个帮助找正直径位置的作用，使内径百分表的两个测量头正好在内孔直径的两端。活动测头的测量压力由活动杆6上的弹簧控制，保证测量压力一致。

量缸表活动测头的移动量，小尺寸的只有0～1mm，大尺寸的可有0～3mm，它的测量范围是由更换或调整可换量杆的长度来达到的。因此，每个量缸表都附有成套的可换量杆。

2. 量缸表的使用

1）使用游标卡尺测量气缸缸径后获得基本尺寸，如图3-71所示，利用这些长度作为选择量缸表合适可换量杆的参考。

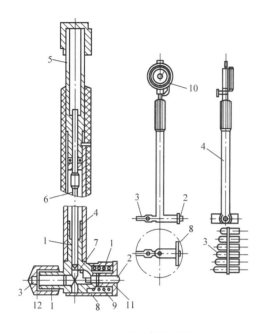

图 3-70 量缸表的结构

1—三通管 2—活动测头 3—可换量杆 4—表管
5—插口 6—活动杆 7—杠杆 8—活动套
9—弹簧 10—百分表 11、12—锁紧螺母

图 3-71 使用卡尺获得缸径基本尺寸

2）量缸表需要经过装配才能使用。首先根据所测缸径的基本尺寸选用合适的可换量杆和调整垫圈，使量杆长度比缸径大 0.5～1.0mm。可换量杆和垫圈都标有尺寸，根据缸径尺寸可任意组合。量缸表的量杆除垫片调整式，还有螺旋杆调整式，如图 3-72 所示。无论哪种类型，只要将杆件的总长度调整至比所测缸径大 0.5～1.0mm 即可。

a) 垫片调整式量杆

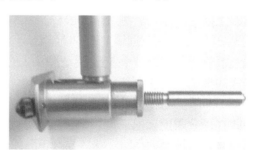

b) 螺旋杆调整式量杆

图 3-72 可换量杆的类型

3）如图 3-73 所示，将百分表插入表杆上部，预先压紧 0.5～1.0mm 后固定。

4）为了便于读数，调整百分表表盘方向，使之与接杆方向平行或垂直。

5）将外径千分尺调至所测缸径尺寸，并将千分尺固定在专用固定夹上，对量缸表进行校零（图 3-74）。当大表针逆时针转动到最大值时，旋转百分表表盘使表盘上的零刻度线与其对齐，如图 3-75 所示。

图 3-73 安装百分表

图 3-74 对量缸表进行校零

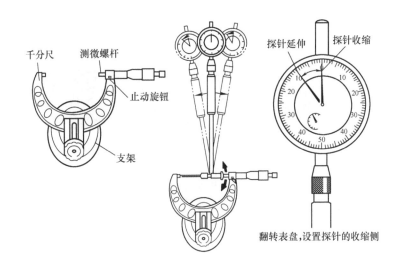

图 3-75 量缸表校零调整

3. 缸径测量

1）慢慢地将量缸表的活动端（导向板端）倾斜，使其先进入气缸内，而后再使可换量杆端进入。导向板的两个支脚要和气缸壁紧密配合，如图 3-76 所示。

2）在测定位置维持导向板不动，而使可换量杆的前端做上下移动并观测量缸表指针的移动量，当量缸表的读数最小即量缸表和气缸成真正直角时，再读取数据。读数最小即表针顺时针转至最大。测量位置的选取则需要参考维修手册。

三、冰点密度计

1. 冰点密度计的结构

冰点密度计又称电解液比重计，是测量蓄电池溶液相对密度及防冻液冰点的专用检测仪器，如图 3-77 所示，冰点密度计主要由检测棱镜、盖板、调节螺钉（校准）、镜筒、光学系统管路和目镜以及视度调节手轮等组成。

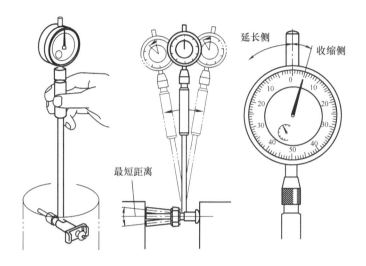

图 3-76　量缸表缸径的测量

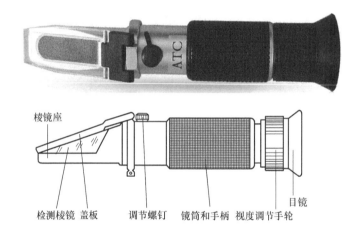

图 3-77　冰点密度计的结构

2. 冰点密度计的作用

冰点密度计是根据不同浓度的液体具有不同的折射率这一原理设计而成的，只要在冰点密度计的棱镜表面滴几滴液体，然后向着光观察，就可以快速读出溶液的测量值。通过测得的百分比就可以读出以丙二醇和乙二醇为基的冷却液的冰点和汽车风窗玻璃清洁液的冰点，还可用来检查蓄电池内电解液的相对密度。

3. 冰点密度计的使用

冰点密度计的使用应遵循以下操作步骤：

1）将折光棱镜对准光亮方向，调节目镜视度环，直到标线清晰为止。

2）基准调整。测定前首先使用标准液（纯净水）进行基准测定（仪器及待测液体应基于同一温度）；掀开盖板，然后取 2～3 滴标准液滴于检测棱镜上，并用手轻轻按压平盖板，通过目镜会看到一条蓝白分界线。旋转调节螺钉使目镜视场中的蓝白分界线与基准线重合（0%）（注：仪器通常在出厂时已调校好，可直接使用）。

3）测量。用柔软绒布擦净棱镜表面及盖板，掀开盖板，取2~3滴被测溶液滴于检测棱镜上，盖上盖板轻轻按压平，里面不要有气泡，然后通过目镜读取蓝白分界线的相对刻度，即为被测液体的测量值。

图3-78所示的是观测者通过目镜所观察到的视场图像。视场最底端的刻度（WATER-LINE/ANTIFREEZE）为纯净水的0℃刻度线；左侧标尺用于标定丙二醇型（PROPYLENE GLYCOL）冷却液的冰点值；右侧标尺用于标定乙二醇型（ETHYLENE GLYCOL）冷却液的冰点值；中间标尺用于标定蓄电池电解液（BATTERY FLUID）的相对密度，其中1.10~1.20刻度区表示需充电（RECHAGE），1.20~1.25刻度区表示电量够用（FAIR），1.25~1.30刻度区表示电量充足（GOOD）。

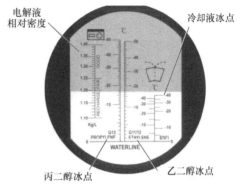

图3-78 冰点密度计的视场图像

以图中的蓝白分界线为例，如果测试的是乙二醇型冷却液，说明其冰点为-22℃；如果测试的是铅酸蓄电池的电解液，则表明电解液相对密度为1.23。

4）测量完毕后，直接用潮湿绒布擦干净棱镜表面及盖板上的附着物，待干燥后，妥善保存起来。

5）在测量电解液时，注意不要洒在皮肤和浅入眼睛上，以防烧伤，测试后仔细擦净仪器。

4. 冰点密度计的维护

冰点密度计应注意以下维护事项：

1）使用完毕，严禁用水直接冲洗，避免光学系统管路进水。

2）在使用与保养中应轻拿轻放，不得任意松动仪器各连接部分，不得跌落、碰撞，仪器要精心保养，光学零件表面不应碰伤、划伤。

3）仪器应在干燥、无尘、无腐蚀性气体的环境中保存，以免光学零件表面发霉。

四 温度测量装置

温度计大致可分为与被测物体直接接触以及与被测物体不接触两种类型。汽车维修中常用的温度计一般是直接接触式的棒状玻璃温度计、电气式温度计和非接触式红外测温枪。

1. 玻璃温度计

玻璃温度计（图3-79）是利用物体受热膨胀原理，一般分为有机液体（酒精等）温度计和水银温度计两种。使用有机液体的温度计测量范围为-100~100℃，水银温度计的测量范围在-35~60℃之间，这两种温度计均为棒状，使用方便。玻璃温度计在汽车维修中经常与万用表配合使用，用来检测发动机冷却液温度传感器是否正常，通过测量不同冷却液温度下的传感器电阻阻值来判断冷却液温度传感器是否工作正常，如图3-80所示，图中阴影部分即为传感器规范的阻值范围。如图3-81所示，使用温度计还可以测量节温器的工作温度。

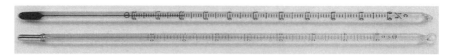

图 3-79　玻璃温度计

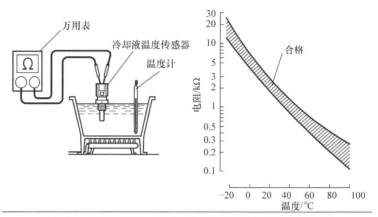

图 3-80　用温度计和万用表检测发动机冷却液温度传感器

2. 电气式温度计

电气式温度计是将仪表本体与温度感应部件用导线连接，可以在非常狭窄的空间或难以靠近被测物体的场合进行温度测量。汽车维修中最常用的电气式温度计是热电偶温度计，这种温度计采用镍及合金等构成热电偶产生的热电势来测量温度，最高测温范围可达 1000℃，如图 3-82 所示。

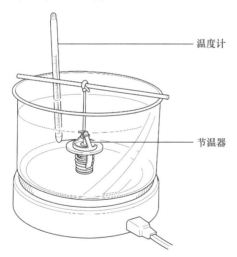

图 3-81　温度计测量节温器工作情况

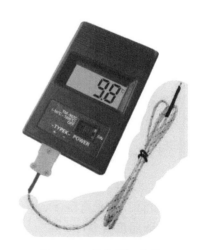

图 3-82　热电偶温度计

3. 非接触式红外测温枪

非接触式红外测温枪是一种非接触温度测量装置，它使用便捷，能够快速进行温度测量。

（1）非接触式红外测温枪的原理　任何物体当其温度高于热力学温度零度时，都会向外辐射红外线，红外线也是一种电磁波，具有很强的温度效应，其能量的大小与物体表面的温度有着十分密切的关系。非接触式红外测温枪的工作原理就是根据物体的这种红外辐射特性，通过透镜汇聚红外能量到传感器，传感器再把热能转换成电信号，微处理器对电信号进行处理后，转换成温度值显示在液晶屏上，如图3-83所示。由于采用红外测温原理，这种温度测量工具使用时不必和被测物体直接接触，测量操作非常方便，效率很高。

（2）非接触式红外测温枪的结构　如图3-83所示，非接触式红外测温枪主要由激光器、红外探测器、光学系统、信号放大器及信号处理、显示输出等部分组成。光学系统汇聚其视场内的目标红外辐射能量，视场的大小由测温仪的光学零件及其位置确定。红外能量聚焦在红外探测器上并转变为相应的电信号。该信号经过放大器和信号处理电路，并按照仪器内置的算法和目标发射率校正后转变为被测目标的温度值。

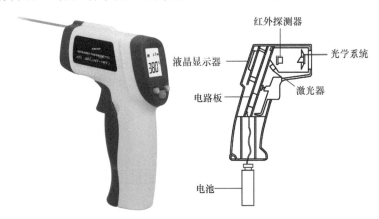

图3-83　非接触式红外测温枪的结构

（3）非接触式红外测温枪的作用　非接触式红外测温枪在汽车检测工作中非常便利，能够安全地读取难以接近的或不可接触的目标温度，如高温的排气管、发动机缸体、散热器等。非接触式红外测温枪测量温度相对精确，误差一般在1℃以内。

（4）非接触式红外测温枪的使用　非接触式红外测温枪的测温过程：手持非接触式红外测温枪对准被测物体，按动测试开关，此时目标物体发出的红外热辐射经过空气（或其他介质）传播到达测温仪的光学系统，经光学系统搜集会聚到探测器上，探测器将辐射能量转化成电信号，经过电子线路、微机处理、计算后送显示器显示或输出，就得到目标物体的温度值或温度信号，达到测量目标温度的目的。

在使用非接触式红外测温枪时，还要注意以下事项：

1）非接触式红外测温枪不能透过玻璃测量温度，因为玻璃具有很特殊的反射和透过特性，会影响红外线温度读数的精确性。但是可通过红外线窗口测温。

2）非接触式红外测温枪最好不用于光亮的或抛光的金属表面的测温（如不锈钢、铝等）。

3）非接触式红外测温枪只能测量物体的表面温度，不能测量物体的内部温度。

4）测量时，要仔细定位热点，发现热点，用红外线测温仪器瞄准目标，然后在目标上作上下扫描运动，直至确定热点。

5）在使用非接触式红外测温枪时，要注意环境条件：烟雾、蒸汽、尘土等，它们均会影响仪器的光学系统而降低测温精确。

6）使用非接触式红外测温枪时，还要注意环境温度，如果非接触式红外测温枪突然暴露在环境温差为20℃或更高的情况下，仪器需要20min调节到新的环境温度。

第四章

汽车维修专用工具

第一节　活塞环装配工具

一、活塞环拆装钳

汽车发动机的活塞环镶放在活塞环槽内，如果想取出或装入，必须克服活塞环的弹力，使活塞环内径要大于活塞直径，才能正常取出。如果不使用活塞环拆装钳而直接手工拆卸，很容易由于用力不均把活塞环折断，因此拆卸活塞环时必须使用专用工具，这种专用工具就是活塞环拆装钳。

1. 活塞环拆装钳的构造

活塞环拆装钳是一种用于将活塞环从活塞环槽中取出或将活塞环装入活塞环槽中的汽车维修专用工具，其结构如图4-1所示。

2. 活塞环拆装钳的使用

如图4-2、图4-3所示，使用活塞环拆装钳时，用环卡卡住活塞环开口间隙，轻握手柄慢慢收缩，在杠杆力的作用下，活塞环会逐渐张开，当活塞环内径略大于活塞直径时，便可

图4-1　活塞环拆装钳的结构

将活塞环从环槽内装入或取出。使用时，活塞环要与钳面紧贴，手柄要轻握；张开活塞环时，不可用力过猛，以防滑脱；同时，张开开口不宜过大，以防活塞环折断。

二、活塞环压缩器

由于活塞环本身弹性的作用，活塞环在自由状态下的外圆直径将大于活塞直径及气缸直径，如果想将活塞及活塞环装入气缸，就必须将活塞环包紧在活塞环槽内，这就需要使

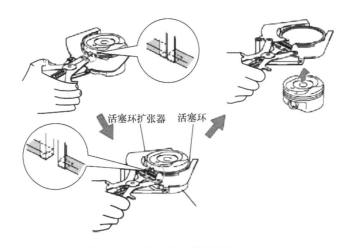

活塞环扩张器 活塞环

图4-2 活塞环拆装钳的使用方法

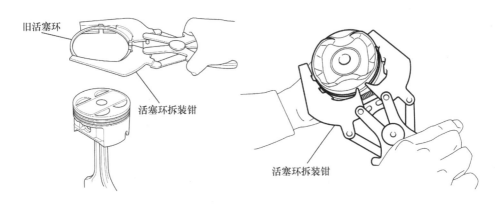

旧活塞环

活塞环拆装钳

活塞环拆装钳

图4-3 用活塞环拆装钳拆装活塞环

用压缩活塞环的专用工具——活塞环压缩器。

1. 活塞环压缩器的类型

如图4-4所示，活塞环压缩器一般用带有刚性的铁皮制成，按照结构的不同，活塞环压缩器通常可分为棘轮缩紧式和钳夹式两种类型。活塞环压缩器的大小、型号有所不同，选用时要根据活塞的直径选择合适的压缩器。另外，在有些汽车4S店中，由于维修车型比较单一，在安装活塞时经常使用尺寸固定的压环器，其形状为锥形管状体，将装好活塞环的活塞及连杆放入压环器内，由于锥形结构将使活塞环自动压入活塞内，活塞连杆组就能很容易地进入气缸了。

2. 活塞环压缩器的使用

在安装活塞环之前，应按原厂规定检查每个环的弹力、漏光度和各项间隙是否符合标准。安装时，要在活塞及活塞环四周涂好机油，按照要求进行装配，注意活塞环的正反方向等事项。

安装活塞环时，应将各环口位置正确地分布后，将活塞环压缩器包裹在活塞的外面，然后使用配套扳手收缩压缩器（或用配套钳子夹紧压缩器），将活塞环压入环槽内，如图4-5所示。

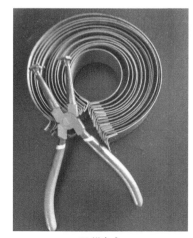

a) 棘轮缩紧式   b) 钳夹式

图 4-4　活塞环压缩器的类型

　　将带压缩器的活塞下部放入气缸内，并要求压缩器的下平面要和气缸体的上平面结合好。使用木棒等工具轻击活塞顶部，使活塞顺利进入气缸内，如图 4-6 所示。严禁使用金属棒锤击活塞顶部，防止对活塞造成损伤。

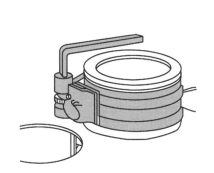

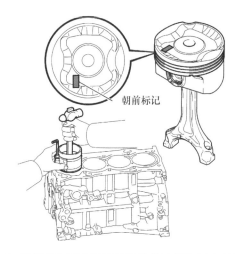

朝前标记

图 4-5　收缩压缩器压紧活塞环　　　　**图 4-6　用锤柄和活塞环压缩器将带连杆的活塞压入气缸**

　　注意：

　　1）无论使用哪种活塞环压缩器，都要防止活塞环环口随压缩器的旋转而改变位置。

　　2）如图 4-7 所示，使用活塞卡箍，将活塞环夹紧，再装配。

　　3）将活塞装入缸套内，用橡皮锤轻轻地推入，不能用力，防止活塞环没有夹紧造成损坏。

　　4）活塞环的安装位置相互错开 120°。

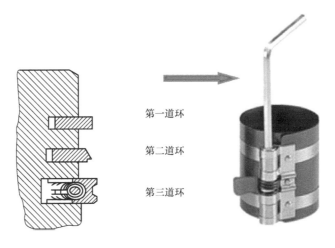

第一道环
第二道环
第三道环

图 4-7　活塞环压缩器要将活塞环各道环均压紧

第二节　气门维修拆装专用工具

一、气门弹簧钳

气门弹簧钳是用于拆装气门的专用工具。在安装发动机气门时，气门弹簧处于预压缩状态，要想拆卸气门或气门锁片，必须对气门弹簧进行压缩。

1. 气门弹簧钳的类型

气门弹簧钳的结构形式很多，常见类型如图 4-8 所示。

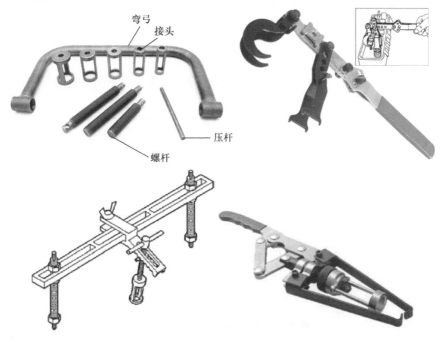

弯弓
接头
压杆
螺杆

图 4-8　气门弹簧钳的类型

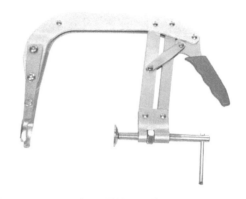

图4-8 气门弹簧钳的类型（续）

2. 气门弹簧钳的使用

如图4-9所示，使用气门弹簧钳时，将凸台顶住气门头部，压头贴住气门弹簧座，然后下压手柄（或旋紧压缩螺杆）带动压头和气门弹簧下行，使锁片脱落在压头的凹槽内。

如图4-10所示，使用磁棒取出气门锁片后，解除压头的锁止装置，轻轻回位下压手柄（或旋松压缩螺杆），使气门弹簧压力释放，这样就可以轻松地取下气门弹簧及气门了。为使气门弹簧钳活动自如，气门弹簧钳的活动部分应保持良好的润滑。

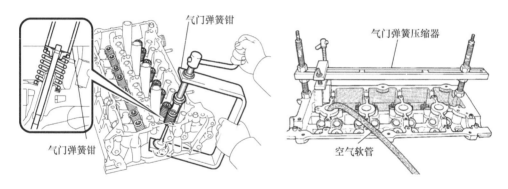

图4-9 两种气门弹簧钳的使用方法

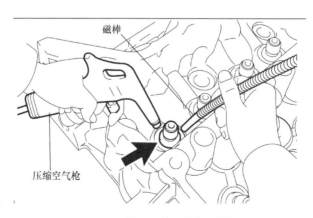

图4-10 使用磁棒取出气门锁片

二 气门油封钳

气门油封钳是用于拆卸气门油封的专用工具。如图 4-11 所示。气门油封钳的铰接结构与普通钳子类似，主要区别在于其夹持用的端部。气门油封钳端部形状与气门油封外形吻合，啮合后其内径尺寸小于气门油封的外径尺寸，这样可以夹紧气门油封，同时，在端部内侧还设有槽纹，能够增大夹持摩擦力，防止在拆卸过程中气门油封从钳中脱落。

在拆卸气门油封时，将气门油封钳的前端部伸入气门油封的外侧，用手握住钳子手柄（应注意控制好握力的大小，如果握力过大，气门油封就会变形紧卡在气门导管上，难以拆卸，严重的话还可能伤及气门导管；如果握力过小，钳子无法夹住气门油封，油封就会从钳中滑脱），使钳子端部正好钳住气门油封，然后向外拉拔，必要时可以缓慢转动气门油封，使之从气门导管脱落，如图 4-12 所示。

图 4-11　气门油封钳

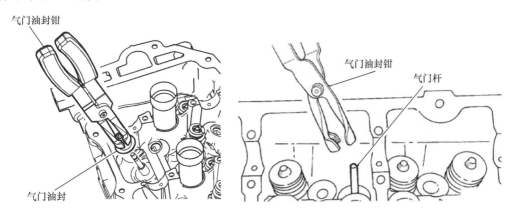

图 4-12　气门油封钳拆卸和安装气门油封

三 气门铰刀

在维修发动机配气机构时，如果气门与气门座密封不严，就需要进行铰削和研磨工具，这就必须选用汽车维修专用气门铰刀。如果气门导管磨损严重，铰削和研磨工艺应在导管修配后进行。如图 4-13 所示，手用气门铰刀是一套组合工具，由导杆、手柄和不同角度的铰刀头组成。

1. 气门铰刀的类型

在实际维修时，应根据气门的直径和气门导管内径来选择铰刀和铰刀导杆。根

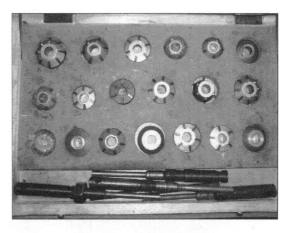

图 4-13　气门铰刀组合工具

据作用不同，铰刀可分为 15°、30°、45° 及 75° 等多种类型，如图 4-14 所示。

图 4-14　不同倾角气门铰刀

2. 气门铰刀的使用

选择好导杆和铰刀后进行组装，把导杆的下端置于气门导管内，起导向和定位作用。铰削气门座时，导杆要保持垂直，两手用力要均匀，转动要平稳，将气门工作面的烧蚀、斑点、凹陷等缺陷铰去，如图 4-15 所示。

如图 4-16 所示，铰削时，用 45° 或 30° 铰刀铰削气门座的工作面，用 75° 铰刀铰削 15° 上斜面，用 15° 铰刀铰削 75° 下斜面。15° 和 75° 铰刀主要用于修正工作面位置及接触面大小。接触面偏上时，用 75° 铰刀铰上口，使接触面下移；接触面偏下时，用 15° 铰刀铰下口，使接触面上移。

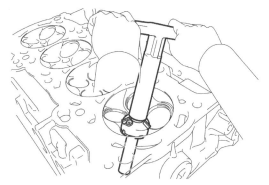

图 4-15　气门座的铰削

铰削结束后，应保证气门与气门座的接触面位于气门头部锥面的中下部，接触面宽度：进气门为 1 ~ 2mm，排气门为 1.5 ~ 2.5mm。如果接触面位置和尺寸不符合要求，可使用 45° 或 30° 铰刀进行修铰。

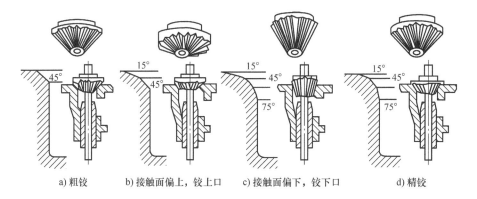

a) 粗铰　　　　b) 接触面偏上，铰上口　　　c) 接触面偏下，铰下口　　　d) 精铰

图 4-16　不同倾角气门铰刀的使用

四、气门导管铰刀

气门导管铰刀是用来修整气门导管的，使用时将铰刀和气门导管上均涂抹切削油，在气门导管孔全长范围内顺时针旋转铰刀进行切削，操作完毕后用清洗剂彻底清洗气门导管，

将切屑清理干净，如图4-17所示。

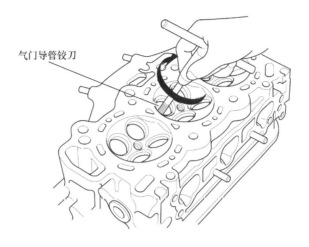

气门导管铰刀

图4-17 气门导管铰刀

第三节 机油滤清器拆装专用工具

常见的一次性机油滤清器直径都在8cm以上，顶部被冲压成多棱面，类似一个大的螺母，如要拆装，需要使用专用的机油滤清器扳手。常见的机油滤清器扳手类型很多，结构各异，主要有以下几种。

一、帽式机油滤清器扳手

帽式机油滤清器扳手类似一个大型套筒，拆卸不同车型的机油滤清器需要不同尺寸的扳手，因此多为一套组合式工具，如图4-18所示。使用时，将帽式机油滤清器扳手套在机油滤清器顶部的多棱面上，使用方法同套筒扳手。图4-19所示为本田车用机油滤清器扳手。

图4-18 帽式机油滤清器扳手

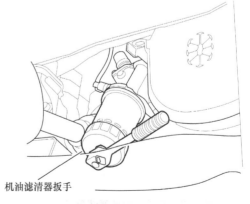

机油滤清器扳手

图4-19 本田车用机油滤清器的更换

二、钳式机油滤清器扳手

钳式机油滤清器扳手是另外一种机油滤清器专用扳手，这种机油滤清器扳手是钳子的改型产品，如图4-20所示，其使用方法与鲤鱼钳相同。

三、环式机油滤清器扳手

环式机油滤清器扳手，其结构为一个可调大小的环形，环形内侧设计为锯齿状，如图4-21所示。

图4-20　钳式机油滤清器扳手

图4-21　环式机油滤清器扳手

使用时将扳手套在滤清器顶部的棱面上，扳动手柄，扳手的环形会根据滤清器大小合适地卡在棱面上，顺利地完成拆装工作。

四、三爪式机油滤清器扳手

图4-22所示为三爪式机油滤清器扳手。三爪式机油滤清器扳手需配套套筒手柄或扳手使用，其内部设计有行星排传递机构，可根据机油滤清器大小自动调节三爪的大小。

五、链式机油滤清器扳手

图4-23所示为链式机油滤清器扳手。在没有专用机油滤清器扳手的情况下，可使用这种扳手替代专用扳手，达到拆卸机油滤清器的目的。

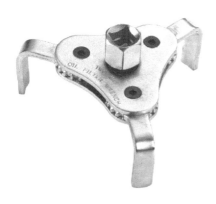

图4-22　三爪式机油滤清器扳手

图4-23　链式机油滤清器扳手

六、带式机油滤清器扳手

图4-24所示为带式机油滤清器扳手。其结构与链式机油滤清器扳手类似，只是用于锁紧机油滤清器壳体的不是链条，而是皮带或布带。其使用方法与链式机油滤清器扳手相同。

七、机油滤清器扳手使用注意事项

在上述的各种类型机油滤清器扳手中，帽式机油滤清器扳手和带式机油滤清器扳手既可以用来拆卸机油滤清器，也可以用来安装拧紧机油滤清器。通常机油滤清器的拧紧力矩为15N·m。但钳式机油滤清器扳

图 4-24　带式机油滤清器扳手

手、环式机油滤清器扳手、三爪式机油滤清器扳手和链式机油滤清器扳手只能用来拆卸机油滤清器，而不能用来拧紧机油滤清器。这是因为，这几种机油滤清器扳手的施力部位均会对机油滤清器壳体造成挤压，可能导致机油滤清器破损漏油。

注意：在安装机油滤清器时，必须检查并清洁机油滤清器安装面，另外，还应在密封圈的表面涂上一层机油，以保证密封可靠，并可防止损伤密封圈。

第四节　底盘维修专用工具

一、拉拔器

1. 拉拔器的结构

拉拔器也称拉卸器，俗称扒马或扒子，是用于汽车维修中静配合副和轴承部位拆卸的专用工具，常见的拉拔器有两爪和三爪两种类型，如图4-25所示。拉拔器的结构由拉臂和中心螺杆组成，螺杆前端加工为锥形，后端有供扳手拧动的六角头。

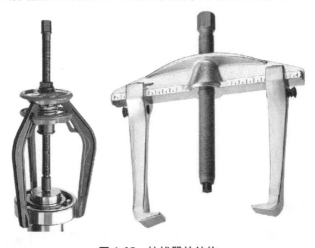

图 4-25　拉拔器的结构

2. 拉拔器的使用

如图 4-26、图 4-27 所示，使用拉拔器时，将中间螺栓的前端锥形顶在固定部件的导向

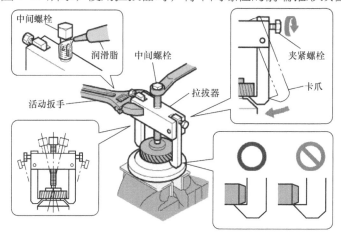

图 4-26　安装拉拔器

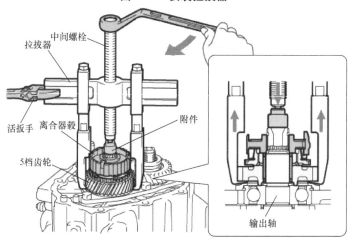

图 4-27　拉拔器拆卸过程

凹槽或孔中，将拉拔器的爪脚固定在需要拆卸部件的边缘，旋拧中心螺杆使拉拔器的爪脚抓紧需要拆卸部件的边缘，使中心螺杆与部件轴线保持一致，各爪脚受力均匀，然后利用扳手拧动中心螺杆，使需要拆卸的部件在爪脚的拉拔下被拆卸下来。图 4-28 所示为使用拉拔器拆卸发电机前端盖，图 4-29 所示为使用拉拔器拆卸发电机后轴承。

利用拉拔器拆卸部件，不会破坏工件配合性质和工作表面，如拆卸曲轴带轮、齿轮等零件应选用三爪拉拔器，而拆卸轴承等零件最好使用两爪拉拔器。

球头分离器

有些球头在汽车上使用时间过长，已经锈死，很难拆卸。球头分离器是使球头分离的一种很好的专用工具。

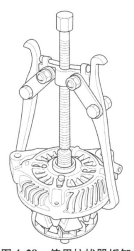

图 4-28　使用拉拔器拆卸发电机前端盖

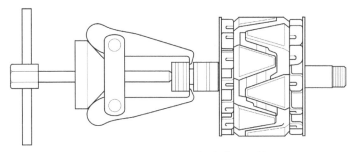

图4-29　使用拉拔器拆卸发电机后轴承

1. 球头分离器的类型

根据球头的位置不同，球头分离器的结构也不相同，如图4-30所示。

图4-30　球头分离器

2. 球头分离器的使用

在空间受到限制时，利用球头分离器可直接轻易地拆除横拉杆球头。如图4-31所示，使用球头分离器时，将其开口插入转向节与下悬臂之间，使用扳手旋动球头分离器后端的螺栓顶动压臂，使压臂将球头压下。以本田雅阁2.4L轿车为例，球头分离器使用方法见表4-1。

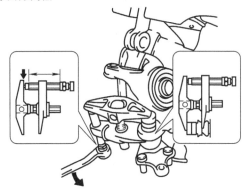

图4-31　球头分离器的使用方法

表4-1　球头分离器使用方法

步骤	操作方法
1	如图4-32所示，在球头的螺杆上安装一个六角螺母，使螺母与球头销端部齐平，避免拆卸时损伤球头销的螺纹端
2	在图4-33所示部位涂抹润滑脂，使球头分离器能很容易地安装到球头上，而且也能避免损伤压紧螺栓的螺纹
3	拧松压紧螺栓，如图4-34所示，安装球头分离器，转动调节螺栓，调节卡爪间距
4	调节螺栓调整完毕后，确保调节螺栓头部位于图4-34所示的位置，以便卡爪能绕轴旋转
5	用扳手锁紧压紧螺栓，直至开口从转向臂或转向节上松脱弹出
6	拆下球头分离器和安装在球头螺杆上的那个六角螺母

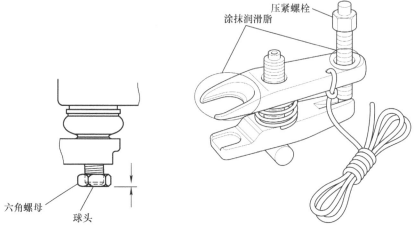

六角螺母　球头

图4-32　安装六角螺母

涂抹润滑脂　压紧螺栓

图4-33　球头分离器

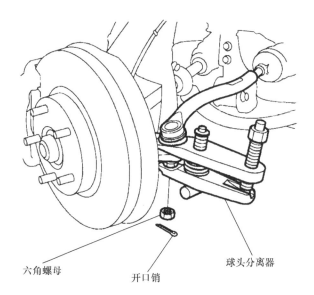

六角螺母　开口销　球头分离器

图4-34　用球头分离器拆卸球头

三、减振器弹簧压缩器

减振器在装配时，向减振弹簧施加了很大的压缩力。要想更换减振器，必须拆卸减振器弹簧；要拆卸减振器弹簧，必须要使用专用的减振器弹簧压缩工具对弹簧进行压缩。

1. 类型

常用的减振器弹簧压缩器主要有两种（图4-35）：一种是简易式减振器弹簧压缩器，它在两根长杆上加工有螺纹，在螺纹杆上设计有爪形钩；另一种是立式减振器弹簧压缩器。立式减振器弹簧压缩器的立柱的下端设有减振器固定器，通过螺栓可以将减振器的外筒壳体进行固定。在立柱中间装有一根齿条轴，通过旋转手柄可以使齿条轴上下移动。在齿条轴的顶端装有两个可绕齿条轴进行一定角度转动的减振器弹簧固定支架，在每个支架上都装有一个可调的爪形钩，用以嵌住和抓牢弹簧。旋转手柄带动的齿轮与齿条间有自锁功能，当向下压缩弹簧到一定程度时，松开手柄，弹簧会保持在压缩位置不动，要释放对弹簧的压力，只要先向下再压缩下弹簧，然后反方向旋转手柄即可。

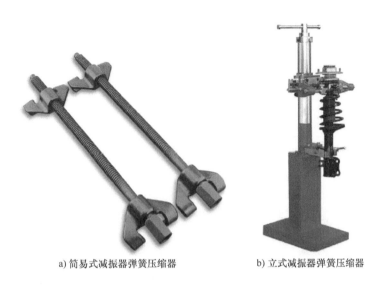

a) 简易式减振器弹簧压缩器　　　　b) 立式减振器弹簧压缩器

图 4-35　减振器弹簧压缩的类型

2. 使用

在使用简易式减振器弹簧压缩器时，先将减振器弹簧压缩器对置于螺旋弹簧的两端，使爪形钩固定于弹簧上，保证两螺纹杆间隔 180°对置。爪形钩固定好后，使用扳手转动螺纹杆，使两爪形钩之间的距离变短，这样就可以将螺旋弹簧进行压缩。在压缩螺旋弹簧时，一定要保证两根螺旋杆的压缩程度相同，防止滑脱造成安全事故。压缩减振器弹簧时，一定要保证爪形钩牢牢地固定住弹簧，如果爪形弹簧在操作中弹开，将会造成严重后果，甚至对操作者的生命安全构成威胁。

如图 4-36 所示，在使用立式减振器弹簧压缩器时，先将减振器的弹簧托盘下端放稳在压缩器的下端支架上，将紧固螺栓带上几扣，防止减振器掉落，但同时应保证减振器可以沿竖直轴线自由转动；调整齿条轴高度和减振器角度，使齿条轴顶端的两个减振器弹簧固定支架能够合适地抓紧弹簧，然后将压缩器下端支架的紧固螺栓锁紧。转动手柄压缩弹簧，防止释放弹簧。应当注意，无论是压缩弹簧还是释放弹簧都要缓慢进行，双手要始终施力在手柄上，直到作业完成，切不可中途松开手柄，以免发生弹簧飞脱的事故。

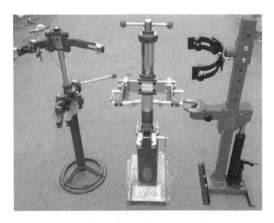

图 4-36　立式减振器弹簧压缩器

第五节　汽车电气系统维修专用工具

一、数字式万用表

1. 数字式万用表使用

数字式万用表与指针式万用表相比，读数直观、方便，通过液晶显示器可直接读出被测量的数值，而且还具有测量精度高、测量范围宽、输入阻抗大、全功能过载保护电路等优点，因此其使用已越来越普及，成为常用的测量仪表。

数字式万用表是在直流数字电压表的基础上扩展而成的，主要由模拟量－数字量（A/D）转换器、计数器、译码显示器和控制器等组成。多一 DY2201 型数字式万用表的外形及面板分布如图 4-37 所示。面板上装有液晶显示屏、电源开关、转换开关、输入插孔、温度插孔、晶体管插孔和数据保持键等操作装置。

图 4-37　DY2201 数字式万用表

（1）电源开关和显示屏

1）数字式万用表设有电源开关，控制万用表的电源状态，有 ON 和 OFF 两种状态。使用时将开关置于 ON 状态，以接通电源；使用完毕置 OFF 状态，关闭电源。

2）接通电源后，显示屏应有数字显示。如果没有数字显示或有数字显示同时显示"□"符号，均说明表内电池电压已不足，应予更换。测量时，对四位半数字表，显示屏最大显示值为 19999 或 －19999，对三位半数字表，最大显示值为 1999 或 －1999。若被测量超过最大显示值，则显示屏显示数字"1"，表示过量程或溢出，此时应换用更高量程进行测量。过量程符号"1"还会现在其他场合，如在测电阻时，若表笔开路，则显示屏也会显示"1"；又如，测二极管反向状态时也会显示过量程符号，表示反向电阻很高。因此，测量时应注意区分，不能混淆。有时显示值中带负号"－"，这表示表笔的极性与被测点的极性相反。有时显示值中带有小数点，读数时必须注意。另外读数时，要等到显示值稳定后才能读取。如果显示值一直不能稳定，就读取平均值或者最大值。

（2）转换开关　与指针式万用表一样，首先是选择档位和量程。如图 4-38 所示，测量之前，转换开关拨到合适的档位和量程上。因数字式万用表有测量保护装置，因此数字式万用表测量时可转动开关转换量程。

（3）插孔

1）如图 4-38 所示，数字式万用表在面板的最下方布置了四个输入插孔。其中 COM 是公共插孔，作为各种测量的公共端使用；VΩ 孔用于电压和电阻的测量；

图 4-38　转换开关和插孔区域

mA 和 20A 分别用于小于 2A 和小于 20A 电流的测量。测量时，COM 孔插入黑表笔，其他孔插入红表笔，不能用错。

2）如图 4-38 所示，为了测出晶体管 β 值，面板上设有 NPN 和 PNP 插孔，测量时，转换开关转到 hFE 档，将晶体管三个电极分别插入对应的 E、B、C 插孔中，显示屏的读数即为 β 值。这个 β 是近似值，不是精确值，故该值在判断晶体管性能时，只起参考作用。

（4）数据保持 DATA HOLD 键　在测量过程中，若看不清屏幕，无法读数时，可以锁定显示。这时只要按数据保持 DATA HOLD 键（图 4-37）就可以了。

2. 数字式万用表的测量

（1）各种参数的测量

1）直流电压（DCV）和交流电压（ACV）的测量。电源开关置于 ON 位置，测直流电压时，应将量程开关拨至 DCV（直流电压）范围内的合适量程，测交流电压时，将量程开关拨至 ACV（交流电压）合适量程，红表笔插入 VΩ 孔，黑表笔插入 COM 孔，并将测试笔连接到测试电源或负载上，读数即显示测量值。若被测电压超过所选档位量程，则显示器显示过量程"1"，此时应将档位改为高一档量程，直至显示正常的数值。在测量直流电压时，数字式万用表能自动显示极性。在测量仪器仪表的交流电压时，应当用黑表笔去接触被测电压的低电位端（如信号发生器的公共端或机壳），以消除仪表对地分布电容的影响，减小测量误差。

2）直流电流（DCA）和交流电流（ACA）的测量。将量程开关拨至 DCA（直流电流）或 ACA（交流电流）范围内的合适量程，红表笔插入 mA 孔（≤200mA 时）或 20A 孔（>200mA 时）。黑表笔插入 COM 孔，并通过表笔将万用表串联在被测电路中即可。在测量直流电流时，数字式万用表能自动显示极性。

3）电阻的测量。将量程开关拨至 Ω（OHM 欧姆）范围内的合适量程，红表笔插入 VΩ 孔，黑表笔插入 COM 孔。如果被测电阻超出所选择量程的最大值，万用表将显示过量程"1"，这时应选择更高的量程。对于大于 1MΩ 的电阻，要几秒钟后读数才能稳定，这是正常的。当检查电路中的电阻时，应先切断被测线路的电源，并将所有电容放电。

4）二极管的测量。如图 4-39 所示，将量程开关拨至 ⊣▸ 档，将黑表笔插入 COM 插孔，红表笔插入 VΩ 插孔（注意红表笔极性为正）。测量时，万用表将显示二极管的正向压降。通常好的硅二极管正向压降显示值为 0.4～0.7V，好的锗二极管正向压降为 0.15～0.30V，若被测二极管是坏的，将显示"000"（短路）或"1"（开路）。进行反向检查时，如果被测二极管是好的，将显示过量程"1"；若损坏，就显示"000"或其他值。

图 4-39　二极管档、通断档

注意：数字式万用表电阻档所能提供的测试电流很小。因此，对二极管、晶体管等非线性元件，通常不测正向电阻而测正向电压降。

测量二极管，既可以使用指针式万用表，也可以使用数字式万用表。这两种仪表的测量原理如图 4-40 所示。需要注意的是，数字式万用表红表笔是内部电池的正极，当使用二极管档位测量时，显示的数值表示的是二极管的正向压降值，单位是 V。

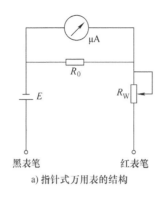

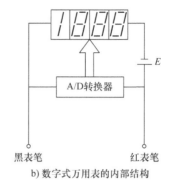

a) 指针式万用表的结构　　　　　b) 数字式万用表的内部结构

图 4-40　万用表结构图

当整流器的极性无法直观判别时，可用万用表判断二极管的极性，方法如下：

① 指针式万用表，黑表笔所接的是高电位，红表笔接的是低电位。极性判断的方法是用万用表 R×100 或 R×1K 档，用红、黑表笔同时接触二极管的引线和外壳，然后对调表笔同时测量，在所测阻值小的那次测量中，黑表笔所接的是二极管的正极，红表笔所接的是二极管的负极。

② 数字式万用表，同指针式万用表相反，红表笔所接的是万用表的高电位，黑表笔所接的是万用表低电位。极性的判断的方法是用万用表的二极管档，用红、黑表笔同时接触二极管的引线和外壳，然后对调表笔测量，在所测量显示 0.4～0.7V 的值时，红表笔所接的是二极管的正极，黑表笔所接的是二极管的负极。检测方法如图 4-41 所示。

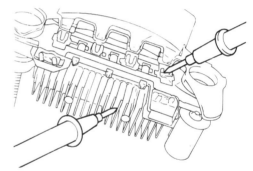

图 4-41　整流器的检测方法

5）电路通断测量。另外，该量程还可以利用蜂鸣器做连续检查，如果所测电路的电阻在 30Ω 以下，表内的蜂鸣器有声响，表示电路导通。

应该注意的是，在汽车电器及电子控制系统中测量同一导线两端间的通断时，不建议使用此档位，因为只要电阻在 30Ω 以下，其蜂鸣器便会鸣响，使人误认为此导线导通良好。汽车电子控制系统中一般的要求其导线的电阻小于 0.5～1.5Ω。为避免出现这样的情况，测量同一导线间的通断时，一般使用万用表的 200Ω 档，测量时能够直接显示出所测导线的电阻值。

6）晶体管放大倍数 hFE 的测量。将量程开关拨至 hFE 档，根据被测晶体管的类型，将其插入 NPN 型或 PNP 型对应的插口中，这时显示器上将显示 hFE 的近似值。应该注意的是，使用 hFE 插口测量晶体管时，由于测试电压较低，向被测管提供的基极电流很小，集电极电流也很小，使被测管在低电压、小电流状态下工作，测出的 hFE 仅供参考。

（2）数字式万用表使用注意事项

1）如果预先无法估计被测电压或电流大小，则应先拨至最高量程档测量一次，再视情况逐渐把量程减小到合适位置。测量完毕，应将量程开关拨到最高电压档，并关闭电源。

2）测量电压时，应将数字式万用表与被测电路并联，数字式万用表具有自动转换功能，测直流电压不必考虑正、负极性。但是，如果误用交流电压档去测量直流电压，或误用直流电压档去测量交流电压，将显示"000"，或在低位上出现跳数。测试表笔插孔旁边 ⚠ 符号，表示输入电压或电流不应超过指示值，这是为了保护内部线路免受损伤。

3）严禁在测高电压（220V 以上）或大电流（0.5A 以上）时拨动量程开关，以防止产生电弧，烧毁开关触点。

4）数字式万用表本身具有自动调零功能，在使用时不需手工调零。

二　汽车专用万用表

1. 汽车专用万用表的功能

汽车万用表也是一种数字多用仪表，其外形和工作原理与数字式万用表相似，只是增加了几个汽车专用功能而已。在发动机电控系统故障的检测与诊断中，除经常需要检测电压、电阻和电流等参数外，还需要检测转速、闭合角、频宽比（占空比）、频率、压力、时间、电容、电感、温度、半导体元件等。但是这些参数用一般数字式万用表无法检测，需用专用仪表即汽车万用表。

如图 4-42 所示，汽车万用表主要由数字及模拟量显示屏、功能按钮、测试项目选择开关、温度测量座孔、公用座孔（用于测量电压、电阻、频率、闭合角、频宽比和转速等）、搭铁座孔、电流测量座孔等构成。另外，为了实现某些功能，例如测量温度、转速等，汽车万用表还配有一些配套件，如热电偶适配器、热电偶探头、电感式拾取器及 AC/DC 感应式电流夹钳（5~2000A 等）。

2. 汽车万用表的使用

（1）汽车万用表使用方法

1）信号频率测试。测试项目选择开关置于频率（Freq）档，黑线（自汽车万用表搭铁座孔引出）搭铁，红线（自汽车万用表公用座孔引出）接被测信号线，显示屏即显示被测频率。

2）温度检测。测试项目选择开关置于温度（Temp）档，按下功能按钮（℃/℉），将黑线搭铁，探针线插头端插入汽车万用表温度测量座孔，探针端接触被测物体，显示屏即显示被测温度。

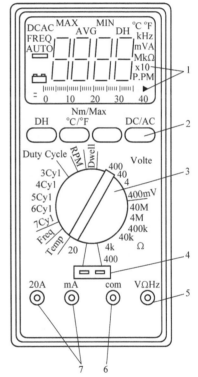

图 4-42　汽车专用数字式万用表

1—4 位数字及模拟量（棒型图）显示屏
2—功能按钮　3—测试项目（功能）选择开关
4—测量温度座孔　5—测量电压、电阻、频率、
闭合角、频宽比（占空比）及转速等公用座孔
6—搭铁座孔　7—电流测量座孔

3）点火线圈一次侧电路闭合角检测。测试项目选择开关置于闭合角（Dwell）档，黑线搭铁，红线接点火线圈负接线柱，发动机运转，显示屏即显示点火线圈一次侧电路闭合角。

4）频宽比测量。测试项目选择开关置于频宽比（Duty Cycle）档，红线接电路信号，黑线搭铁，发动机运转，显示屏即显示脉冲信号的频宽比。

5）转速测量。测试项目选择开关置于转速（RPM）档，转速测量专用插头插入搭铁座孔与公用座孔中，感应式转速传感器（汽车万用表附件）夹在某一缸高压点火线上，在发动机工作时，显示屏即显示发动机转速。

6）起动机起动电流测量。测试项目选择开关置于400mV档（1mV相当于1A的电流，即用测量电流传感器电压的方法来测量起动机起动电流），把霍尔式电流传感器夹到蓄电池电源线上，其引线插头插入电流测量座孔，按下最小√最大功能按钮，然后拆下点火高压线，用起动机转动曲轴2～3s，显示屏即显示起动电流。

7）氧传感器测试。拆下氧传感器线束插接器，将测试项目选择开关置于4V档，按下DC功能按钮，使显示屏显示"DC"，再按下最小√最大功能按钮，将黑线搭铁，红线与氧传感器相连；然后以快怠速（2000r/min）运转发动机，使氧传感器工作温度达360℃以上。此时，如可燃混合气浓，氧传感器输出电压约为0.8V；如可燃混合气稀，氧传感器输出电压为0.1～0.2V。当氧传感器工作温度低于360℃时（发动机处于开环工作状态），氧传感器无电压输出。

（2）使用汽车万用表检查电控系统的注意事项

1）除在测试过程中特殊指明者外，不能用指针式万用表测试ECU和传感器，应使用高阻抗数字式万用表，万用表内阻应不低于10MΩ。

2）首先检查熔丝、易熔线和接线端子的状况，在排除这些地方的故障后再用万用表进行检查。

3）在测量电压时，点火开关应接通（ON），蓄电池电压应不低于11V。

4）测量电阻时要在垂直和水平方向轻轻摇动导线，以提高准确性。

5）检查线路断路故障时，应先脱开ECU和相应传感器的插接器，然后测量插接器相应端子间的电阻，以确定是否有断路或接触不良故障。

6）检查线路搭铁短路故障时，应拆开线路两端的插接器，然后测量插接器被测端子与车身（搭铁）之间的电阻值。电阻值大于1MΩ为无故障。

7）在拆卸发动机电子控制系统线路之前，应首先切断电源，即将点火开关断开（OFF），拆下蓄电池极柱上的接线。

8）测量电子控制器各个端子的电阻时，不要直接用普通万用表的电阻档测量，尤其要注意不要将较高电压引入电子控制器内部，以免损坏电子控制器内部的元件。

9）所有传感器、继电器等装置都是和ECU连接的，而ECU又通过导线和执行部件连接，因此在检查故障时，可以在ECU插接器的相应端子上进行测试。

3. 汽车专用万用表的其他功能

万用表的主要作用是检测电压、电阻和电流，除此之外，还有一些辅助功能：蜂鸣器通断检测、晶体管放大倍数检测、二极管正向压降检测。一些汽车专用的万用表还具备检测点火系统闭合角、发动机转速、甚至喷油脉宽的功能。

（1）蜂鸣器通断功能 万用表设计蜂鸣器通断功能，一般是为了方便电子线路系统的检测。当被测量电路的电阻小于75Ω时，蜂鸣器鸣响，表明电路是一个通路状态。

（2）二极管正向压降检测 二极管的PN结有一个物理效应叫势垒效应，即当电压高于此电压时，二极管才能导通。势垒效应是二极管由截止到导通的一个转折电压，不同的材料此电压值有所不同。锗型半导体做成的二极管正向导通时的压降为 0.3V 左右，硅型二极管正向导通电压为 0.7V 左右。在一些汽车专用万用表中，将蜂鸣器通断功能与二极管正向压降检测两个功能设计到了一起，如图 4-43 所示。

（3）晶体管的放大倍数　晶体管的主要作用是对小信号进行放大，不同质量的晶体管的放大倍数不一样，为了方便电子维修人员使用，一些万用表设计有晶体管放大倍数检测功能。具体操作方法是将万用表的选档开关打到 HFE 档位，把待测量的晶体管的三个引脚按功能插入对应的专用插孔，放大倍数就直接显示在液晶显示器上，如图 4-44 所示。

图 4-43　汽车专用万用表二极管正向压降检测功能

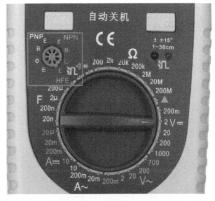

图 4-44　带有晶体管的放大倍数检测功能的
汽车专用万用表

（4）点火系统闭合角检测功能　在早期的发动机点火系统中，采用分电器型点火系统的车辆，其闭合角会影响到点火线圈充磁的时间是否足够，因此需要检测。闭合角检测功能区在表盘上的位置，如图 4-45 所示，而现代发动机电控系统中，该数据由软件控制，一般不会出现问题，很少用到，所以在此不详细说明。

（5）发动机转速检测功能　发动机转速也是早期的维修中要检测的内容。因为以前的发动机怠速转速是可以调整的，有一块转速表可以方便地进行怠速的调整，而现代发动机也已经由发动机计算机直接控制转速，因此用到此功能的机会

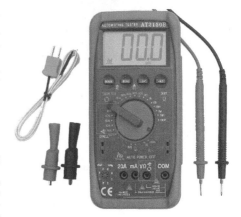

图 4-45　带有闭合角检测功能的万用表

也很少了，并且解码器和原车仪表也都带上转速检测功能，用万用表检测已经不常用了。

（6）喷油脉宽检测功能　将万用表拨到此档位，喷油脉宽可以直接显示出来，使用此功能时是将万用表的正表笔接到喷油器的负极，万用表负表笔接蓄电池负极即可。喷油脉宽是发动机运行的一个重要数据，如果能用万用表检测，对维修电控发动机有一定的帮助，不过我们平时检测喷油脉宽时，用示波器更为方便直观、并且更到位。

（7）直流20A档　使用万用表检测较大电流时，可将万用表档位开关拨到此档位，同时将红表笔由原来的插孔拔出后插到 20A 电流专用插孔上，此时的万用表内部等效于一根导线，将万用表串联入电路中检测电流，用完此档位后记得马上将表笔插回原位，以防止

下次检测时出现短路被测量电路的问题。

三、钳形电流表

1. 钳形电流表的结构

钳形电流表是一种非常方便的电流测试仪器，它能在不被电路干扰的情况下对带电导体进行电流测量。钳形电流表由可开闭式钳头、电流档位量程调整开关、显示屏等组成，如图 4-46 所示。

2. 钳形电流表的使用

当用普通万用表进行电流测量时，需要切断接线并将万用表串接到电路之中，如图 4-47a 所示。而用钳形电流表进行电流测量时，只需简单地夹住被测电路即可，如图 4-47b 所示。这种测试方法的优点在于：不用切断被测电路的线路；在不关闭电路的状态下测试大电流。

如图 4-48、图 4-49 所示，在测试直流电流时，用钳头夹住被测物，当钳形电流表的电流从上至下流动时，读数显示为正（＋）。

图 4-46 钳形电流表

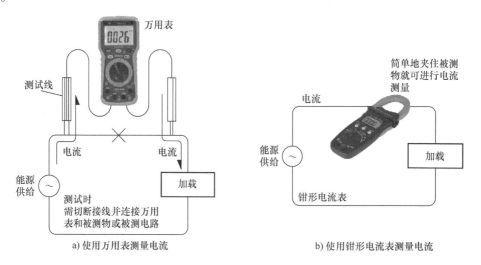

a) 使用万用表测量电流

b) 使用钳形电流表测量电流

图 4-47 使用万用表和钳形电流表测试电流的比较

四、试灯

1. 试灯的结构

试灯，又称测电笔，其作用就是检测电路中的被测点是否有电。汽车检测使用的试灯如图 4-50 所示，试灯有一个笔杆，笔杆前端是金属的笔尖，笔杆里有一个发光二极管（或小灯泡），笔杆后端带有一根导线，导线端部通常有个小夹子。为了安全起见，有的试灯还装有熔丝。

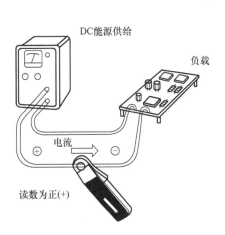

图4-48 使用钳形电流表测试直流电流

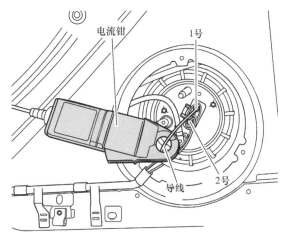

图4-49 使用钳形电流表测量电动燃油泵电流

白炽灯试灯　　　　　　二极管试灯

图4-50 汽车用试灯

2. 试灯的工作原理

试灯的工作原理其实就是应用了电路的回路原理：如图4-51所示，如果测试点有电，电流从笔尖流入，经过灯泡，导线，从小夹子流入汽车搭铁（电源负极），灯泡随之点亮。

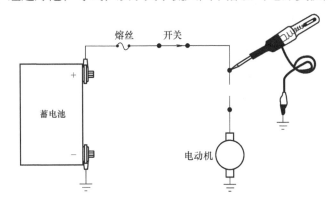

图4-51 试灯的使用方法

3. 试灯的使用

使用试灯时，首先将小夹子夹在汽车电源负极或汽车搭铁点上，保证接触良好；然后将试灯的金属尖端与测试点相接触，如果试灯的灯亮了就表明该测试点有电。

注意：试灯适用于汽车电源系统和常规电气系统的检测，但不适用于电控系统的检测。

这是因为，将试灯接在电路中，相当于凭空在电路中并入了一个负载，在现代电控汽车上，电路中某点的电位就是电脑的输入信号，在车辆运行状态下测量会造成电脑的错误判断。另外，由于试电笔灯内阻小，测量时容易造成短路，轻则产生故障，重则损坏电路或电子元件。

五、高率放电计

1. 高率放电计的结构

高率放电计是一种模拟接入起动机的负荷，用于测量蓄电池在大电流放电时的端电压的检测仪器。如图 4-52、图 4-53 所示，放电计表盘上刻有红、黄、绿三种颜色的刻度区域，绿色代表电量充足，黄色代表亏电，红色代表电放完。

2. 高率放电计的使用

整体式高率放电计由一个 20V 的电压表和一个定值的负载电阻（阻值较小，依靠电流的热效应工作）组成。测量前保证

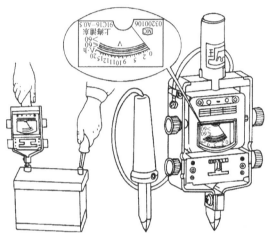

图 4-52　高率放电计的结构

蓄电池要在充足电的状态，否则不能正确判断蓄电池的性能好坏，同时认清高率放电计和蓄电池的极性。测量时应将两叉尖紧压在蓄电池的正、负极柱上，如图 4-53 所示。每次测量时间为 20s，同时观察大负荷放电情况下蓄电池所能保持的端电压，进行三次测量，每次间隔 3min，以第三次测得的数据为准。依据测量结果进行判断：端电压小于 9.0V，说明蓄电池有故障；端电压在 9.0~11.5V 之间，说明蓄电池性能较好；端电压大于 11.5V，说明蓄电池性能良好。

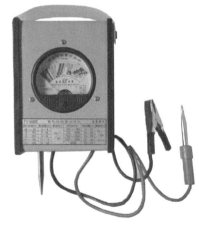

图 4-53　高率放电计

注意：由于高率放电计的型号不一样，所配放电电阻值也不相同，因此测量时的放电电流和电压值也有可能不同，在使用时应按说明书的规定判断蓄电池的放电程度，或用已知容量的蓄电池加以标定。

六 电解液密度计

电解液密度计（旧称电解液比重计）是测量电池内电解液密度用的仪表（图4-54）。它是用一根直径为30mm、长约300mm的玻璃圆筒制成的，筒的下边装有橡胶吸管，上端装有橡皮球。玻璃圆筒内装有浮子，浮子上刻有1.10～1.50g/ml的密度读数。

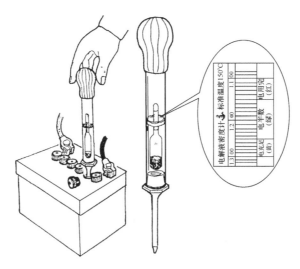

图4-54　测量电解液的相对密度

在标准的电解液密度下，通过测量电解液的密度就可以大致判断蓄电池的放电程度。电解液的密度可用专用的吸式电解液密度计测量，其外形如图4-55所示。

图4-55　电解液密度计的外形

测量时先将密度计下部的橡胶吸管插入蓄电池的单格电池内，用手捏一下橡皮球，然后慢慢松开，电解液就被吸入玻璃管中，此时密度计的浮子浮起，其上刻有读数，浮子与液面（凹面）相平行的读数就是该电解液的密度。多数电解液密度计密度标注的范围为1.10～1.30并分为红、黄、蓝三个标志区域：1.10～1.15为红色区域，在标准的电解液密度下，如电解液的实际密度在此区域内则说明蓄电池已亏电；1.15～1.25为蓝色区域，在标准的电解液密度下，如电解液的实际密度在此区域内则说明蓄电池存电正常；1.25～1.30为黄色区域，在标准的电解液密度下，如电解液的实际密度在此区域内则说明蓄电池电解液的密度过大，应进行调整。

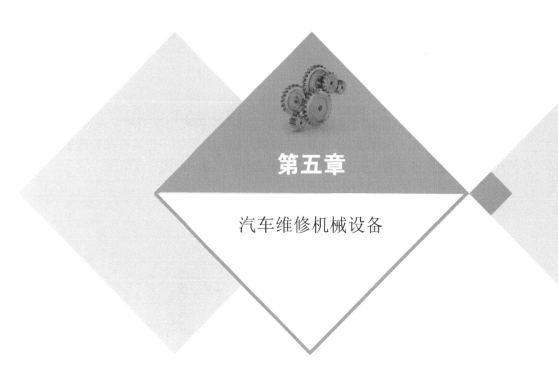

第五章

汽车维修机械设备

第一节　双柱举升机

汽车举升机是指汽车维修行业用于汽车举升的汽保设备。举升机在汽车维修养护中发挥着至关重要的作用，无论整车大修，还是小修保养，都离不开它，其产品性质、质量好坏直接影响维修人员的人身安全。在规模各异的维修养护企业中，无论是维修多种车型的综合类修理厂，还是经营范围单一的街边店（如轮胎店），几乎都配备举升机。

举升机按照功能和形状来分，一般可分为两柱、四柱、剪式三大类。按照功能可分为四轮定位型和平板式。

一、双柱举升机的结构

1. 概览

双柱举升机一般采用电动液压驱动，其主要部件组成如图 5-1 所示。举升机由两个带内置底板的立柱组成：主立柱和副立柱，两个立柱配有一踏板。每个立柱包含一个活动架，可通过液压进行上升或下降。泵站及相关的控制箱安装在主立柱上。每个活动架装有两个支撑臂（一个长支撑臂、一个短支撑臂），作为承重机构。主立柱内的限位开关控制举升机的举升高度。

2. 提升机构

举升机的每个立柱上装有一个液压缸，液压缸通过链条带动活动架上升和下降。两个活动架通过钢缆保持同步，以此防止单边负载造成的不同步运行，如图 5-2 所示。

3. 支撑臂

在每个滑座上安装了两个支撑臂，支撑臂可伸缩，并可绕轴旋转。从约 20cm 举升高度起，支撑臂通过自动锁止机构（图 5-3）自动锁死，以阻止支架盘从车辆所规定的支承点上滑脱。

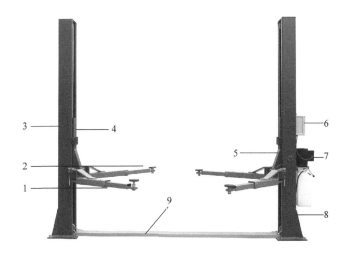

图5-1　双柱举升机

1—短支撑臂　2—长支撑臂　3—副立柱　4—副活动架　5—主活动架　6—控制箱　7—液压单元　8—主立柱　9—踏板

注意：载荷最大时，长短支撑臂对之间的负荷分配最大为3:2。

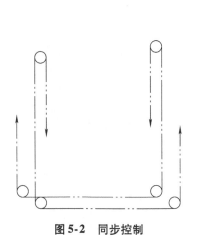

图5-2　同步控制

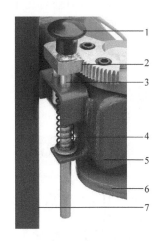

图5-3　支撑臂锁止机构

1—解锁把手　2—锁止齿轮　3—圆柱销
4—弹簧　5—活动架　6—支撑臂　7—立柱

4. 支架盘和定位套

支架盘（图5-4）在每个支撑臂的末端。支架盘在车辆上所规定的支点定位，通过回转调整支架盘高度，保险装置阻止支架盘向外旋转过大。

5. 控制单元

举升机控制单元的结构如图5-5所示。

注意：下降速度可以通过控制手柄下压的深浅来控制。

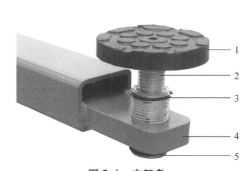

图5-4　支架盘

1—支架盘的橡胶垫层　2—高度调节螺纹
3—卡簧　4—支撑臂　5—卡簧

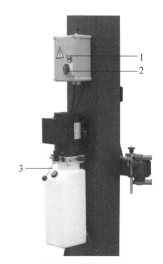

图5-5　控制单元

1—上升按钮　2—主开关　3—下降手柄

二、使用注意和安全装置

1. 使用注意

双柱举升机的警告提示用来对使用者或站在周围的人提出危险的警告。此外，警告提示描述危险的后果和防范措施。双柱举升机的警告简述、注意简述和使用简述如图5-6～图5-8所示。

图5-6　警告简述

1—车辆可能掉下来时，请远离举升机　2—请保持
车辆重心在支撑点之间　3—当举升机上升下降时，请远离
举升机　4—不要过多晃动在举升机上的车辆　5—不要超载
6—当车辆下降时，不要将脚置于支撑臂下

图5-7　注意简述

1—只有培训过的人员才能使用举升机　2—在举升机使用范
围内，只有被允许才能进入　3—请使用车辆厂家规定的车辆举
升点　4—安装或者移除重的部件时，请使用坚固的支撑工具
5—使用高度延长附件时，请确保举升机举升点和车辆保持
良好接触　6—辅助支撑附件可能会降低举升机额定举升重量

2. 安全装置

1）在安装和使用举升机时，需注意检查安全设施是否功能正常，并在以后定期或者出现故障之后进行检查。

2）不同品牌的举升机维修和保养应由相应品牌指定授权的服务点来进行。

3）一般举升机维修换件要换用原装配件。

4）在每次发生故障之后，表5-1所列安全设施尤其要接受功能检验。

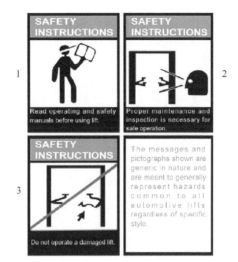

图 5-8　使用简述

1—在使用举升机前，请仔细阅读操作手册　2—恰当保养和检查能保证操作安全　3—不要操作损坏的举升机

表 5-1　安全装置

安全装置	功能
紧急功能	利用万转开关
限位开关	当活动架上升到和限位开关接触时，电路自动断开，举升停止
同步控制	两活动架通过钢缆保持同步
锁止机构	每个活动架配有一个锁止机构，处于自锁状态时可以避免举升机意外下降
支撑臂回转锁定装置	提升高度约大于20cm时，支撑臂自动锁止
溢流阀	液压系统通过溢流阀进行保护

三、举升操作

1. 操作注意事项

1）举升机只准由指定的和受过专门指导的人员操作，其年龄必须在18周岁以上。

2）只能抬升最大总重量为3500kg的轿车和机动车。

3）在提升最大负载时，负载分配最高只允许为3∶2，即支撑架最高负载为2100kg。

4）双立柱式举升机不得用于某些特殊工具的提升。

5）只能在车辆制造商所规定的四个支点上支撑。

6）只允许使用随机附上的操控单元来操作举升机。

7）举升机移动前应确认没有人员停留在危险区，没有物品靠着车辆或举升机，在车辆或举升机上没有任何物品。

8）未经许可的人员不允许逗留在举升机的升降范围。

9）举升机上或者车辆内严禁载人。

10）不得将举升机作为起重机或者其他起重设施的支承机构来使用（如滑车组）。

11）只有当电源开关拧到OFF（0）时，方可在举升车辆或举升机周围进行电焊作业。

12）当举升机存在功能异常或者部件损伤时，不得再继续使用举升机。

13）如果举升机出现故障，应立即停机，并采取适合措施防止无关人员擅自使用机器。

2. 起动前准备

举升机起动时将旋转总开关拧到位置 ON（Ⅰ），此时应观察活动架是否完全降落，同时将支撑臂偏转至最大行程止端。将举升机周围的工具、脏物、油脂和润滑油清除，同时观察并清理支架盘上油污。

3. 车辆举升过程

（1）车辆驶入　车辆驶入前确保将举升机支撑臂完全降落，将其回转至最大行程止端，将车辆直行并且驶入立柱之间的中心位置。车辆向前行驶时，应注意保持车辆重心在举升机立柱的中心位置。许多车辆的重心大约位于前车门铰链的位置。车辆停在指定位置后，小心打开车门，离开车辆。

将支撑臂回转到车辆的底部，将四个支架盘定位到车辆厂家规定的支撑点上。旋转支撑盘高度调节螺纹，确保支架盘平面紧靠车辆支撑点。

注意：车辆驶入时，举升机操作单元一般位于举升机右侧立柱上，支架盘旋转不要超出极限位置。否则剩余的螺纹长度保证不了支撑车辆的安全。

（2）提升车辆　举升机在上升期间，存在致命或者伤人危险。因此，移动举升机前应注意，确保没有人员停留在车辆内或举升机区域内。上升过程中，注意观测支撑臂、支撑点和车辆的状态。尽量远离支撑臂和车辆。

车辆提升前检查支撑臂的锁定机构，如果有必要，轻微移动摇臂使其被卡入。按住电气控制盒的上升按钮，活动架上升。当车辆轮胎离开地面后，停住进行检查。如发现前、后轮提升不均匀，此时应降下支撑臂，重新定位车辆，重复提升过程。

举升过程中如发现车辆不稳定，应拉动主、副立柱内侧的拉绳确认锁齿解锁后，按住液压单元的下降手柄，降下支撑臂，重新定位车辆，重复提升过程。

经过重新调整确认车辆稳定，可继续提升至所需高度上终端位置，然后松开电气控制盒的上升按钮。此时应检查活动架锁止机构是否在锁止位置上，如果不在锁止位置上，将活动架下降一点确保锁止机构在锁止位置上。

4. 车辆检修期间

车辆举升到指定高度时，如发现四个支架盘与支承点之间尚未全部稳固接合时，不准进入车辆底部。这时应该采取措施防止车辆受到外部摇动，同时在检修过程中车辆和举升机支架不得出现振动。

在拆除/安装汽车上的重型零部件（例如发动机，变速器）期间，应始终使用保险性工装来进行。在布置和装设保险工装时，需注意保险工装与车辆之间的安全间隔，以防止车辆降落时碰撞保险工装。

5. 下降车辆

车辆检修完毕需要下降时，应再次检查支架盘和支撑点的安全接触情况。应避免支撑臂和车辆作反向运动。举升机下降前注意，不要有人员停留在车辆内或举升机活动区域内。检查确认在举升机区域内没有其他物体。

如图 5-9 所示，举升机下降车辆前，拉动主、副活动架上的拉绳确认锁齿解锁，然后按住液压单元的下降手柄，活动架下降。

注意：当主、副活动架位于锁止状态时，举升机不能下降。这时应先按住电气控制盒

的上升按钮使得举升机上升一小段，拉动绳解锁后才能下降。

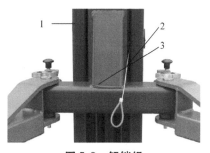

　　当举升机活动架下降至接近脚部保护安全距离时（约 200mm 高），目视检查举升机下方区域。如果有异物，必要时停止下降动作并排除风险。如果该区域是安全的，将举升机完全降至底部。车辆重新回到地面上。支撑臂的锁定装置此时将抬起。

图 5-9　解锁绳
1—立柱　2—解锁绳　3—活动架

　　注意：如果举升机活动架下降到某个特定位置，而不是直接下降到地面，活动架锁止机构不会自动锁止，此时可以稍微上升一点活动架，以确保锁止机构锁止。

　　6. 车辆驶出和停机

　　当举升机完全降低至地面后，此时可将支架盘完全向下旋转，将支撑臂偏转至最大行程止端。同时观察确定驶出区没有闲散人员和物件，可以将车辆驶离举升机。

　　举升机空置不用时，可以利用总开关来实现设备停机。此时可旋转总开关到位置 OFF（0），并采取相应措施防止合闸。

四、故障提示

　　举升机使用过程中的常见故障见表 5-2。

表 5-2　举升机使用过程中的常见故障

故障	可能原因	补救措施
发动机停止运转	总开关在"0"位置 停电 车辆操作了限位开关 发动机过载；保护开关已关闭 控制保险装置损坏	检查总开关，必要时调到"Ⅰ"位置 检查电源 检查车辆是否提起了开关棒 将电气控制盒中的保护开关复位 检查电气箱中的控制保险装置，必要时更换保险装置
电动机运转，但举升机不提升	车辆过重 上升按钮故障 缺油 电动机运行方向错误 液压装置损坏	检查是否已超出举升机所允许的承载能力 修复或更换上升按钮 检查油位 交换两相 通知售后维修
支撑臂锁定装置不能工作	支撑臂处于规定锁止高度以外 润滑不良 齿轮已磨损	将举升机升高约 70cm，然后检查其锁定装置 给锁定销及齿轮上油 通知售后维修
举升机不能下降	活动架锁齿装置不解锁 液压装置损坏	按住电气控制盒上升按钮使举升机上升，检查是否已解锁 通过立柱开孔位置调节活动架锁齿机构的螺钉 通知售后维修
抬升或下降时发出噪声	不正确的液压油的润滑效果不足 活动架与立柱间没有足够的润滑	检查油类型。使用符合 ISO32 标准的液压油 润滑滑动面 通知售后维修
举升机在上升或下降过程中发生倾斜	同步钢缆设置错误	通知售后维修

第二节　剪式举升机

剪式举升机主要用于大型车辆维修。剪式举升机的举升速度适中且不占用车坑位置，对于一些车型相对固定、工作强度大（如在公共汽车）的修理是最好的选择。另外由于其结构简单，同步性好，还常用于四轮定位仪的平台。

一　剪式举升机的使用

1. 安装和调试

剪式举升机一般指定专人进行安装和调试。调试完成之后，应由专责检验人员实施验收。

2. 重要的安全提醒

1）举升机必须安装在混凝土地基上不能安装在沥青地面上，而且混凝土的厚度必须达到要求。

2）操作举升机之前，请仔细阅读并理解安全操作事项说明。

3）只有经过专业培训的人才可以操作和使用举升机。

4）举升机的周围必须保持整洁，不能有杂物堆放，以免引发事故。

5）举升机是为举起整车而设计的，而不是车辆局部；一定不要试图举起超过额定举升重量的车辆。

6）在车下作业时，一定要确保举升机的机械安全锁处于咬合状态。

7）举升机的举升托垫一定要放到车辆厂家建议的位置，然后慢慢举起车辆，确定平稳不会发生倾斜、倾翻、脱落时才能举到需要的高度。

8）随时检查部件有无损坏情况，检查机器的同步性和活动部件的灵活性，并注意定期保养，一旦发现异常情况，立刻停止使用并联系经销商。

9）操作结束后请将机器降至最低并关闭电源。

10）如果机器长期不使用，使用者要：①切断电源；②放空液压油；③移动部件用液压油润滑。

3. 安全警示标志说明

如图 5-10 所示，机器上贴的安全警示标签用来提醒操作人员注意正确使用举升机。确保这些标签干净，若有破损，请及时替换。请仔细阅读并牢记标签的内容。

图 5-10　安全警示标签说明

禁止1：举升机运行时，禁止有人待在车下。

禁止2：禁止仅使用一个平台举升车辆。

禁止3：禁止超负荷使用举升机。

禁止4：禁止未经培训的人员操作举升机。

禁止5：禁止改变，修改或干扰举升机的安全结构。

禁止6：禁止摇晃或用力推举升机上的车辆。

禁止7：升降过程中，禁止脚和身体其他部位接触举升机。

禁止8：车辆已被举升时或者在举升机升降过程中禁止有人站在或坐在举升机平台上。

警告1：下降时，确保举升机周围没有辅助托架或者其他阻碍物体。

警告2：保持举升机地坑清洁，其中无任何不相关或污染物。

警告3：电控箱内有高压，请特别注意。

警告4：确保被举升车辆的重量均匀分布在举升机两平台上，避免倾翻或滑落。

提示1：举升机操作人员要站在离运动部件有一定距离的安全区域，不要太靠近举升机。

提示2：操作举升机之前，请仔细阅读学习操作手册。

提示3：保持被举升车辆与举升机平台平行。

提示4：确保举升机下方及周围地面区域干净。及时清理地面上的油污，防止滑倒。

二、剪式举升机的结构

1. 剪式举升机总体结构

如图5-11所示，剪式举升机属于藏地式安装汽车举升机，专为举升维修车辆设计。举升机主要由两个大剪举升平台、两个小剪举升平台（二次举升平台）和一台控制柜组成。

工作原理：当动力单元接通电源，齿轮泵工作，推动液压缸活塞杆上升，带动剪刀支架使平台整体上升，从而达到举升的目的。

2. 举升机安全结构

举升机安全结构分布如图5-12所示，各部件功能见表5-3。

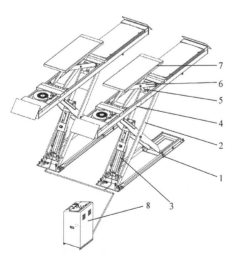

图5-11　剪式举升机总体结构

1—底板组件　2—大剪支架　3—大液压缸组件
4—大平台组件　5—小液压缸组件　6—小剪支架
7—小平台组件　8—24V控件电压柜

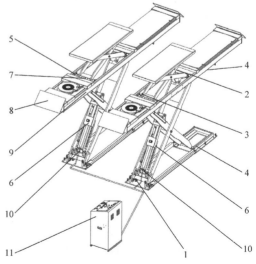

图5-12　举升机安全结构分布

表 5-3　举升机安全各部件功能

序号	名称	功能
1	大剪下限位开关	当机器降到离地面500mm的高度时,自动停止下降,需按二次下降按钮,举升平台才会继续下降,此时系统配置的蜂鸣器会发出声光报警,警示操作人员远离机器,避免被压到
2	大剪上限位开关	当大剪平台上升到1850mm高度时,自动停止上升,有效保护设备及人员安全
3	小剪上限位开关	当小剪平台上升到450mm时,自动停止上升,有效保护设备及人员安全
4	大剪防翻装置	当举升机受力不平衡,一端受力较大时,可防止举升平台翻转,保护车辆和人员安全
5	小剪防翻装置	当二次举升受力不平衡,一端受力较大时,可防止举升平台翻转,保护车辆和人员安全
6	大剪保险齿	液压系统故障,液压缸失去推力时,可确保大剪举升平台不跌落下来,保护人员及车辆安全
7	小剪保险齿	液压系统故障,液压缸失去推力时,可确保小剪举升平台不跌落下来,保护人员及车辆安全
8	挡车板	防止车辆从平台两端滑落
9	红外安全装置	当液压系统出现故障,两平台上升或下降不同步时,自动切断系统电源,锁止举升机,防止发生车辆侧翻事故
10	防爆节流阀	当油管断裂时,减缓液压油的泄漏速度,从而减缓举升平台的下降速度,保护人员及车辆安全
11	24V控件电压	采用24V操控电压,有效保护操作人员安全

三、剪式举升机的操作

1. 操作注意事项

1）举升机只准由指定的和受过专门指导的人员操作,其年龄必须在18周岁以上。

2）只可以抬升最大总重量为3500kg的轿车和其他机动车。

3）载荷最大时,前/后负荷分配最大为2:1。

4）只能抬升其轮距满足轮胎完全在行驶轨道上这一要求的车辆。

5）只允许使用随机附上的操控单元来操作举升机。

6）举升机移动前注意:没有人员停留在危险区、没有物品靠着车辆或举升机,在车辆或举升机上没有任何物品。

7）未经许可的人员不允许逗留在举升机的升降范围。

8）举升机上或者车辆内严禁载人。

9）不得将举升机作为起重机或者其他起重设施的支承机构来使用(如滑车组)。

10）只有当电源开关拧到OFF(0)时,方可在起重车辆或举升机上进行电焊作业。

11）当举升机存在功能异常或者部件损伤时,不得再继续使用举升机。

12）如果举升机出现故障,应立即停机,并采取适合措施防止无关人员擅自使用机器,及时联系客户服务部或特许维修站。

13）如不使用，应将总开关锁上。

使用二次举升平台时，还适用：

1）只可以抬升最大总重量为3500kg的轿车和其他机动车。

2）载荷最大时，前/后负荷分配最大为3：2。

3）只能在车辆制造商所规定的四个支点上提升。

4）不得用二次举升平台抬升某些特殊车辆。

2. 举升机的控制面板及选择开关

举升机的控制面板及选择开关如图5-13、图5-14所示。举升机的上升和下降操作如图5-15所示。

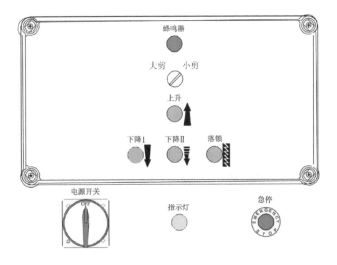

图5-13　举升机控制面板

图5-14　控制柜内的选择开关

3. 举升机准备及车辆驶入

车辆驶入举升机前应确保举升机行驶轨道已完全降落，确保二次举升平台已完全降落。同时应将举升机周围的工具、脏物、油脂和润滑油清除。举升机准备就绪后方可以驶入车辆。

将车辆笔直上行并向前行驶到举升机中央，每侧车轮必须在相应行驶轨道的中线上。就位后，停车拉紧驻车制动器或挂入低档以防车辆滚动，离开车辆后检查车辆位置。

车辆举升前确保车辆正确定位并固定，要确保没有人员停留在车辆内或举升机区域内。

4. 使用大剪平台举升车辆

1）将被举升车辆停在两个平台上，确保车辆所停位置正确，稳定不滑动。

2）将控制面板上的选择开关拧至"大剪"处，将控制柜内的选择开关拧至"工作"和"光电开"的状态。

3）按"上升"按钮稍稍微升起举升平台，再次检查车辆在平台上的稳定性。

4）将平台举升到需要的高度时，按下"落锁"按钮让机械安全锁锁到位。按下"急停"开关，车下维修之前再次检查车辆的稳定性。

5. 下降大剪平台

1）打开电源开关。

2）按"下降 I"按钮，平台落至离地500mm 处时，平台会停止下降。

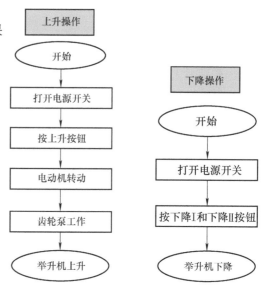

图 5-15　举升机的上升和下降操作

3）按"下降 II"按钮，直到平台落至最低，此时机器会发出下降蜂鸣警示。

6. 使用二次举升小车举升车辆

1）将控制面板上的选择开关拧至"小剪"处。

2）如图 5-16 所示，将橡胶垫块放置于车辆下方的举升点下。当有必要使用二次举升小车的平台延伸板时，按"上升"按钮将二次举升平台稍微上升一些，直至其高于大剪举升平台，然后抽拉出平台延长板。

图 5-16　橡胶垫块放置于车辆下方的举升点下

3）如图 5-17 所示，按"上升"按钮，在小剪举升平台快要接近车辆底盘时，再次检查车下的橡胶垫块是否在车辆的举升点正下方。

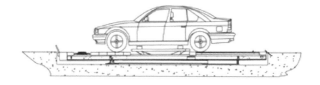

图 5-17　小剪举升平台快要接近车辆底盘

4）继续按"上升"按钮，直至需要的高度。二次举升小剪的最大高度为 450mm（图 5-18）。

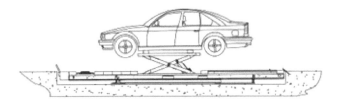

图 5-18　二次举升后的位置

5）按下"落锁"按钮，使小剪机械锁锁到位，再进行相关维修操作。

7. 二次举升小剪平台下降

注意：使用了小剪平台延长板的情况下，按"下降Ⅰ"按钮直到车辆轮胎稳稳落在大剪平台上时就需停止按"下降Ⅰ"按钮。

1）将控制面板上的选择开关拧至"小剪"处。

2）大剪平台离地高于 500mm 时，按"下降Ⅰ"按钮使小剪平台下降；当大剪平台离地高度少于 500mm 时，按"下降Ⅱ"按钮使小剪平台下降。按"下降Ⅱ"按钮时机器会发出下降蜂鸣警示。

第三节　轮胎拆装机

轮胎拆装机是一种实现将汽车轮胎从轮毂上拆下、安装和充气功能的设备。它主要用于轮胎的修补、更换、安装等，是汽车修理厂、汽车轮胎店和汽车装胎厂等必备的设备。在国内除称其为轮胎拆装机外还有称之为扒胎机、拆胎机等。

 基础知识

1. 轮胎拆装机的分类

1）按照拆装范围分为小、中型轮胎拆装机和大型轮胎拆装机。

一般来说，拆装范围在 20in（1in = 25.4mm）以下的属于小型轮胎拆装机，最大到 24in 的属于中型轮胎拆装机，大于 24in 的属于大型轮胎拆装机。

2）按照拆装机的设计样式分为立式轮胎拆装机和卧式轮胎拆装机。

一般小中型轮胎拆装机都采用立式，大型轮胎拆装机采用卧式。

3）按照拆装机的动力来源分为电动轮胎拆装机和气动轮胎拆装机。

电动与气动的区别在于：前者由电动机带动，后者由压缩空气作为动力源使气动泵转动。一直以来电动轮胎拆装机在市场处于主导地位，最近气动轮胎拆装机在国外越来越普及。

4）按照拆装机的功用分为经济型轮胎拆装机、普通型轮胎拆装机和豪华型轮胎拆装机。

它们之间的区别主要在于：经济型轮胎拆装机的摆臂为手动，普通型轮胎拆装机的摆臂为脚踏气动控制，而豪华型轮胎拆装机在普通型基础上增加了辅助装置，因此适用于豪华型轿车宽扁轮胎的拆装。

5）按照拆装机的传动方式分为气体传动轮胎拆装机和液压传动轮胎拆装机。

气体传动与液压传动的区别在于：气体传动速度较快，但效率较低，而液压传动与气体传动相反。

2. 轮胎和轮毂相关知识

（1）轮胎的构造

1）有内胎的轮胎。有内胎的轮胎由外胎、内胎和垫带组成。

2）无内胎轮胎。这种轮胎不使用内胎，空气直接充入外胎内腔。

3）外胎的构造。外胎是由胎体、缓冲层、胎面、胎侧和胎圈（胎缘）组成。

（2）轮胎的分类

1）按照用途来分有如下几种：

① 轿车轮胎：是装于轿车上的轮胎，它主要用于良好路面上高速行使，最高行驶速度可达 200km/h 以上，要求乘坐舒适，噪声小，具有良好的操纵性和稳定性。

② 轻型载重汽车轮胎：通常指轮辋直径 16in 及其以下的，断面宽 9in 及其以上的载重汽车轮胎。

③ 载重和公共汽车轮胎：通常指轮辋直径 18～24in，断面宽 7in 及其以上的载重汽车，自卸货车，各种专用和拖车等轮胎。

④ 工程机械轮胎：工程机械轮胎是装于专用性作业的工程机械车辆上，例如装载机、推土机、挖掘机、平整土地机、压路机和石方作业机等。

⑤ 越野汽车轮胎：越野汽车轮胎主要行驶在坏路面上如沙漠、泥泞地、松软土壤或其他无路面道路，要求轮胎具有较高的通过性能，越野轮胎往往采用低气压。

⑥ 农业和林业机械轮胎：农用轮胎主要装在拖拉机、联合收割机和农机具车辆上使用。

2）按结构来分有斜交胎、带束斜交胎、子午线轮胎。

（3）轮胎的标志　通常用以一相连的两组数字来标记轮胎，第一组数字表明断面宽度，第二组数字表示轮辋直径。由于这种原始标记方法起源于美国，故两组数字均采用英制单位表示，如 9.00－20，11.00R22.5，13.6－38，23.5－25 等均为英寸。此外，有些国家采用米制或米制－英制混合标记，如 260－508 两组数字均为毫米，185R15 前组数字为毫米，后者为英寸等。这种规格表示方法应用较广，一般汽车轮胎、农业机械轮胎、工程机械轮胎均用此种规格标记。

子午线轮胎一般采用"R"字母为代号，R 是子午线结构 Radial 的字头，R 代替连接两组数的"－"符号，例如 9.00R20、11R22.5，为英制。如 185R15，前组数字为米制，后者为英制。法国米其林公司用"X"为代号，如 10.00－20X，175－14X；俄罗斯采用"P"为代号，如 155－13P，5.90－15P，意大利采用"Cinturato"为标记。

由于轮胎规格品种不断增加，轮胎断面轮廓有了较大变化，原来的传统标记法已经不能适应新的要求，所以国际标准规定以轮胎断面宽度（mm）、轮胎扁平率（%）、轮胎结构代号（如 R 代表子午线轮胎）和轮辋直径代号（in）四项表示。例如 175/70SR14，第一组数字表明轮胎断面宽度为 175mm；第二组数字表示轮胎断面高宽比为 70%，即 70 轮胎系列；第三组数字 14 表示轮辋直径，用英制；SR 表示快速级子午线轮胎，S 为速度级标记。

（4）轮辋类型

1）深槽轮辋（DC）。深槽轮辋适用于微型汽车和轻型载重汽车以及轻型越野汽车。

2）15深槽轮辋（15°DC）。15深槽轮辋主要适用于装无内胎轮胎的轻、中、重型载货汽车、越野汽车、自卸汽车及大客车。

3）深槽宽轮辋（WDC）。深槽宽轮辋主要适用于轿车、轻型汽车。

4）半深槽轮辋主要适用于轻型汽车。

5）平底宽轮辋（WFB）。平底宽轮辋主要适用于中、重型载货汽车、自卸汽车及大客车。

6）全斜底轮辋（TB）。全斜底轮辋适用于重型自卸汽车及重型越野汽车。

7）平底轮辋（FB）。平底轮辋适用于中、重型载重汽车、越野汽车、自卸汽车和大客车，并适用于工程机械中的装载机、铲运机、起重机、塔式起重机、挖掘机、压路机和工业车辆中的平板车、叉车等。

8）对开式轮辋（DT）。对开式轮辋适用于装有专用超低压轮胎的中、重型越野汽车，并适用于工业汽车中的叉车和蓄电池车等。

（5）规格代号　轮辋的代号是以字母、数字和"＊""－"等符号组成表示，可分下面五个方面的代号。

1）轮辋名义直径代号：以英寸为单位的数值表示。如20、15、12数字代号即表示为20in、15in、12in。

2）轮辋结构形式代号：一件式轮辋以符号"X"表示；多件式轮辋以符号"－"表示。

3）轮辋名义宽度代号：现有轮辋以英寸为单位数值表示。如7、5、4.5数字代号即为7in、5in、4.5in。

4）轮缘代号：通常以一个或几个字母表示轮缘的轮廓（如E、F、J、JJ、KB、L、V等），置于轮辋名义宽度代号之后，有些类型的轮辋（如平底宽轮辋），其名义宽度代号就代表了轮缘轮廓，不用字母表示。非道路车辆轮辋的轮缘代号以轮缘的高度（英寸数值）表示，并用符号"／"与轮辋名义宽度代号隔开。

5）轮辋轮廓代号类型代号：通常用几个字母表示轮廓类型，如WDC表示深槽宽轮辋，TB表示全斜底轮辋等，在不致引起误解时代号可以省略。

以下列举轮辋规格代号的表示：

例1　深槽轮辋　4.5 E X 16（DC）

深槽式轮辋轮廓类型，轮辋名义直径（in），一件轮辋结构形式，轮缘形式，轮辋名义宽度（in）

例2　深槽宽轮辋　W 10 X 18（WDC）

深槽宽轮辋轮廓类型，轮辋名义直径（in），一件轮辋结构形式，轮辋名义宽度（in），宽轮辋代号

例3　平底宽轮辋　7.0 －20（WFB）

平底宽轮辋轮廓类型，轮辋名义直径（in），多体轮辋结构形式，轮辋名义宽度（in）

例4　非道路车辆轮辋　25 －13.00/2.5

轮缘代号以轮缘高度表示（in），轮辋名义宽度（in），多件式轮辋结构形式，轮辋名义

直径（in）。

二、 轮胎拆装机的安装和连接

1. 拆装机的安装

轮胎拆装机的结构如图 5-19 所示。

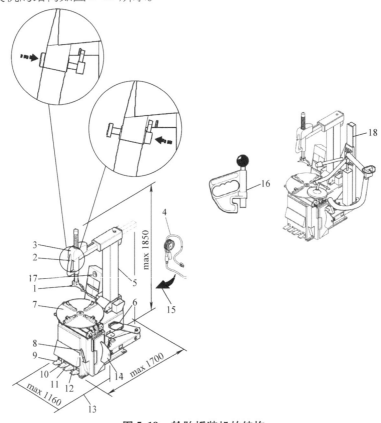

图 5-19　轮胎拆装机的结构

1—可垂直升降的拆装头　2—带按钮的联锁杆（放大图），可将拆装头锁定在正确位置（相对于轮辋）
3—可水平移动的拆装臂　4—手动轮胎充气机　5—可气动倾斜的拆装机立柱　6—轮胎润滑剂容器支架
7—带夹爪的卡盘　8—轮胎撬杠　9—倾斜拆装机立柱用的踏板　10—控制夹爪移动的踏板　11—控制压胎铲的踏板
12—控制卡盘旋转的踏板　13—拆装机尺寸规格　14—压胎铲　15—位于拆装机后面的，手动轮胎充气机使用的接头
16—压胎铲固定装置　17—压力计　18—气动拆装工具

（1）安装　安装时，可将该轮胎拆装机置于混凝土地基或覆盖了相同硬质覆盖物的地板上。建议用地脚螺栓或合适的定位销将拆装机稳固在地面上（四点）。

除了地板的要求外，在选择安装场所时，必须考虑健康和安全规定及其他的工作环境的相关规定。在高层地板上进行安装时，检查并确认该地板的额定负载。

（2）装配拆装机立柱　拆装机立柱和拆装机并不是一体的，须现场安装，其结构如图 5-20 所示。其安装步骤如下。

1）松开侧面面板上的紧固螺钉并将后者拆除。

2）安装机器立柱前润滑轴承和通轴。

3）将气动软管穿过机柜方形开口后的圆孔。向下朝向卡盘的脚踩阀再铺设至快速充气阀再将软管连接起来。

4）利用通轴、衬套、垫圈和螺母安装机器立柱。

5）铺设气动软管时，要将拆装臂完全拉出，这样气动软管的才能有足够的长度供运行并且不会断裂。

6）倾斜拆装机并上拉杆。

7）用锁销和开口销将杆和机器立柱连接起来。

8）用螺钉安装盖板。

9）安装外壳的侧面板。

10）拆装机首次投入运行前，须检查软管的接头以及连接件是否存在泄漏。

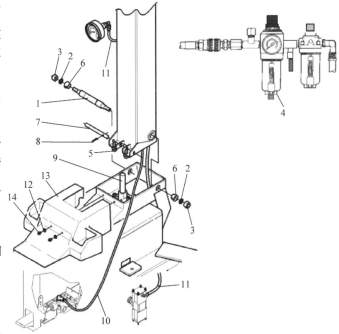

图5-20　拆装机立柱的结构

1—通轴　2、12—垫圈　3—螺母　4—配套装置　5—调节螺钉　6—衬套
7—锁销　8—开口销　9—缸的活塞杆　10—拆装臂锁定装置的软管
11—快速充气阀的压力计所用软管　13—外盖　14—螺钉

（3）将拆装机运抵安装场所　运输拆装机时请使用适当的起重索和起吊设备或叉车。运输时请注意保持拆装机的重心。

1）使用叉车运输。

① 运输时，将拆装机立柱固定妥当并采取适当措施防止拆装臂移动。

② 稍稍倾斜拆装机。

③ 起动下面的叉车。

④ 如图5-21所示，将拆装机放置在叉车上并保证在运输期间不会翻转（请注意更换机的重心）。

2）使用起吊设备进行运输。

① 运输时，将拆装机立柱固定妥当并采取适当措施防止拆装臂移动。

② 如图5-22中所示将起重索或其他适当的起重设施置于拆装机上。

③ 吊升拆装机时，请确保起重索定位正确（请注意拆装机的重心），并保证机器不会翻转。

（4）安装压胎铲（图5-23）

1）将压胎铲置于支架内。压胎铲的孔与支架必须匹配。

2）在销上涂少量润滑脂。使用销和簧环将压胎铲安装在支架上。

3）将弹簧同框架上的挂钩连接并将其与压胎铲上的挂钩连接。

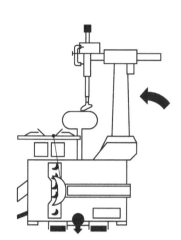

图 5-21 轮胎拆装机运输（用叉车）

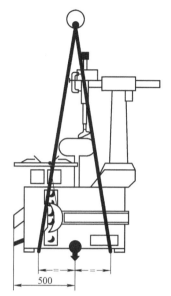

图 5-22 使用起吊设备进行运输

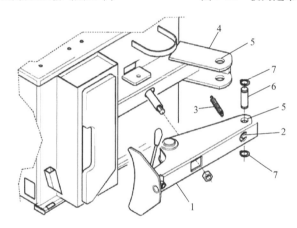

图 5-23 安装压胎铲

1—压胎铲 2—挂钩 3—弹簧 4—压胎铲支架 5—压胎铲和支架中的孔 6—销 7—簧环

2. 拆装机的连接

（1）电气连接 一般来说，装插头或换接头等电气系统作业均需由合格的电工按照相关的国家标准以及当地电站规程完成。

标准版的轮胎拆装机可连接 3/PE AC 380 ~ 415V、50Hz 的线路，后来经过改装的则可接 3/PE AC 220 ~ 240V、50Hz 的线路，如有需要，可提供其他线路电压的更换机。供货时电源线已安装在机器上，同时配有一个常用的 3 相交流电插头。插头前的熔丝的安装由客户自己负责，请使用 10A 的缓动或自动切断型缓动熔丝。

连接完成后，在踏板（图 5-24 中的部件 1）下压时必须能顺时针旋转。可拆除机器外壳侧部面板的内侧为更换机的电气连接图。

（2）气动连接 压缩空气是通过内径为 8mm/5/16in 的压缩空气软管进行输送。建议的最小空气压力为 8bar（1bar = 10^5Pa）。monty 3300 的工作压力在 8 ~ 15bar。集成的减压器

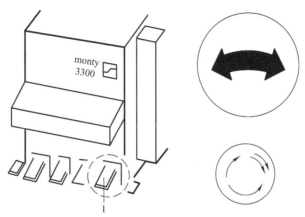

图 5-24 轮胎更换机的踏板

在出厂时已由厂方调整为 10bar，不得擅自调整。

三、轮胎拆装机的使用

1. 胎圈压胎

在该轮胎拆装机中，气动轮胎压胎铲是标准设备的一部分。请注意带 TD 轮辋或非对称驼峰型轮辋的车轮的特殊操作。

（1）压胎铲的调整 为保证轮胎拆装机的轮胎侧、轮辋凸缘或轮辋（尤其是合金轮辋）内侧不会被压胎铲的刀片损伤，机器配有调节螺钉（图 5-25，放大图 X），该螺钉可以改变压胎铲在运行时压胎铲刀片（轮辋轮廓）的行程。具体操作步骤如下。

1）松开锁紧螺母 1。

2）重新调节调节螺钉 2。

轮胎铲刀片沿轮辋轮廓（轮廓线示例如图 5-26 所示）移动，并受调节螺钉的调节（弹簧

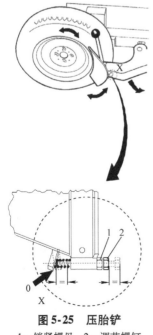

图 5-25 压胎铲

1—锁紧螺母 2—调节螺钉

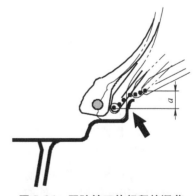

图 5-26 压胎铲刀片行程的调节

压缩）以及最终压胎铲铲力的控制。尺寸由弹簧压缩力决定，即调节螺钉的调节决定。

螺钉完全拧紧后，弹簧压缩力为零，也就是压胎铲刀片的零位置（在该位置上，刀片在整个压胎铲运转期间会一直保持静止状态）。

3）调节完成后，拧紧锁紧螺母。

（2）胎圈压胎　胎圈压胎（图5-27）的步骤如下。

1）拆除气门的阀芯。

2）将轮胎从宽轮辋边圈上拆下。

3）调节卡盘使得不再有部件与轮胎相接触（缸，气动接头等）。需要时可将夹爪移至内侧。将放气后的轮胎靠在机器外壳配备的专门的橡胶垫上。

4）使用调整扳手1准确地将压胎铲刀片固定在轮胎外侧，距离轮辋边缘约1cm的位置。

5）下压踏板2，刀片将在轮胎和轮辋之间移动。松开踏板，继续旋转车轮并重复压胎程序直至轮胎完全离位。

6）对第二个压胎铲执行相同的操作。

2. 车轮的夹紧

（1）车轮夹紧（图5-28）　夹紧操作步骤如下。

1）夹紧车轮前，松开拆装头1，将拆装头移至最高位置，然后将拆装比完全推入后面并再次锁定。下压踏板3将拆装机立柱2倾斜至后面。

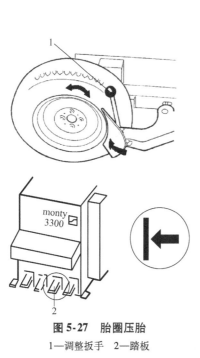

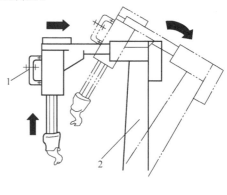

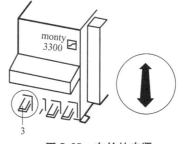

图5-27　胎圈压胎
1—调整扳手　2—踏板

图5-28　车轮的夹紧
1—拆装头　2—立柱　3—踏板

2）清理车轮灰尘并将旧平衡块拆除。

（2）直径为10~20in的轮辋的外部夹紧

1）固定车轮（轮辋）。

2）将踏板 1 下压至底（图 5-29）并拆下底脚，车轮被夹紧（图 5-30）。

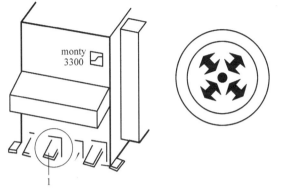

图 5-29　下压踏板

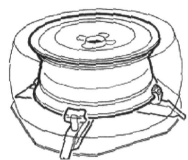

图 5-30　车轮被夹紧

3）下压踏板通过停止位置并松开。车轮松开。

带不对称槽底的轮辋在放置时要保证窄的轮辋边圈朝上，难夹紧的车轮的夹爪可以预先调整。

（3）夹爪的预调整

1）下压踏板 1（图 5-29）至中心位置。如踏板松开，夹爪将立即停止在当时的位置。请遵守卡盘和夹爪上的标记（图 5-31）。

2）固定好车轮并按下（手扶在卡盘上）。

3）下压踏板穿过停止位置并松开。车轮被夹紧。

（4）安装专用夹爪　对于轮辋半径为 7~13in（图 5-32a）的车轮，直径为 17.5in 以及不对称槽底并在安装时要求盘朝下（图 5-32b）的轻型卡车的车轮，以及轮辋直径为 15~23in 的摩托车车轮（图 5-32c），可以选购专用的夹紧装置。

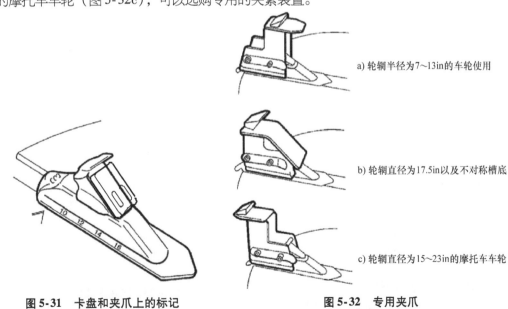

a) 轮辋半径为 7~13in 的车轮使用

b) 轮辋直径为 17.5in 以及不对称槽底

c) 轮辋直径为 15~23in 的摩托车车轮

图 5-31　卡盘和夹爪上的标记

图 5-32　专用夹爪

所有专用的夹爪只是简单置于夹爪上并用封口按扣固定。

（5）直径为 12~22in 的轮辋的内部夹紧紧。可为夹爪选购专用的塑料盖，这样就可以将合金轮辋小心夹紧，操作步骤如下。

1）将踏板 1 下压至底（图 5-29）并拆下底脚。夹爪会移至里面。

2）固定轮辋或车轮。

3）下压踏板穿过停止位置并松开。

3. 拆装头的设置

在拆卸或安装轮胎前，请检查并确认拆装臂完全推入后面并且拆装头处于顶部位置。拆装两个相同尺寸的车轮时，拆装头可以一直置于为第一个车轮所设置的工作位置上。这样在拆装轮胎时不会损坏合金轮辋，对轮辋使用拆装头时必须十分小心谨慎。此外，将拆装头和轮辋之间的间隙调节为大于图 5-33 中所示比较合理。

1）完全下压踏板 5（图 5-34）。拆装机立柱倾斜至工作位置。

2）松开拆装头的锁定机构。

3）手动将拆装头移至轮辋凸缘并固定在轮辋上。拆装鼻和胎圈导轨会接触轮辋。

4）操作按钮 2（图 5-34）自动设置并将拆装头锁定在工作位置，即调整为合适的高度和横向间隙（图 5-33）。

如图 5-33 所示，处理可达 22in 的超大型轮胎或较小的 8in 轮胎时，应重新调整拆装头轮辋直径的位置函数，步骤如下：

1）松开拆装头的固定螺钉 1 并重新调整两个螺纹销 2 的相对位置直至拆装头位置与轮辋相配。设置：胎圈导轨 4 伸出轮辋凸缘约 6~7mm，塑料保护装置（或钢轨）3 与轮辋凸缘相接触。

2）重新调整后，请重新紧固固定螺钉 1。

四、轮胎的拆装及充气

1. 拆装轮胎的基本原则

1）拆装轮胎尤其是合金轮辋时，为防止损伤轮辋，请使用塑料部件夹紧，如采用塑料拆装头和专门的轮胎撬杠。

为避免损坏表面抛光，合金轮辋应从外面夹

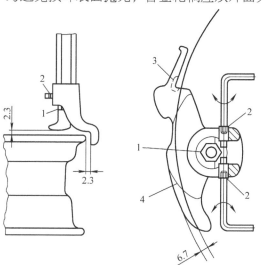

图 5-33　重新调整拆装头轮辋直径函数－工作位置
1—固定螺钉　2—螺纹销　3—塑料保护装置（或钢轨）
4—胎圈导轨

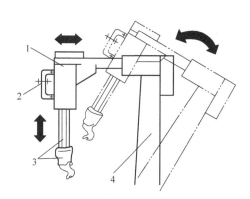

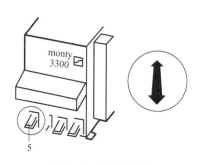

图 5-34　设置拆装头
1—可水平方向移动的拆装臂　2—锁定拆装臂的按钮
3—拆装头托架及拆装头，可升降　4—可倾斜的更换机立柱
5—倾斜更换机立柱的踏板

2）拆卸或安装前，应为外胎圈和内胎圈，轮辋凸缘和边圈以及轮胎的槽涂抹商用轮胎润滑剂。绝对禁止使用其他物品，必须使用轮胎润滑剂。

3）拆卸或安装轮胎前，检查轮辋是否损坏（轮辋凸缘的变形以及表面损坏，轮辋的横向和径向偏移、腐蚀、磨损）。

4）对于某些轮胎，则需注意侧围护板或轮胎上指示的旋转方向。

5）为轮胎充气时，轮胎气压逐渐增加，充气过程中要一直观察胎圈的情况。压力不得超过 3.3bar。请确保轮胎的拆装导肋正确定位（相对于轮辋凸缘）。最终压力不得超过 3.5bar。

6）必须安装正确尺寸的轮胎（完全相同的标准直径）。

7）任何情况下均需遵守轮胎标签上专门的安装和拆卸说明。

2. 轮胎的拆卸

1）踩踏板 1（图 5-35）调节车轮的位置，使气门处于离拆装头前约 10mm 的位置（图 5-36）。

2）压下踏板 2（图 5-35）将机器立柱倾斜至工作位置。

3）检查拆装头的设置。

4）使用轮胎撬杠将上抬上胎圈使其超过拆装头的鼻（图 5-36 箭头）。

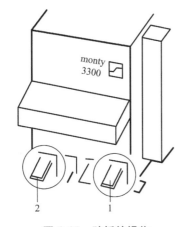

图 5-35　踏板的操作
1—踏板（卡盘旋转作用）　2—踏板（机器立柱倾斜作用）

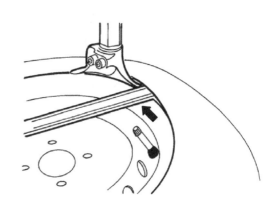

图 5-36　调节车轮的位置使气门固定在离拆装头前约 10cm 的位置

5）为方便上抬，将拆装头对侧的上轮胎胎圈向下压并将其推入轮辋体（图 5-37a 箭头）。

6）下压踏板 1（图 5-35）使卡盘可以旋转。

7）将轮胎撬杠留在拆装头的臂上并下压后者（图 5-36 箭头）直至轮胎胎圈超过轮辋凸缘。然后旋转轮胎撬杠并旋转卡盘。

8）拆卸时应确保与拆装头相对的轮胎胎圈的部分处于凹槽中并避免胎圈张紧力过大（图 5-37a 箭头）。如果胎圈过紧造成运行过程中卡盘停止旋转，则抬升踏板 1（图 5-35）并将拆装头所对的胎圈压入轮辋的凹槽使卡盘向后旋转。然后请继续拆卸。

9）如果是有内胎的轮胎，则请在拆除下胎圈前拆除内胎。

10）拆卸下半部分胎圈时，则需将与拆装头相对的胎圈部分推入凹槽并在拆装头正下

off汽车维修工具与设备使用指南

方插一根轮胎撬杠（图5-37b）。

11）然后对上半部分胎圈执行相同的操作，胎圈必须一直位于拆装鼻上方（图5-37b箭头）。

12）拆下轮胎后，压下踏板2（图5-35）将拆装机立柱倾斜至后侧。

3. 轮胎的安装

1）夹紧或调节轮辋使得气门与拆装头成180°。

2）在轮胎和轮辋上涂上充足的润滑剂。

3）将轮胎放在轮辋的斜坡位置（图5-38）。

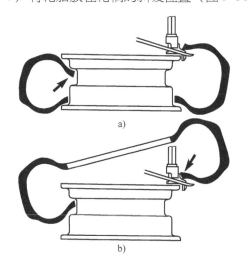

图5-37 轮胎拆卸

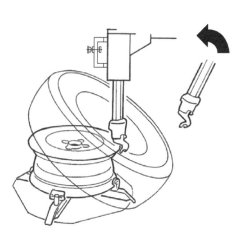

图5-38 将轮胎放在轮辋的斜坡位置

4）压下踏板2（图5-35）将机器立柱倾斜至工作位置。

5）检查拆装头的设置。

6）利用拆装头固定轮胎，使得下半部分轮胎胎圈在朝上的拆装鼻的下方及胎圈导轨（图5-39a，箭头）凸缘的上方。

7）操作踏板1（图5-35）开始安装。安装过程中请观察胎圈是否正常运转，否则应停止并用手修正。然后继续安装，直至轮胎胎圈完全在胎圈凸缘之上。

8）如果是有内胎轮胎，则在安装完下半部分轮胎胎圈后将内胎放入。为确保内胎在安装时不会损坏，在安装轮胎时请注意内胎的位置。

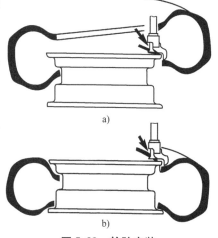

图5-39 轮胎安装

9）安装上半部分轮胎胎圈时，请再次固定轮胎使胎圈在向上的拆装鼻的下方及胎圈导轨凸缘的上方运行（图5-39b箭头）。

10）操作踏板1（图5-35）开始安装。将轮胎装入胎圈凸缘10～15mm后，停止夹盘旋转，将装好的轮胎向下按使其位于拆装头的后方，使得胎圈被迫进入胎圈的凹槽同时，胎圈张紧力一直保持较低。

140

11）继续安装直至轮胎胎圈安装完成。

12）为轮胎充气时，松开车轮夹紧装置。

如果在安装过程中，卡盘停止旋转（胎圈张力过大），则停止安装程序，抬升踏板 1（图 5-35）卡盘向后旋转，使已安装好的轮胎部分进入轮辋体，需要时可以使用胎圈固定装置，然后继续安装。如果安装的是易安装型轮胎或安装人员为技术熟练的操作员，则安装过程可以不中断。

4. 轮胎的充气

（1）充气装置一般注意事项　为保证安全，手动轮胎充气机前接头以及踏板控制的充气系统压力计前的快速充气阀均预设为 3.5bar，从而确保通过手动充气机快速为轮胎充气并保证最终压力不会超过 3.5bar。在切换运转时可能听到"滴答"声，这非故障所致。

如果车轮需要更高最终压力，则必须使用专门的充气站进行充气，充气站中配备安全罐笼，容纳装置等。

（2）"omega – jet"充气系统（额外选购）　为方便为无内胎型轮胎充气，可以为轮胎拆装机提供"omega – jet"轮胎充气系统（图 5-40）。该系统为可选购部件，并可安装在机器上。压缩空气是由内径为 8mm/5/16in 的压缩空气软管来供应的。管线压力为 10 ~ 15bar，但不得超过 15bar。充气步骤：

1）松开车轮夹紧装置（轮辋凸缘和轮胎之间不再使用夹爪）。

2）将充气环放置在车轮上。

3）将轮胎充气机和车轮气门连接起来并用控制杆 4 打开充气阀。

4）将充气环固定就位，并打开滑阀 2，现在为滑阀涂抹机油润滑。空气将立即穿入。轮胎胎圈压抵驼峰和轮辋边圈。同时，轮胎通过车轮气门充气。

5）当轮胎胎圈密封住轮辋凸缘后，给轮胎充气，切换几次控制杆 4 以测试（Prüfen）和检查充气压力然后启用。充气时请确保严格遵守安全规定。

6）充气完成后，将控制杆 4 设置为泄气（Ablassen）以将轮胎压力降至要求数值。

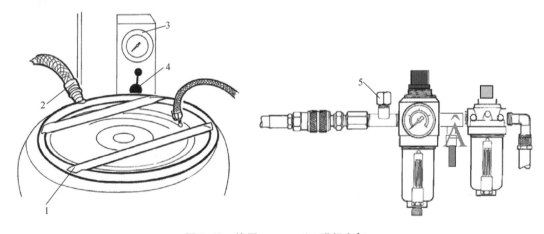

图 5-40　使用 omega – jet 进行充气

1—omega – jet 充气环　2—手动滑阀　3—轮胎充气系统　4—充气和排气用的控制杆　5—连接件

（3）踏板控制的充气装置

1）安装压力计盒（图5-41）。

① 用两个螺钉3将压力计盒装在机壳2上。

② 连接压力计软管和快速充气阀。

2）车轮充气。

① 将车轮固定在卡盘上并从内侧夹紧。

② 连接轮胎充气机和车轮气门。

③ 将控制压板（图5-42）压向中间位置（图5-42位置a），使空气可以流入轮胎并将轮胎充气至要求压力。

④ 如果轮胎未充气（胎圈不密封轮辋凸缘，空气在轮胎内部无压力时逸出），将踏板完全压下（图5-42位置b）。因此会产生强气流（图5-43箭头）直至轮胎胎圈将轮辋凸缘完全封好。

⑤ 如果轮胎胎圈将轮辋凸缘封好，将控制踏板返回至中间位置（图5-42位置a）并为轮胎充气，充气过程中请确保遵守安全规定。

⑥ 充气完成后，按下放气键将轮胎压力降至要求的数值。

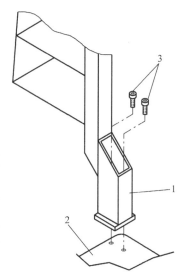

图5-41　带存储箱的压力计盒

1—压力计盒　2—机壳（左后角）

3—螺钉

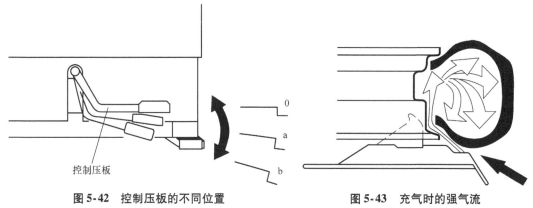

图5-42　控制压板的不同位置　　　　图5-43　充气时的强气流

五、维护

通常情况下，该轮胎更换机无需维护。但是还是建议经常清洁活动部件的灰尘并保持其顺畅运转，以确保拆装机无故障运行。需要时，为连接螺栓、夹紧装置、支承点和导向装置等部件涂抹商用机器润滑脂，齿轮箱已进行了终生润滑无需特别维护。

如图5-44所示，油杯4必须一直都加注足量的油。注油数量转换两三次后，应有油滴落入油杯的观察镜中，需要时通过供给螺钉1进行调节。观察镜仅能用水、石油或汽油清洁。

1）故障。如果拆装机运行过程中出现故障，则在修复故障前切断机器电源。如果用户不能自行排除故障，请致电售后服务部。

2）售后服务、备件。定制备件订单时，应告知售后人员铭牌上所示的机器的序列号。

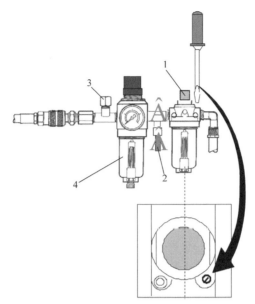

图 5-44　配套装置

1—供给螺钉　2—连接器　3—安装 omega – jet 的连接器　4—油杯

第四节　车轮平衡机

 车轮平衡的原理

随着汽车行驶速度的不断提高，车轮不平衡越来越严重地影响着汽车行驶的平顺性、安全性和乘坐舒适性。车轮不平衡，在高速行驶时，会引起车轮上下跳动和摆动，使车辆难于控制，同时还将加剧轮胎和有关机件的非正常磨损。因此车轮平衡度的检测已经成为汽车检测的重要项目之一。

1. 车轮平衡的概念

车轮的平衡可以分为车轮静平衡和车轮动平衡。

（1）车轮静平衡的概念与检测　支起车轴，调整好轮毂轴承的松紧度，用手轻轻转动车轮，使其自然停转。车轮停转后在离地最近处做一标记，然后重复上述试验多次。若车轮经几次转动自然停转后，所做标记的位置各不一样，或强迫停转后，消除外力车轮不再转动，则车轮为静平衡。静平衡的车轮，其旋转中心与车轮质心重合。如果每次试验的标记都停在离地最近处，则车轮为静不平衡。静不平衡的车轮，其旋转中心与车轮质心不重合。

（2）车轮动平衡的概念　车轮是静平衡的，在该车轮旋转轴线的径向反位置上，各有一作用半径相同质量也相同的不平衡点 m_1 和 m_2，且不处于同一平面内。对于这样的车轮，其不平衡点的离心力合力为零，但离心力的合力矩不为零，转动中产生方向反复变动的力偶 M，使车轮处于动不平衡中。

动不平衡的前轮绕主销摆动。如果在 m_1 和 m_2 同一作用半径的相反方向上配置相同质量

m_1和m_2，则车轮处于动平衡中。动平衡的车轮一定是静平衡的，因此对车轮主要进行动平衡检测。

2. 引起车轮不平衡的原因

1）轮毂、制动鼓（盘）加工时定心定位不准、加工误差大、非加工面铸造误差大、热处理变形、使用中变形或磨损不均。

2）轮胎螺栓质量不等、轮辋质量分布不均或径向圆跳动、端面圆跳动太大。

3）轮胎质量分布不均、尺寸或形状误差太大、使用中变形或磨损不均、使用翻新胎或补胎。

4）并装双胎的充气嘴未相隔180°安装，单胎的充气嘴未与不平衡点标记（经过平衡试验的新轮胎，往往在胎侧标有红、黄、白或浅蓝色的口、△、○或◇符号，用来表示不平衡点位置）相隔180°安装。

5）轮毂、制动鼓（盘）、轮胎螺栓、轮辋、内胎、衬带、轮胎等拆卸后重新组装成车轮时，累计的不平衡质量或形位偏差太大，破坏了原来的平衡。

3. 车轮平衡机的类型

车轮平衡机也称为车轮平衡仪，用来检测车轮的平衡度。按功能可分为车轮静平衡机和车轮动平衡机两类；按测量方式可分为离车式车轮平衡机和就车式车轮平衡机两类；按车轮平衡机转轴的形式可分为软式车轮平衡机和硬式车轮平衡机两类。

使用离车式车轮平衡机时，将车轮从车上拆下安装到车轮平衡机的转轴上检测其平衡状况。

软式车轮平衡机，安装车轮的转轴由弹性元件支承。当被测车轮不平衡时，该轴与其上的车轮一起振动，测得该振动即可获得车轮的不平衡量。硬式车轮平衡机的转轴由刚性元件支承，工作中转轴不产生振动，它是通过直接测量车轮旋转时不平衡点产生的离心力来确定不平衡量的。

凡是可以测定车轮左、右两侧的不平衡量及其相位的，可以称为二面测定式车轮平衡机。

就车式车轮平衡机既可进行静平衡试验，又可进行动平衡试验。

二、 车轮平衡机的结构

1. 就车式车轮平衡机结构

使用就车式车轮平衡机，无需从车上拆下车轮，就车即可测得车轮的平衡状况。就车式车轮平衡机一般由驱动装置、测量装置、指示与控制装置、制动装置和小车等组成，如图5-45所示。驱动装置由电动机6、转轮5等组成，能带动支离地面的车轮转动。测量装置由传感磁头2、可调支杆3和底座4等组成。它能将车轮不平衡量产生的振动变成电信号，送至指示与控制装置。

指示与控制装置由频闪灯7、不平衡度表8或数

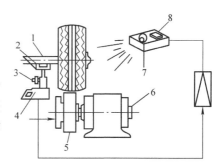

图5-45 就车式车轮平衡机示意图

1—转向轴 2—传感磁头 3—可调支杆
4—底座 5—转轮 6—电动机
7—频闪灯 8—不平衡度表

字显示屏等组成。频闪灯用来指示车轮不平衡点位置，不平衡度表或数字显示屏用来指示车轮的不平衡量。不平衡量，一般有两个档位。第一档往往用于初查时的指示，第二档往往用于装上平衡块后复查时的指示。制动装置用于车轮停转。除测量装置外，车轮平衡机的其余装置都装在小车上，可方便地移动。图 5-46 为工作图。

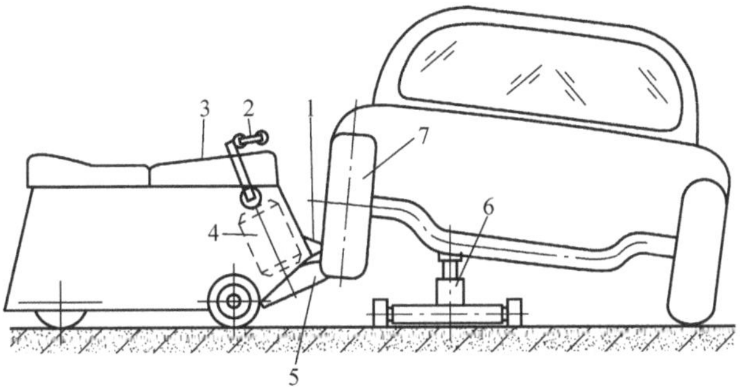

图 5-46　就车式车轮平衡机工作图

1—光电传感器　2—手柄　3—仪表板　4—驱动电动机　5—转轮　6—传感器支架　7—被测车轮

2. 离车式车轮平衡机的结构

（1）通用结构　离车式车轮动平衡机如图 5-47 所示，其专用卡尺如图 5-48 所示。目前应用最多的是硬式二面测定车轮动平衡机。该动平衡机一般由驱动装置、转轴与支承装置、显示与控制装置、制动装置、机箱和车轮防护罩等组成。驱动装置一般由电动机、传动机构等组成，可驱动转轴旋转。转轴由两个滚动轴承支承，每个轴承均有一能将动反力变为电信号的传感器。转轴的外端通过锥体和大螺距螺母等固装被测车轮。驱动装置、转轴与支承装置等均装在机箱内。车轮防护罩可防止车轮旋转时其上的平衡块或花纹内夹杂物飞出伤人。制动装置可使车轮停转。

图 5-47　离车式车轮动平衡机

近年来生产的车轮动平衡机，其显示与控制装置多为微机式，具有自动诊断和自动显示系统，能将传感器的电信号通过微机运算、分析、判断后显示出不平衡量及相位。为了使显示的不平衡量恰是轮辋边缘所加平衡块的质量，还必须将测得的轮辋直径 d、轮辋宽度 b 和轮辋边缘至平衡机机箱的距离 a（轮辋外悬尺寸），通过键盘或选择器旋钮输入微机。

（2）德国百斯巴特 MT835 型车轮动平衡机的结构　下面具体介绍一下 MT835 型车轮动平衡机的结构，如图 5-49 所示。控制面板如图 5-50 所示。

被测车轮的装卡位置如图 5-51 所示，如果采用手动测量车轮钢圈的直径及宽度，参照图 5-52 和图 5-53；自动检测车轮钢圈的直径和宽度，参照图 5-54。图 5-55 所示为粘贴铅块的安装工具。

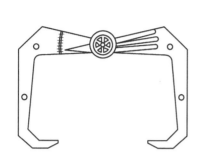

图 5-48　离车式车轮动平衡机的专用卡尺

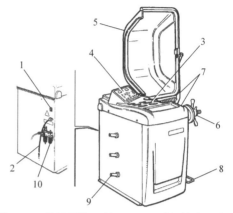

图 5-49　德国百斯巴特 MT835 型车轮动平衡机

1—主电源开关　2—电源电缆　3—铅块托盘
4—控制面板　5—车轮保护罩　6—卡具　7—电子尺
8—制动踏板　9—卡具及附件　10—压缩气源

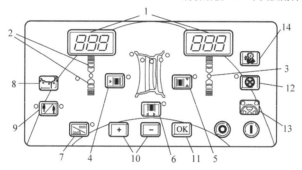

图 5-50　面板显示及控制键说明

1—数据显示　2—二极管平衡块安装位置提示　3—不平衡点指示灯　4—钢圈距输入按键　5—钢圈直径输入按键
6—钢圈宽度输入按键　7—尺寸单位 mm/in 转换键　8—平衡程序选择按键（MODE）　9—用户选择按键
10—数字增/减按键　11—数字确认按键　12—优化按键　13—分置按键　14—控制功能菜单按键

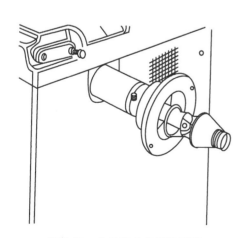

图 5-51　车轮装卡位置局部图

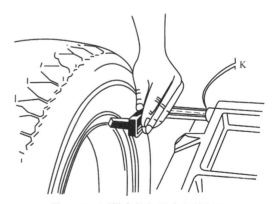

图 5-52　测量车轮钢圈直径的量具

（3）车轮在动平衡机上的安装方式　车轮在动平衡机上的安装方式不同，检测精度相差很大，常用的安装方式有三种：前置锥孔定位、后置锥孔定位和轮栓板定位。对于低价位的车轮动平衡机，轮栓板定位专用工具属于非标准配置。

图 5-53　测量车轮钢圈宽度的量具

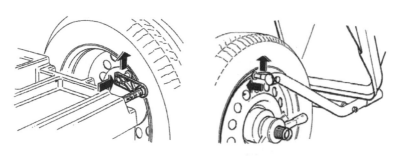

图 5-54　自动检测车轮钢圈宽度及直径的量具

前置锥孔定位：误差大于 10g，无法保证平衡要求，如图 5-56 所示。

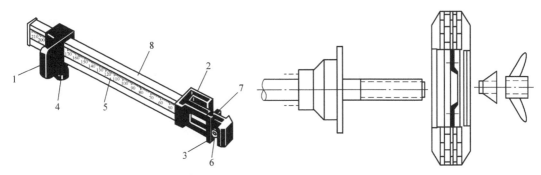

图 5-55　粘贴铅块的安装工具

1—游标　2—铅块安装头　3—外部卡爪
4—固定旋钮　5—毫米尺　6—挤出器
7—内侧卡爪　8—尺杆

图 5-56　前置锥孔定位

后置锥孔定位：一般采用的方法，误差约 5g，如图 5-57 所示。

轮栓板定位：误差小于 2g。

（4）平衡块（配重）　常用的平衡块有两种：一种是卡夹式平衡块，安装在轮辋的卷边上，其结构如图 5-58 所示，平衡块上有一个钢钩，可将平衡块卡夹在轮辋边缘上；另一种是粘贴式平衡块，用于铝镁合金轮辋，如图 5-59 所示。

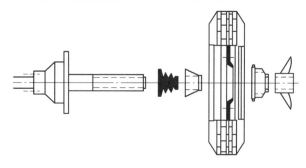

图 5-57　后置锥孔定位

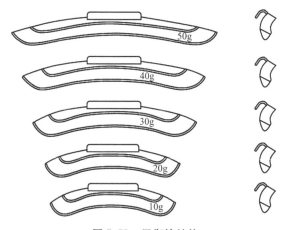

图 5-58　平衡块结构

平衡块都是用铅合金制成的，标准的平衡块有两种系列：一种系列以盎司（oz）为基础单位，分 9 档，最小为 0.5oz（14.2g），最大为 6oz（170.1g）；另一种以克（g）为基础单位，分 14 档，最小为 5g，最大为 80g，60g 以上以 10g 为一档。为安全起见，这些平衡块都不可重复使用。

图 5-59　粘贴式平衡块

三　平衡机的使用

1. 就车式车轮平衡机的使用方法

（1）准备工作

1）用千斤顶支起车轴，两边车轮离地间隙要相等。

2）清除被测车轮上的泥土、石子和旧平衡块。

3）检查轮胎气压，视必要充至规定值。

4）检查轮毂轴承是否松旷，视必要调整至规定松紧度。

5）在轮胎外侧面任意位置上用白粉笔或白胶布做上记号。

（2）从动前轮静平衡

1）用三角垫木塞紧非测试车轮，将就车式车轮动平衡机的测量装置推至被测前轮一端的前轴下，传感磁头吸附在悬架下或转向节下，调节可调支杆高度并锁紧。

2）推平衡机至车轮侧面或前面（视车轮平衡机形式不同而异），检查频闪灯工作是否正常，检查转轮的旋转方向能否使车轮的转动方向与前进行驶时方向一致。

3）操纵车轮动平衡机转轮与轮胎接触，起动驱动电动机带动车轮旋转至规定转速。

4）观察频闪灯照射下的轮胎标记位置，并从指示装置（第　档）上读取不平衡量数值。

5）操纵平衡机上的制动装置，使车轮停止转动。

6）用手转动车轮，使其上的标记仍处在上述观察位置上，此时轮辋的最上部（时钟12点位置）即加装平衡块的位置。

7）按指示装置显示的不平衡量选择平衡块，牢固地装卡到轮辋边缘上。

8）重新驱动车轮进行复查测试，指示装置用二档显示。若车轮平衡度不符合要求，应调整平衡块质量和位置，直至符合平衡要求。

（3）从动前轮动平衡

1）将传感磁头吸附在经过擦拭的制动底板边缘平整之处。

2）操纵平衡机转轮驱动车轮旋转至规定转速，观察轮胎标记位置，读取不平衡量数值，停转车轮找平衡块加装位置，加装平衡块和复查，方法与静平衡相同。

（4）驱动轮平衡

1）顶起驱动车轮。

2）用发动机、传动系统驱动车轮，加速至 $50 \sim 70 km/h$ 的某一转速下稳定运转。

3）测试结束后，用汽车制动器使车轮停转。

4）其他方法与从动轮动、静平衡测试相同。

2. 离车式车轮平衡机的使用方法

下面以 MT835 型车轮动平衡机为例，介绍使用车轮动平衡机对车轮进行动平衡检测的方法。以下情况之一，需要做车轮动平衡检测：

① 新的轮胎。

② 把轮胎从轮辋上拆卸过。

③ 使用一段时间后，由于轮胎的磨损需要重新调整。

④ 用热胶补的轮胎，需要做动平衡；用胶条补（俗称打枪）就不用做动平衡了。车轮动平衡的检测方法，可参照国标 GB/T 18505—2013《汽车轮胎动平衡试验方法》。检测步骤如下：

1）给试验机设定轮胎不平衡的校正半径和校正面间距。

2）将轮胎安装在动平衡试验机上，给轮胎充气，使得轮胎能充分膨胀和在轮辋上正确定位，然后调整到规定的试验气压（规定的试验气压：轿车轮胎的试验气压为 200kPa；微型和轻型载重汽车轮胎的试验气压不低于 260kPa；载重汽车轮胎的试验气压不低于 600kPa；试验气压的允许偏差应在 ±10kPa 范围内）。

3）使轮胎按规定范围内由设备提供商确定的转速旋转，测量静不平衡量和力偶不平衡沿轮胎圆周的分布（规定范围：轮胎转速应在 200～800r/min 范围内，可根据测量传感器的灵敏度选定，但转速精度应在测量转速的 ±0.5% 范围内）。

4）从测量值中减去轮辋和轮轴组合体的不平衡量，其差的最大值分别为轮胎的静不平衡量和力偶不平衡量。该最大值在轮胎圆周上的位置分别为上述两个不平衡量的重点位置角。

5）计算轮胎的上、下校正面不平衡质量及其重点位置角。

6）使轮胎停止旋转，需要时在轮胎胎侧上打印重点或轻点标记。

3. 注意事项

1）离车式车轮动平衡机的主轴固定装置和就车式车轮动平衡机的支架上都装有精密的位移传感器和易碎裂的压电晶体传感器，因此严禁冲击和敲打主轴或传感器支架。

2）在检修车轮动平衡机时，传感器的固定螺栓不得松动。因为这种螺栓不是一般的紧固件，需要由它向传感晶体提供必要的预紧力。当这一预紧力发生变化时，电算过程将完全失准。

3）必须明确，车轮动平衡机的机械系统和运算电路都是针对正常车轮使用条件下平衡失准或轻微受损但仍能使用的车轮而设计的，对因交通事故而严重变形的轮辋或胎面大面积剥离的车轮是不能上机进行平衡检测的。一方面不平衡量过大的车轮旋转时的离心力可能损伤车轮动平衡机的传感系统，另一方面超值的不平衡力可能溢出电算范围而使仪器自动拒绝工作。

4）当不平衡量超过最大配重时，可用两个以上配重并列使用。但这时要注意因多个配重占用较大的扇面会使其有效质量低于实际质量。

5）一般情况下，离车式车轮动平衡机或就车式车轮动平衡机都是分别各自使用的。但对高速行驶的汽车车轮而言，如果用离车式车轮动平衡机平衡后再装在车上行驶时，仍会出现不平衡现象。因此，使用离车式车轮动平衡机平衡车轮后，最好能再用就车式车轮动平衡机进行校对。

第六章

不同系统维修常用工具和设备

第一节 发动机维修常用工具及设备

一、火花塞套筒扳手

火花塞套筒扳手如图6-1所示，是用来安装和拆卸汽车发动机火花塞的。使用时应将套筒正对火花塞，确认套筒与火花塞六角头嵌合牢固，再逐渐加力扭转。火花塞套筒扳手配有薄筒形扳头，筒身很长，可将整个火花塞套进，上端用手柄旋松或旋紧，使火花塞瓷质部分不受损伤，是拆装火花塞时必备的工具。

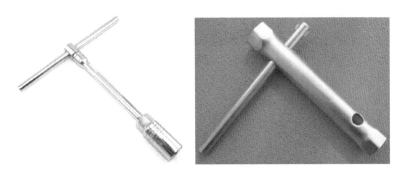

图6-1 火花塞套筒扳手

二、火花塞测试仪

火花塞测试仪专门用来安全快速地检测火花塞的性能和好坏，使用时将火花塞放在测试仪上，测试仪连接电源后，按下测试按钮，即可产生高性能稳定的点火高压，从而使火花塞产生连续的跳火，维修人员可以观察和比较火花塞跳火的强弱来快速直观地判断火花塞工作性能的好坏，如图6-2所示。

三、火花塞间隙规

如图6-3所示，火花塞间隙规用于测量和调节火花塞间隙。火花塞间隙测量范围：0.8 ~ 1.1mm，有不同厚度的间隙规可用于测量火花塞间隙。测量时把接地电极放在量规槽里进行弯曲，以便调整间隙。测量步骤如下：

1）清洁火花塞。

2）测量间隙最小处的值。

3）使用滑动时有轻微阻力但没有松动的量规，并读出其厚度。

图6-2　火花塞测试仪

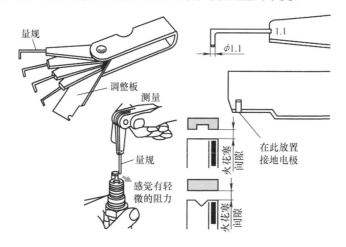

图6-3　火花塞间隙规的使用

火花塞电极间隙不当的调整，如图6-4所示，将调整板的缺口部分放在火花塞的接地电极上，然后弯曲电极以调整。注意不要碰触到绝缘体和中心电极。

需要注意的是，如图6-5所示，铂金、铱金火花塞在定期检查期间无需间隙调整。在目前条件下，如果发动机运转正常，除铂、铱以外的一般火花塞不必进行检查。

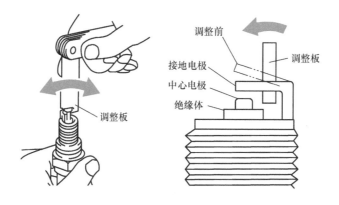

图6-4　火花塞电极间隙不当的调整

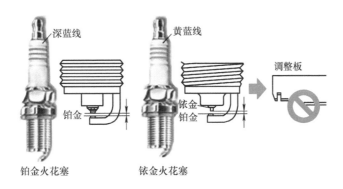

深蓝线　　　　　　　黄蓝线　　　　　　调整板

铂金　　　铱金
　　　　　铂金

铂金火花塞　　　　　铱金火花塞

图6-5　铂金、铱金火花塞

四、发动机气缸压力表

1. 气缸压力表的结构

气缸压力表是测量气缸压力的工具，如图6-6所示。在测量时，可将发动机各个气缸的火花塞拆下，将气缸压力表的橡胶套抵住火花塞塞孔，使用起动机旋转发动机，即可测量出该气缸的压力。气缸压力表通常由表头、连接管路、接头组成。在连接管路上设有排气阀，用以在压力测试完毕将压力表内的压力泄放掉。表头有指针式，也有数字式，仪表的刻度单位通常有 bar、kgf/cm^2、psi（$1bar = 10kPa$、$1kgf/cm^2 = 98kPa$、$1psi = 6.9kPa$）。

2. 气缸压力表的使用

当发动机运转不稳、缺火而又非外部点火、喷油等电控问题时，往往需要对发动机本体进行检测，重要的一项检测项目就是气缸压力测试。气缸压力测试包括静态气缸压力测试和动态气缸压力测试两种测试方法。

下面以汽油发动机为例介绍利用气缸压力表进行气缸压力测试的方法和注意事项。

（1）静态气缸压力测试（图6-7）

图6-6　发动机气缸压力表

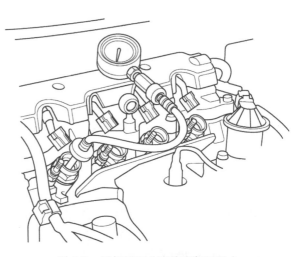

图6-7　用气缸压力表检查气缸压力

1）静态气缸压力测试流程。

① 确保蓄电池电量充足。

② 终止点火系统，即通过断开点火系统线路，使点火线圈不点火。

③ 终止燃油喷射系统，即通过断开燃油控制系统的熔丝、油泵继电器等使燃油泵停止工作。

④ 拆下所有的火花塞。

⑤ 完全开启节气门。

⑥ 将气缸压力表复至零位，安装到要检测的气缸火花塞座孔上，起动发动机，使其旋转 4 个工作循环（产生 4 个压缩冲程）。

⑦ 检测每一个气缸的压力，并记录读数。

⑧ 如果某一气缸压力太低，通过火花塞孔向燃烧室倒入 15ml 的机油，再次检测压力，并记录读数。

⑨ 检测完毕，按拆卸的反向顺序恢复。

2）静态气缸压力测试结果分析。

① 正常状态：对于每一个气缸，压力快速且平稳地增加到规定值；任何一个气缸的最小压力不应低于最大气缸压力的 70%，任何气缸的压力读数不应低于 690kPa（具体参见各车型的维修手册）。

② 活塞环泄漏：第一行程压力太低，然后压力在剩余行程上升但达不到正常水平，当添加机油时压力大幅度提高。

③ 气门泄漏：第一行程压力太低，压力在剩余行程不上升，当添加机油时压力也未明显提高。

④ 气缸垫渗漏：相邻两缸的压力低于正常水平，并且添加机油时气缸压力也不增加。

（2）动态气缸压力测试

1）动态气缸压力测试流程。

① 拆卸某一个要检测气缸的火花塞，将该气缸的火花塞导线接地，以防止损坏点火模块，并断开该气缸的喷油器。

② 安装气缸压力表。

③ 急速开启节气门（不使发动机转速提高，迫使发动机"吞下进气"），以获得"急加速的压力读数"，记录此时的压力读数。

2）动态气缸压力测试结果分析。

① 正常状态：怠速时的气缸运行压力应当为 50 ~ 70psi（等于起动时压缩力的一半），快速操作节气门的压缩力应当为起动时压力的 80%。

② 异常状态：如果急加速的压力测量结果高于起动读数的 80%，则应查看该气缸的尾气排放系统、凸轮轴可能磨损，或挺杆脱落；如果各项指标均高，则应查看三元催化器是否堵塞。

柴油发动机气缸压力的测量方法与汽油发动机基本相同，但也有区别：柴油发动机气缸压力要远高于汽油发动机的气缸压力，因此在选用气缸压力表时，一定要确认压力表的量程范围满足柴油发动机气缸压力测试的要求；汽油发动机需要拆卸火花塞，将气缸压力表安装在火花塞座孔上，而柴油发动机则需要拆卸喷油器，将气缸压力表安装在喷油器座孔上。

注意：无论是汽油发动机还是柴油发动机，在拆卸火花塞或喷油器之前，均应使用压缩空气吹干净火花塞和喷油器周围的灰尘和脏物，避免异物经火花塞或喷油器座孔掉入气缸内部损伤气缸。

五、点火正时测试灯

点火正时测试灯是一种试验点火正时的工具，如图6-8所示。使用时正时灯的一端接在发动机第一气缸的高压线上，另一端接在火花塞上，起动发动机后，将正时灯凑近飞轮壳上的小圆孔，每次第一气缸点火时，正时灯发出的灯光正好照耀点火正时的记号。点火正时测试灯主要用来检查发动机的点火正时是否正确，以日本ACURA（讴歌）TL轿车为例，其点火正时检查应按照表6-1的步骤执行操作。

图6-8　点火正时测试灯

表6-1　ACURA（讴歌）TL轿车点火正时检查操作步骤

步骤	操作方法
1	把故障诊断仪连接到故障诊断插接器上，如图6-9所示
2	将点火开关设置到ON位置
3	检查是否有故障码，如果有，则先检查和维修故障码表示的故障
4	起动发动机，将发动机转速保持在3000r/min，变速杆置于P位或N位，直至发动机冷却风扇开始转动，然后将发动机设置到怠速运行状态
5	用故障诊断仪跨接SCS（维修检查信号）线路
6	把点火正时测试灯连接到1号点火线圈线束上，如图6-10所示
7	将点火正时灯瞄准正时带罩上的指针，如图6-10所示，查看点火正时
8	点火正时应在上止点前10°±2°
9	检查完毕后，拆下故障诊断仪和点火正时测试灯

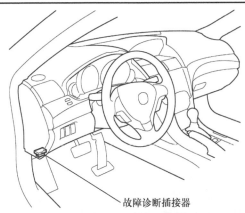

故障诊断插接器

图6-9　讴歌TL轿车故障诊断插接器位置识别

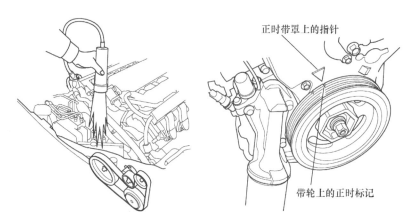

正时带罩上的指针

带轮上的正时标记

图 6-10　用点火正时灯检测讴歌 TL 轿车点火正时

六、燃油压力表

1. 燃油压力表的结构

　　燃油压力表用来测试发动机工作状态下的燃油压力，通过读取发动机燃油压力，可以判断出燃油导轨、燃油滤芯、燃油喷射、燃油压力调节阀和燃油泵的工作状况，如图 6-11

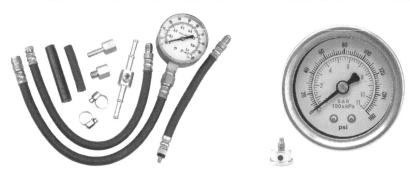

图 6-11　燃油压力表

所示。燃油压力表由表头、连接管路和接头组成。在连接管路上设有回油控制阀，用以在压力测试完毕后将压力表内的压力燃油通过泄油管路泄放掉。燃油压力表的表头通常为指针式，仪表的刻度单位通常有 bar、psi。

2. 燃油压力表的使用

　　（1）燃油压力测试前的准备

　　1）泄压。先拔下燃油泵熔丝、继电器，再起动发动机，直至发动机自行熄火后，再次起动发动机 2 ~ 3 次，然后拆下蓄电池负极。

　　2）安装燃油压力表。如图 6-12 所示，将燃油压力表串接在进油管中（带测压口的车辆将燃油压力表连接到测压口上），在拆卸油管时要用一块毛巾或棉布垫在油管接口

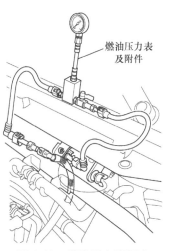

燃油压力表及附件

图 6-12　燃油压力的测试

下，防止燃油泄漏在发动机上引发火灾。

（2）燃油压力测试 燃油压力测试的项目主要包括静态油压、怠速油压、最大油压、残余油压等。

1）静态油压测试。恢复燃油泵熔丝或继电器，不起动发动机，通过诊断仪对燃油泵进行作动测试或通过直接为燃油泵供电（如跨接燃油泵继电器两个触点端）使之运转，读取燃油压力表读数。一般来说，带回油管路的双管路（进、回油管路）燃油供给系统的静态油压在300kPa左右，无回油管路的单管路（只有进油管路）燃油供给系统的静态油压在400kPa左右，标准数值以具体车型的维修手册要求为准。

2）怠速油压测试。起动发动机，使燃油泵在怠速下运转，此时燃油压力表的读数为怠速工作油压，对于带回油管路的双管路燃油供给系统，其怠速油压一般约为250kPa左右，无回油管路的单管路燃油供给系统的怠速油压约为400kPa，标准数值以具体车型的维修手册要求为准。

3）最大油压测试。该测试只适用于双管路燃油供给系统，用包有软布的钳子夹住回油管，此时油压表读数为油泵最大供油压力，一般为正常工作油压的2～3倍。

4）残余油压测试。发动机熄火、燃油泵停止运转10min后，读取燃油压力值，油管保持压力应大于规定值（以具体车型的维修手册要求为准）。

（3）拆卸燃油压力表 先执行泄压程序，再拆去燃油压力表，将进油管重新连接好，起动发动机，检查油管是否渗漏。

（4）燃油压力分析 燃油压力表的读数不外乎油压为零、油压正常、油压过高和油压过低四种情况。

1）若油压为零，先检查油箱存油量，及油道是否严重外泄，燃油滤清器是否完全堵塞。排除可能性后，油压依然为零，则需检查燃油系统的控制电路，如熔丝是否烧断、继电器是否不工作、油泵电路线束有否开路、油泵是否损坏等。

2）若油压过高，主要原因为油压调节器故障（无法回油或回油量过小）、回油管堵塞等。

3）当燃油压力过低，或油泵停止工作2～5min内油压迅速下降，在排除油路向外泄漏的前提下，则可能的原因有燃油泵中的止回阀卡滞常开、燃油压力调节器故障（回油量过大）、喷油器泄漏等。

注意：上述的燃油压力测试通常只用于汽油发动机的进气管燃油喷射系统，而对于缸内直喷汽油发动机和柴油发动机，由于其燃油压力过高，不能使用这种测试方法。

七、真空表

在汽车维修工作中，经常会用到真空表，如图6-13所示。

1. 真空度

真空度是指处于真空状态下的气体稀薄程度，即如果

图6-13 真空表

所测设备内的压强低于大气压强，则需要利用真空表进行其压力测量，从真空表所读得的数值称真空度。真空度数值表示系统压强实际数值低于大气压强的数值：真空度 = 大气压强 − 绝对压强。例如，如果设备内的真空度为 70kPa，我们也可以称其绝对压力为 30kPa（真空度 70kPa = 大气压强 100kPa − 绝对压强 30kPa）。

2. 真空表结构

真空表如图 6-14 所示，是由表头、各种规格的连接管和软管组成的。真空表表头内安装有波登管、游丝等，当真空（负压）进入表头内弯管时，弯管会更加弯曲，通过杠杆和齿轮机构带动真空表指针动作，在表盘上指示出真空度的大小。软管的一头固定在表头上，另一头连接在发动机节气门后方的进气管专用接头上。

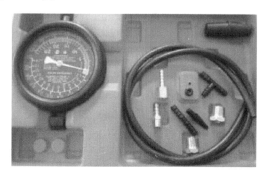

图6-14 汽车用真空表的组成

表头的仪表盘刻度单位常有 kPa、MPa、mmHg、inHg 或 psi。

常用压力单位换算：1atm（标准大气压）= 1.03kgf/cm² = 101.3kPa = 760mmHg = 29.9inHg = 14.7psi = 1bar = 10⁵Pa。如图 6-13 所示，仪表盘的指针指向刻度 "0"，表示此时的真空度为 0MPa，为标准大气压；仪表盘的指针指向刻度 "−0.1"，表示此时的真空度为 0.1MPa（即 100kPa）。

3. 真空表使用

真空表是用来检测汽车发动机进气歧管入口处产生的负压，即进气管真空度的测量工具。通过对发动机进气歧管真空度的变化进行观察进而判断发动机机械部分的工作状况。真空测试在汽车维修中非常重要，它不需要拆卸火花塞或检查气缸压力或漏气即可反映出气缸压力的状况。进气管真空度是指进气管内的进气压力与外界大气压力之间的差值。

汽车发动机进气管的真空度是随着发动机进气管密封性和气缸密封性的变化而变化的，因此在维修作业中，在确认进气管密封性良好的情况下，可以利用真空表检测到的进气管真空度来表征发动机气缸的密封性。检测进气管真空度，一般是在发动机处于怠速运行条件下进行，因为发动机工作正常时，其进气管真空度一般为一较为稳定的数值；在怠速运行条件下，进气管真空度高，因此对因进气管、气缸密封性不良导致的真空度下降较为敏感。

一台性能良好的发动机运转时的真空度比较高。当节气门在任何角度保持不变时，只要发动机转速加快，或是进气歧管无泄漏且气缸密封性良好，真空度就会增加。当发动机运转比较慢或气缸进气效率变低，那么歧管内的真空度就会变低。

在不同的发动机转速下，可检测到不同数值的进气歧管真空度。就大多数自然吸气式汽油发动机而言，在正常怠速状态下运转时，如果各系统均工作正常，则真空表指针应稳定在 15～22inHg（即 50～73.5kPa），如果在迅速开闭节气门时，真空表指针在 7～85kPa 灵敏摆动，则表明进气歧管真空度对节气门开度的随动性较好，同时，也说明发动机各系统（特别是进气系统的密封性）工作良好。假如发动机存在故障（特别是机械故障中的密封性变差）就会出现与上述数值不同的进气歧管真空度，这时表明发动机存在故障。

为了更好地使用真空表，在测试真空度前首先必须严格地按照技术要求调整好初始点火正时与怠速极限值，如果这些操作都能精确地进行，那么任一偏离正常真空度的值，都说明发动机存在故障。测量时，真空表的真空度必直接来源于进气歧管，因为只有进气歧管的真空度是直接来源于发动机的真空。为了区分不同工况下的真空度值所反映出来的故障，测试发动机进气歧管的真空度通常包括起动测试、怠速测试、急加速测试和排气系统阻塞测试四项测试。

（1）起动测试　为了使测试结果精确，需保持发动机在热车时进行。如发动机因故障无法着车，也可在冷车时测量，但精确度会降低。测量时关闭节气门，切断点火系统，连接真空表于节气门后方的进气歧管上，起动发动机，观察真空表数值应在 11～21kPa，如果低于 10kPa，可能的原因有发动机转速过低、活塞环磨损、节气门卡滞、进气歧管漏气、过人的怠速旁通气路等。

（2）怠速测试　一台性能良好的发动机在怠速运转时，真空表数值应稳定在 50～73.5kPa。

1）如果真空表读数低于正常数值且稳定，可能的原因有点火正时推迟、配气正时延迟（过松的正时带或正时链）、凸轮轴升程不足等。

2）如果发动机怠速过高，测试歧管真空度小于 40kPa，说明是发动机的节气门之后的歧管或总管漏气，漏气部位多数是歧管垫以及与歧管相连接的许多管路，如真空助力器气管等。

3）如果真空表数值从正常值下降后又返回，有节奏地来回摆动，原因可能是个别气门发卡或某一凸轮轴严重磨损。

4）如果真空表指针在 52～67kPa 摆动，并且随着发动机转速的升高摆动加剧则说明气门弹簧弹力不足。

5）如果真空表指针在 38～61kPa 来回摆动，原因通常为气门漏气、气缸垫损坏、活塞损坏、缸筒拉伤等。

6）如果真空表指针在 18～65kPa 大幅度摆动，那基本是气缸垫漏气所引起的。

（3）急加速测试　急加速时，真空表的读数应突然下降；急减速时，真空表指针将在原怠速时的位置向前大幅度跳越。即当迅速开启和关闭节气门时，真空表指针应随之在 7～8kPa 摆动。真空表指针摆动幅度越宽，表明发动机技术状况越好；如果怠速时真空表指针低于正常值，急加速时指针回落到"0"附近，节气门突然关闭时指针也不能升高到 86kPa 左右，此现象主要是活塞环、进气管漏气造成的。

（4）排气系统阻塞测试　起动发动机怠速运转，记录正常怠速下的真空度数值，提高发动机转速至 2500r/min，此时真空度数值应等于或接近怠速时真空度数值，让节气门快速关闭回到怠速状态，此时真空表读数应先快速增加然后又回落，即从起初高于怠速时约 17kPa 的读数，快速回落到原始的怠速读数。如果发动机在 2500r/min 时，真空度数值明显地逐渐下降，或从 2500r/min 猛然降到怠速时，真空表读数没有增加，则表明排气系统存在阻塞现象，可能是三元催化器堵塞、消声器堵塞等。

注意：进气歧管真空度随海拔的升高而降低。通常海拔每升高 500m，真空度将减小 5.5kPa，因此，在测定进气歧管真空度时，要根据所在的海拔情况进行换算。

八、 手动式真空泵

手动式真空泵如图 6-15 所示，可以用于检查发动机各种真空系统或尾气控制系统的负压泄漏，以及真空阀动作检查等。

1. 构造

手动式真空泵构造如图 6-16 所示，由气泵、外接真空表、单向阀等组成。使用者捏握手柄时拉动活塞，被测零件内的空气经过单向阀 B 被吸入气缸内，松开手柄时单向阀 B 关闭，被压缩的空气经过打开的单向阀 C 排出。这样重复操作，即可使零件内形成负压。前后扳动放气扳手即可使真空表指针回零。

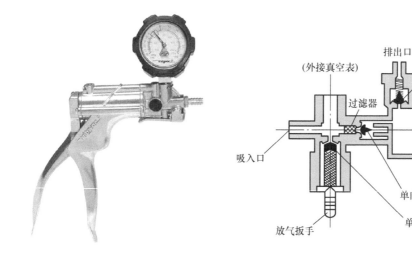

图 6-15 手动式真空泵　　　　**图 6-16 手动式真空泵构造**

2. 使用方法

手动式真空泵在汽车维修中用途很多，可以用作真空表，用于测量进气歧管入口的负压；也可以用来产生压力，用于检测燃油蒸发排放活性炭罐净化阀是否正常，以日本本田讴歌轿车为例，可按照表 6-2 的操作步骤执行检测。

表 6-2　用手动式真空表检测燃油蒸发排放活性炭罐系统的操作步骤

步骤	操作方法
1	如图 6-17 所示，将真空软管从燃油蒸发排放活性炭罐净化阀上断开，然后将真空泵连接到软管上
2	起动发动机，使发动机急速运行
3	当发动机冷却液温度低于 60℃ 时进行测量
4	检查真空泵的真空表是否有真空
5	如果有真空，可检查真空软管，如果真空软管正常，则说明燃油蒸发排放活性炭罐净化阀损坏，应予以更换

九、 散热器盖测试器

散热器盖测试器是一种可以对散热器盖执行加压测试，检查散热器盖压力是否正常的测试工具，也可以直接装在散热器上检查发动机冷却系统是否发生泄漏（图6-18）。

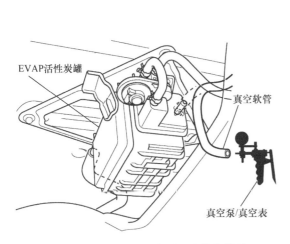

图6-17 使用真空泵检测燃油蒸发排放
（EVAP）活性炭罐系统

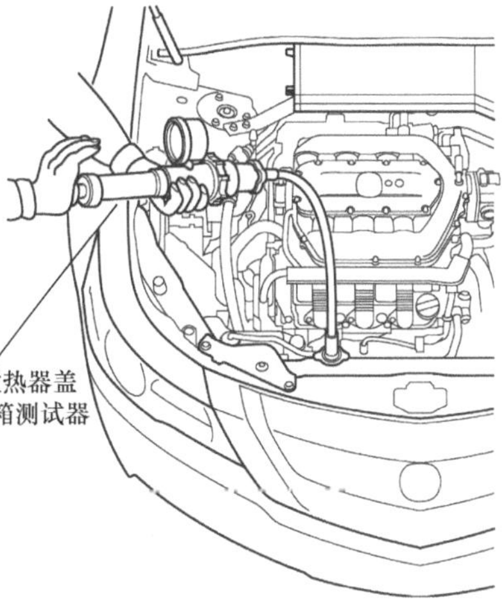

图6-18 检查发动机冷却系统是否
发生泄漏

1. 构造

散热器盖测试器由手动泵和压力表组成，如图6-19所示。

2. 使用方法

以日本讴歌车系TL轿车为例，该车散热器盖测试器的使用方法如图6-20所示。

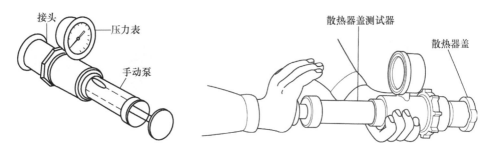

图6-19 散热器盖测试器构造

图6-20 用散热器盖测试器检测散热器盖

传动带张力测试器

传动带张力测试器是用来检查汽车发动机风扇传动带、液压动力转向泵传动带、空调压缩机传动带张力的测试工具，如图6-21所示，测试方法见表6-3。

表6-3 传动带张力测试器使用方法

步骤	操作方法
1	如图6-22所示，彻底按下球形手柄，让张力测试器的挂钩咬合到需测试的传动带上
2	传动带张力测试器必须与传动带成垂直状态，挂钩压到传动带边上，然后释放球形手柄，如图6-23所示
3	如图6-24所示，读取测试器刻度盘的张力数值，确认皮带张力是否正常

图 6-21　美国 OTC 公司生产的指针式传动带张力测试器

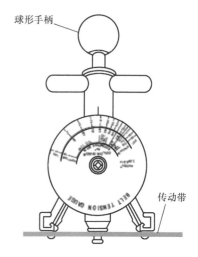

图 6-22　按下球形手柄

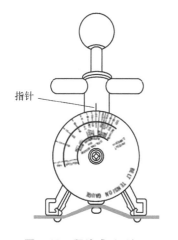

图 6-23　释放球形手柄

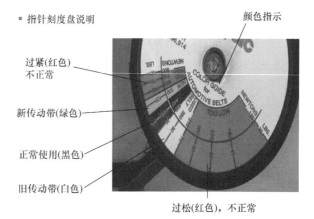

图 6-24　读取测试器刻度盘张力数值

十一、排气背压测试表

1. 排气背压

排气背压就是指发动机排气管内部的阻力。排气背压对发动机的动力性、经济性和排放性能都有重要影响。

通常，排气背压增大将导致发动机燃料燃烧效率下降，经济性变差，同时动力性下降，排放也变差。但如果排气背压很低，在低转速工况时，排气门的提前开启，在活塞到达下止点前，仍具有一定压力的燃气就通过过于通畅的排气门排掉了，损失了一部分做功，削弱了转矩，因此发动机的排气背压应保持在一定的合理范围之内（怠速时，排气背压不高于 8kPa；在 2500r/min 时，排气背压一般不大于 13.8kPa）。

2. 排气背压测试表的结构

排气背压测试表是用来测试发动机排气背压，从而判断发动机排气系统是否发生堵塞的测量工具。如图 6-25 所示，排气背压表通常由表头、连接管路、接头组成。表头多为指针式，仪表的刻度单位通常有 kgf/cm^2、kPa、psi 等。

3. 排气背压表的使用

利用排气背压表对排气压力进行测试，是准确快速判断发动机排气堵塞故障的有效方式。主要包括以下几个方面。

（1）排气背压表检测前的准备　在检测排气背压之前，应当首先确认点火正时和配气相位正确、气门间隙正确、进气系统无泄漏和堵塞现象。

（2）排气背压表检测

1）拆下三元催化器前端的氧传感器。

2）在氧传感器的安装座孔处接上排气背压表，如图 6-26 所示，连接时，要注意拧紧的力矩，注意不能过大（把螺钉拧坏），也不能过松（防止漏气）。对于装有二次空气喷射系统的车辆，也可以从二次空气喷射管路上脱开空气泵止回阀的接头，在二次空气喷射管路中接入排气背压表进行测量。

图 6-25 排气背压测试表

氧传感器适配器

氧传感器

图 6-26 排气背压测试表的使用

3）起动发动机，并使发动机达到正常工作温度（85℃以上）。

4）读取怠速时指示的背压值，如不超过 8kPa 时，可以将发动机转速提高到 2500r/min，检查压力应不超过 13.8kPa。如果超过了标准值，说明排气系统存在堵塞（多为三元催化器堵塞造成）。

注意：排气温度较高，测试时间应尽量缩短，避免仪器连接的橡胶软管部件因长时间的高温而损坏。

5）排气背压表拆下后，应采用自然冷却降温的方式，不能强行降低温度，待接头温度和室外温度一致时，方可将仪器放入盒内。

十二、机油压力表

1. 机油压力表结构

机油压力表是用来检测发动机机油泵向发动机润滑系统输入的机油压力的。油压的大小与发动机转速、运转温度和机油黏度有关。汽车发动机机油压力的测试通常利用机油压力表来完成。如图 6-27 所示，机油压力表由表头、连接管路、接头组成。表头多为指针式，仪表的刻度单位通常有 bar、kPa、psi 等。

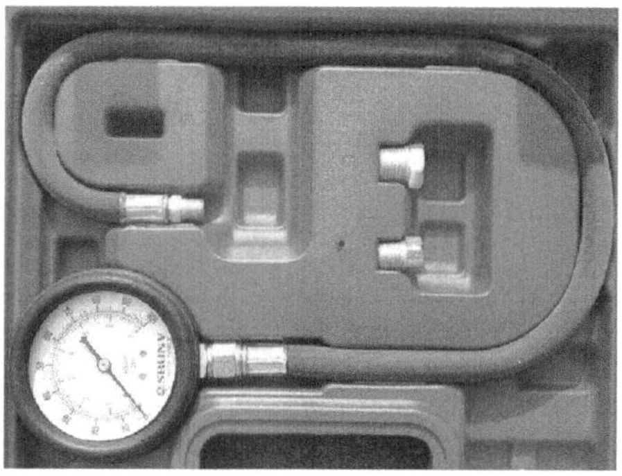

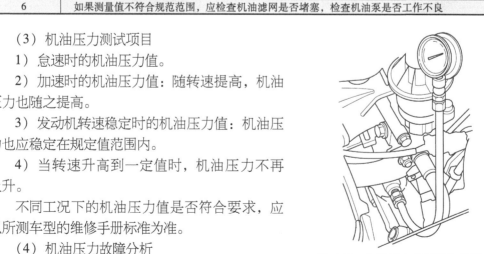

图 6-27　机油压力表

2. 机油压力表的使用

（1）压力测试前的检查项目　为了保证机油压力测试的准确性，在测试之前应对发动机润滑系统进行必要的检查，主要包括以下几个方面：

1）检查机油液位是否过低。

2）检查机油压力开关是否异常。

3）检查机油黏度是否不当或被稀释（汽油测缸）或进水。

4）观察机油是否有泄漏或堵塞。

在确认已经解决上述问题的前提下，进行机油压力测试。

（2）机油压力测试方法　以雅阁轿车为例，该车机油压力测试方法见表 6-4。

表 6-4　雅阁轿车机油压力测试方法

步骤	操作方法
1	如果发动机运行时，仪表板上的机油压力告警灯闪亮，应及时检查机油油位
2	如果油位正常，则如图 6-28 所示，拆卸机油压力开关，连接机油压力表
3	起动发动机，查看机油压力表的测量值，如果压力表没有显示机油压力，应立即关闭发动机
4	使发动机达到正常运行温度（发动机的冷却风扇起动 2 次）
5	查看机油压力表的测量值，在怠速状态下，机油压力应为 70kPa 以上；发动机转速达到 3000r/min 时，机油压力至少应为 300kPa
6	如果测量值不符合规范范围，应检查机油滤网是否堵塞，检查机油泵是否工作不良

（3）机油压力测试项目

1）怠速时的机油压力值。

2）加速时的机油压力值：随转速提高，机油压力也随之提高。

3）发动机转速稳定时的机油压力值：机油压力也应稳定在规定值范围内。

4）当转速升高到一定值时，机油压力不再上升。

不同工况下的机油压力值是否符合要求，应以所测车型的维修手册标准为准。

（4）机油压力故障分析

1）机油压力过低。可能的原因有机油泵本身

图 6-28　机油压力表测量机油压力

磨损、泄压，或限压阀故障；油路、轴承磨损泄压导致；集滤器漏气；油底壳碰撞变形，紧贴至集滤器等。

2）机油压力过高。可能的原因有滤清器堵塞、旁通阀卡滞堵塞、机油泵限压阀卡滞，不回油等。

十三、部件加热工具

在维修过程中，拆卸发动机零件时需要使用加热工具，利用部件的热胀冷缩特性，通过加热部件，使部件受热膨胀，从而便于拆装。比如更换气门导管时，导管与气缸盖接合非常紧密，因此需要用电炉加热气缸盖，使其受热膨胀后能方便更换气门导管；如图6-29所示，拆卸活塞销时也要使用加热枪，将活塞和连杆总成加热，使活塞销孔受热变大，从而能方便地拆卸活塞销。拆卸发电机后轴承时为易于拆卸，也要用加热枪加热（图6-30）。

图6-29 用加热枪加热活塞

图6-30 用加热枪加热发电机后轴承座

第二节 底盘系统维修常用工具及设备

一、轮胎压力表

轮胎压力表可用来测量轮胎充气压力是否符合规范范围，还可对充气过量的轮胎进行放气操作，如图6-31所示。

使用时可以将轮胎压力表连接到车辆轮胎的气门嘴上进行测量。以本田轿车为例，可按照图6-32所示执行轮胎压力测量。测量时应在轮胎处于冷态的状态下进行，即车辆停放3h以上或行驶距离不足1.6km。

二、轮胎沟槽深度尺

轮胎沟槽深度尺是用来测量胎冠沟槽深度来估算轮胎磨损状态的工具。测量时如果发现测量值超出规范，则说明轮胎磨损过度，应及时更换轮胎，保障行车安全。使用时将测头插入沟槽中即可进行测量。轮胎沟槽深度尺的类型和使用方法如图6-33、图6-34所示。

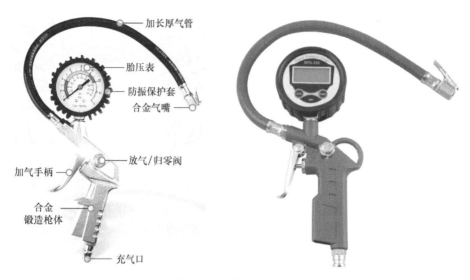

图 6-31　轮胎压力表

图 6-32　测量本田轿车轮胎压力

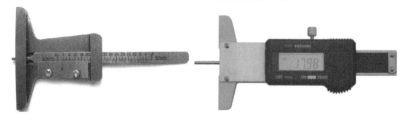

图 6-33　轮胎沟槽深度尺类型

图 6-34　轮胎沟槽深度的测量

三、十字扳手

十字扳手是一种常用来拆卸车轮螺栓的扳手，如图6-35所示，扳手的各个端头配有规格不同的套筒，便于拆卸各种不同规格的车轮螺栓，扳手采用优质铬钒钢整体锻造，非常坚固，由于采用十字形结构，因此使用这种扳手拆卸轮胎螺栓时，操作者可双手同时用力操作，比较省力，工效较高。

图6-35　轮胎扳手拆卸轮胎

四、轮胎充氮机

轮胎充氮机是一种专门为汽车轮胎充氮而设计的制氮设备，汽车轮胎充填氮气后能延缓胎体橡胶的老化，增加轮胎使用寿命，减少了对轮胎的氧化腐蚀，改善轮胎的吸振弹性，加强了轮胎在转变、驱动或制动时的贴地性能、音量传导性，减少噪声，减少振动，稳定的胎压可以减少燃料费用。氮气遇热后膨胀系数比空气低50%，渗透性比空气低90%，不易漏气，降低因为压力遇热而增高造成的爆胎概率，增加车辆行驶的安全性。典型的轮胎充氮机如图6-36所示。

图6-36　轮胎充氮机

五、千斤顶

汽车千斤顶放在汽车的工具箱里面，更换备用轮胎时用于顶起车身。汽车千斤顶有气动千斤顶、电动千斤顶、液压千斤顶和机械式千斤顶等类型，一般常用的是液压和机械式千斤顶。

1. 气动千斤顶

气动千斤顶（图6-37）全称为气囊式气动千斤顶，一般由三层、两层或单层气囊组成，主要工作原理是利用5~8kg的压力空压机充气，将车辆顶起。

气动千斤顶的特点如下：

1）轻松省力。

图6-37　气动千斤顶

2）举升、下降速度快且平稳。一般轿车上升只需 3s 左右，不会伤到底盘。

3）性价比高。

4）坚固耐用。由于是纯气动产品，不含液压油，不存在漏油现象，不需要更换密封圈，因为气囊本身是橡胶产品，端口就像密封圈，气体密封极易完成。

5）低温使用。因采用高性能气囊，即使在 −40℃ 的条件下，性能同样出色。

6）使用范围广。由于与地面是平面接触，在沙地、雪地可照常使用，所以不存在下陷而无法支撑的现象。

2. 电动千斤顶

电动千斤顶（图 6-38）是利用电动机，依托汽车蓄电池作为动力来源，通过控制开关，自由、均匀、平稳地升降千斤顶机械部分，在汽车更换轮胎时更加省时省力，避免传统千斤顶的操作危险，操作方便、安全。

电动千斤顶的特点如下：

1）操作方便快捷。

2）取电简单，直接插入汽车点烟器中，或者连接汽车蓄电池即可使用。

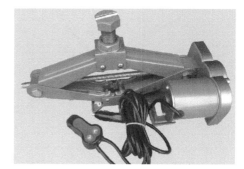

图 6-38　电动千斤顶

3）操作安全，电动千斤顶在做顶升作业时，当超过顶举范围时会自动停止，具有良好的升降自锁功能，安全可靠。

3. 液压千斤顶

液压千斤顶是一种采用柱塞或液压缸作为刚性顶举件的千斤顶，它又分为立式千斤顶（图 6-39）和卧式千斤顶（图 6-40）两种。

图 6-39　立式千斤顶

图 6-40　卧式千斤顶

液压千斤顶的特点如下：

1）轻巧、便宜。

2）无钢板结构，只有一个液压泵，安全性低。

3）起升速度慢，高度不够。

4）液压泵容易漏油，寿命短。

5）因为本体比较小，所以在较软路面容易下陷，影响使用。

液压千斤顶的使用见表6-5。

表6-5　液压千斤顶的使用

使用步骤	示意图	操作提示
1. 固定车辆		确保车辆已固定好，将档位置于驻车制动位置，以防止汽车前后晃动压倒千斤顶，发生危险
2. 放置千斤顶		把千斤顶放置到车底卡槽部位，确保千斤顶接触面的平整和坚固
3. 旋紧油压阀		按压前，确保油压阀顺时针拧不动
4. 按压千斤顶手柄		确保千斤顶放置安全后，上下按压手柄，车身会在短时间内匀速上升
5. 准备卸压		下降时，确保液压阀逆时针拧3圈左右，切记不能多拧

（续）

使用步骤	示意图	操作提示
6. 旋松阀门，下降	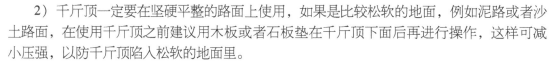	将液压阀逆时针旋转 3 圈左右，活塞杆即会缓缓下降

4. 机械式千斤顶

机械式千斤顶（图 6-41）又称剪式千斤顶，是国内各大汽车工厂的随车产品，操作原理各有不同。机械式千斤顶的特点如下：

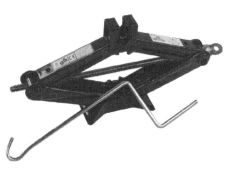

图 6-41　机械式千斤顶

1) 轻巧方便，经济实惠。

2) 操作比较费力。

3) 安全性低。

机械式千斤顶的使用步骤见表 6-6。

5. 注意事项

1) 将车辆完全固定后再支起车。

2) 千斤顶一定要在坚硬平整的路面上使用，如果是比较松软的地面，例如泥路或者沙土路面，在使用千斤顶之前建议用木板或者石板垫在千斤顶下面后再进行操作，这样可减小压强，以防千斤顶陷入松软的地面里。

3) 千斤顶一定要支在底盘的支撑点上。

4) 在举升千斤顶的过程中，用力要均匀，切忌过快或者用力过猛。

5) 随车千斤顶仅用于支撑常规更换轮胎或者检查悬架，不能代替举升机进行大幅度的维修工作，严禁将身体或手臂探到车身下面，以免发生危险。

表 6-6　机械式千斤顶的使用步骤

使用步骤	示意图	操作提示
1. 固定车辆	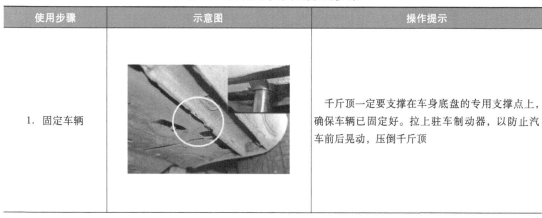	千斤顶一定要支撑在车身底盘的专用支撑点上，确保车辆已固定好。拉上驻车制动器，以防止汽车前后晃动，压倒千斤顶

（续）

使用步骤	示意图	操作提示
2. 放置千斤顶		将千斤顶放置在需要支撑的位置，顺时针匀速摇动摇杆，使车轮离开地面
3. 卸压并下降车辆		下降时，逆时针匀速摇动摇杆，使车轮接触地面

六、自动变速器油压表

1. 自动变速器油压表的结构

测试自动变速器的油压，是检验变速器各部件工作状态、排除自动变速器故障的重要手段。自动变速器油压的测试通常利用自动变速器油压表来实现。如图6-42所示，自动变速器油压表与燃油压力表相似，所不同的是其压力测量量程较大。

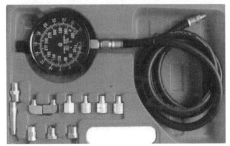

图 6-42 自动变速器油压表

2. 自动变速器油压表的使用

以日产风度A33轿车（发动机型号：VQ20DE）的4速自动变速器为例来说明自动变速器油压表的使用方法。

（1）自动变速器油压测试前的准备

1）检查自动变速器油和机油的液面高度，如有必要添加，达到规定要求。

2）驾驶车辆行驶大约10min或直至自动变速器油液和机油达到工作温度（自动变速器油液工作温度应达到50~80℃）。

3）将自动变速器油压表安装在自动变速器相应的管路压力测试孔，如图6-43所示。

4）拉起驻车制动手柄并挡住车轮。

（2）自动变速器油压测试

1）怠速压力测试。起动发动机，将变速杆分别置于D、2、1和R等档位，测量不同档位在怠速时的管路压力。

2）失速压力测试

① 起动发动机，踩下制动踏板将变速杆置于 D 位。

② 踩下制动踏板的同时逐渐踩下加速踏板使节气门全开。

③ 迅速记录发动机的失速转速和变速器管路压力，并立即释放节气门（VQ20DE 发动机的失速转速正常应该在 2200～2600r/min）。

注意：在测试过程中不要使节气门全开超过 5s。

④ 将变速杆置于 N 位。

⑤ 冷却自动变速器油液温度，使发动机怠速运转至少 1min。

⑥ 将变速杆置于 2、1 和 R 位重复②～⑤步骤。

图 6-43 自动变速器油压表的安装测试

日产风度 A33 轿车（发动机型号：VQ20DE）自动变速器的测试压力标准见表 6-7。

表 6-7 测试压力标准

发动机型号	发动机转速/（r/min）	管路压力/kPa	
		D、2 和 1 位	R 位
VQ20DE	怠速	500	779
	失速	1206	1873

七、 滑脂枪

滑脂枪是用来对汽车需要润滑的部件添加润滑脂的工具，配有软管，可对位于车辆隐蔽狭窄的部件实施润滑脂加注，如图 6-44 所示。

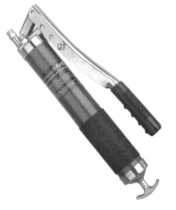

图 6-44 滑脂枪

第三节　汽车涂装美容常用工具及设备

一、打磨机

1. 打磨机的种类

机器打磨可以利用电力驱动，也可以利用压缩空气驱动。由于喷漆车间内有易燃物品，要尽量减少电动工具的使用，主要采用压缩空气驱动的气动打磨机。气动打磨机是利用贴附砂纸对表面进行打磨的设备，主要有四种类型：

（1）单作用打磨机　打磨盘垫绕固定点转动，砂纸只做单一圆周运动，称为单一运动圆盘打磨机或单作用打磨机（图6-45）。这种打磨机的转矩大，速度低，主要用于刮去旧涂层，其打磨痕为大圆弧形，且较深（图6-46），通常使用的钣金工具就属于这类打磨机；速度高的，用于漆面的抛光，也就是抛光机。

（2）往复直线式打磨机　砂垫做往复直线运动的，称为直线式打磨机（图6-47），主要用于车身上的特征线和凸筋部位的打磨。

图6-45　单作用打磨机

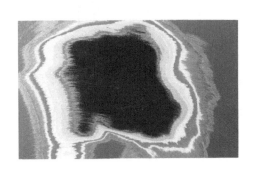

图6-46　单作用打磨机的打磨痕为大圆弧形，且较深

图6-47　往复直线式打磨机

（3）双作用打磨机（偏心振动式）　打磨盘垫本身以小圆圈振动，同时又绕其自己的中心转动，因而兼有单运动及轨道式打磨机的运动特点（图6-48），切削力比轨道式打磨机强，打磨痕为大小交错的圆弧形，较浅（图6-49）。在确定打磨机用于表面平整或初步打磨时，要考虑轨道的直径，轨道直径大的打磨较粗糙，反之较细。

（4）轨道式打磨机　轨道式打磨机的砂垫外形都呈矩形，便于在工件表面上沿直线轨迹移动，整个砂垫以小圆圈振动，此类打磨机主要用于腻子的打磨（图6-50），打磨痕为小圆弧形，较浅（图6-51）。该类打磨机可以根据工件表面情况采用各种尺寸的砂垫，以提高工作效率，轨迹直径亦可改变。

2. 打磨机的选择

电动打磨机的主要优点是转速高，打磨力量大，使用方便。所谓使用方便，一是指只

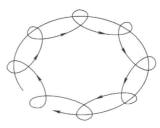

图 6-48　双作用打磨机

图 6-49　双作用打磨机打磨痕为大小交错的圆弧形，较浅

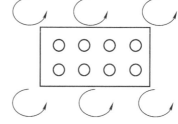

图 6-50　轨道式打磨机

要有电源的地方就可以使用，不需要专门的气源；二是指使用方法简单，故障少；三是可以通过更换打磨头，实现多用途。

（1）电动打磨机选择　首先应根据操作者的体格和体力，选择大小适宜的打磨机，否则，太大则很快疲劳，不能持续作业，太小则效率低。然后再选择转速稳定，输出力量大，振动小的打磨机。打磨头的形状有两种，如图6-52所示。其中有倒角的一种使用起来比较方便，对于板件的边角均能进行很好的打磨。

图 6-51　轨道式打磨机打磨痕为小圆弧形，较浅

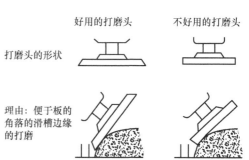

图 6-52　两种形状打磨头的比较

打磨头尺寸的大小选择应视打磨面积来决定。例如：对车顶和发动机舱盖等大面积区域进行打磨时，可使用直径为18cm的打磨头，以加快作业速度；小面积剥离时，可以使用直径为10~12cm的打磨头，操作起来比较方便。

（2）使用打磨机时的注意事项

1）电动打磨机在剥离涂膜作业时，如果使用的是硬性打磨头，则要保持与涂膜表面相平行，否则会在金属表面留下划痕；如果是柔性打磨头，则与涂膜表面的接触方式应采用图6-53所示的方式。

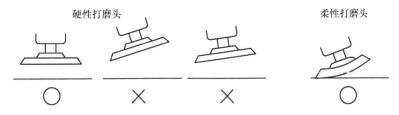

图6-53 硬性打磨头与柔性打磨头的正确使用

打磨机的移动方法如图6-54所示，先沿①所示方向左右移动，随后沿②和③斜向运动，然后沿④上下运动，这样可以基本消除变形。如果最后再沿①左右运动一次，消除变形效果更好。这之后，再换用80#~100#砂纸，重复上述作业。

2）由于打磨机转速非常高，使用时一定要牢牢握持住打磨机，以避免脱手。

气动打磨机在使用方法上与电动打磨机有一定差异。由于气动打磨机的转速高，打磨力量不及电动式，对旧涂膜的打磨主要是靠旋转力切削，故与旧涂膜的接触方式应如图6-55所示，保持与涂膜表面成15°~20°夹角，另外压力不能过重。

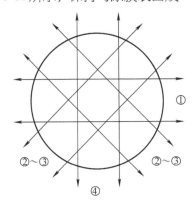

图6-54 打磨机的移动方法

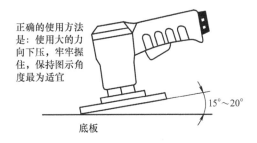

正确的使用方法是：使用大的力向下压，牢牢握住，保持图示角度最为适宜

底板   15°~20°

图6-55 气动打磨机的使用

手工打磨工具

1. 打磨垫（打磨块）

常用的手工打磨工具是打磨垫（打磨块），如图6-56所示。

2. 手工打磨工具的使用

1）将砂纸从中间剪下一半，并折成三叠，用掌心将砂纸平压在打磨表面上，张开手

图 6-56　手工打磨垫

掌，用掌心沿砂纸的长度方向施加中等均匀的压力。或将砂纸贴附于打磨垫（或打磨块）上，按压打磨垫使砂纸平压在打磨表面。

2）打磨时来回的行程应长而直，如果掌心没有平压在表面上，手指就会接触到打磨表面，这将导致手指与表面之间受力不均匀，因此应避免手指接触打磨表面。

3）打磨时也不要进行圆周运动，否则会在表面涂层下产生可见的磨痕。为了获得最好的打磨效果，应该始终沿与车身轮廓线相同的方向进行打磨。如图 6-57 所示，为了获得平整的效果，也可以采用十字叉花的打磨方法。

4）使用打磨垫或打磨块可获得最佳的效果。打磨突起或凹下的板件时，应使用柔软的海绵橡胶垫；而打磨水平表面时，应使用打磨块。

5）打磨已用较粗的砂纸打磨过的区域时应小心操作，使用小打磨垫可以很容易地打磨不易够到的部位。

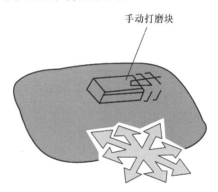

图 6-57　手动打磨运动

6）当手工打磨底漆或中涂层时，应打磨到又光滑又平整的程度为止。可用手或干净的抹布在打磨表面上摩擦以检查有无粗糙的地方。

7）湿打磨可以解决打磨灰尘堵塞砂纸的问题，湿打磨与手工干磨最大的区别是要使用水，还要用到海绵和刮板等工具，所用砂纸也不同。进行手工湿磨时，把砂纸浸在水中，或用海绵把打磨表面弄湿。应大量用水，打磨时行程短一些，并且用力要轻。在湿打磨操作过程中，不要让表面变干，也不要让涂料残渣堆积在砂纸上，就能以砂纸移动时黏结的感觉来判断砂纸磨削的情况。

三、　砂纸

在打磨的操作过程中，砂纸实际上起的是切割和平整的作用，因此选择合适的磨料对修整工作的质量而言，是至关重要的。

现代的砂纸在构造上是利用附着剂将磨粒粘合到一块柔形或半刚性的背衬上，如图6-58所示。因此，砂纸的质量取决于选择和制造合适的磨粒、附着剂与可用背衬的组合，选择合适的砂纸并正确使用才能获得最佳的生产效果、材料使用效率和最好的表面涂层效果。

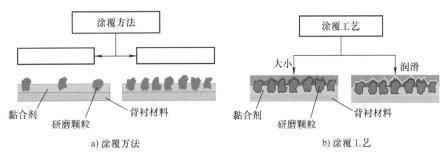

a) 涂覆方法　　　　　　　　　　　　　b) 涂覆工艺

图6-58　砂纸构造

1. 砂纸磨料的种类

砂纸的形状有片形和卷形两种，如图6-59所示，前者多用于手工打磨，后者则只用于机器打磨。常用砂纸所采用的磨料有金刚砂和氧化铝的颗粒（图6-60），还有新开发的锆铝磨料。

a) 片形　　　　　　　　　　　　b) 卷形

图6-59　砂纸按形状分类

（1）金刚砂磨料　如图6-61所示，用金刚砂制成的砂纸和磨盘是用来打磨薄边或干磨各种柔软材料的，如打磨旧漆层、玻璃纤维和腻子等。金刚砂是一种尖锐的颗粒，适合于快速磨削，但用来打磨坚硬表面时，磨粒很容易崩脱或变钝。

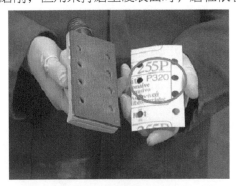

图6-60　不同磨料的砂纸

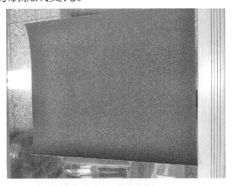

图6-61　金刚砂砂纸

（2）氧化铝磨料　氧化铝的楔形磨粒非常坚固，不易被折断也不至于很快磨钝。如图6-62所示氧化铝磨料适用于打磨受损的金属，除去旧漆层或为塑料填充剂整形。事实证明，使用氧化铝磨料具有明显的优越性。

（3）锆铝磨料　如图6-63所示，锆铝磨料具有独特的自动磨锐性能，与传统磨料相比，效率更高，寿命更长。此外，此类磨料打磨时产生的热量较少，特别适合于清除制造厂涂敷的光亮层漆面。自动磨锐性使得打磨时所需的压力较小，减轻了劳动强度，在汽车修理和重新喷漆中使用越来越广泛。

2. 砂纸磨料的编号

砂纸磨料颗粒的大小是不相同的，通常用粒度编号来表示，并用数字加以排列，粒度编号越小，砂纸越粗（图6-64）。如图6-65所示，不同粒度的砂纸用途也不相同。

根据不同的应用场合，有各种形状的砂纸（图6-66）。有卷筒状砂纸、片状砂纸以及砂带等。砂纸上还可以进行打孔，配合打磨工具有助于排出砂粒、灰尘。根据背衬材料分为纸、织物、用高温和硫黄处理过的纤维、塑料薄膜等。

图6-62　氧化铝砂纸

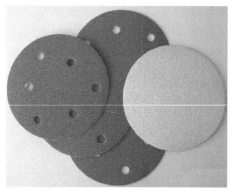

图6-63　锆铝砂纸片

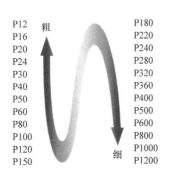

图6-64　砂纸的规格

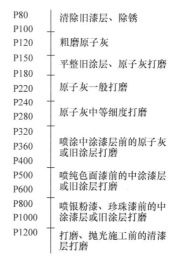

图6-65　不同等级砂纸的用途

粒度	用途
P80 P100	清除旧漆层、除锈
P120	粗磨原子灰
P150	平整旧涂层、原子灰打磨
P180	
P220	原子灰一般打磨
P240	
P280	原子灰中等细度打磨
P320	
P360	喷涂中涂漆层前的原子灰或旧涂层打磨
P400	
P500	喷纯色面漆前的中涂漆层或旧涂层打磨
P600	
P800	喷银粉漆、珍珠漆前的中涂漆层或旧涂层打磨
P1000	
P1200	打磨、抛光施工前的清漆层打磨

有孔尼龙搭扣砂纸　　　卷筒状砂纸　　　片状砂纸

图 6-66　不同形状的砂纸

四、无尘干磨设备

1. 无尘干磨设备的类型

无尘干磨设备有移动式、固定式和简易袋式三种。

1）移动式无尘干磨设备如图 6-67 所示。该设备使用方便、移动灵活，吸尘效果好，覆盖面积大，成本低；但在施工中供气吸尘管道及电缆需要拖在地面上。

2）固定式无尘干磨设备，又称悬臂式干磨设备，如图 6-68 所示。该设备的气路、电路布置方便，施工中没有拖在地上的气管、电缆，施工工位整洁；吸尘效果好，设备使用寿命长，维修方便；但其成本较高，因其固定，施工时覆盖面积受影响。

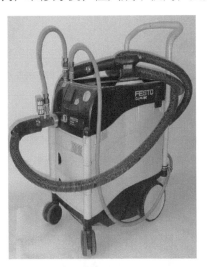

图 6-67　移动式无尘干磨设备

图 6-68　固定式无尘干磨设备

3）简易袋式无尘干磨设备如图 6-69 所示。简易袋式吸尘属于被动式吸尘，该系统成本低，打磨机直接连接压缩空气管道，便于连接使用。吸尘所需的真空由转轴上附加的叶片轮旋转产生，将打磨灰尘吸附到集尘袋中，其吸尘功率受打磨机转速的影响，吸尘效果相对差些。

2. 无尘干磨设备的组成

移动式无尘干磨设备和固定式无尘干磨设备主要由打磨工具（气动打磨机）、供气与吸尘管道、吸尘设备、磨垫、打磨材料和辅助设备等组成。打磨工具的组成如图 6-70 所示。

（1）供气、回气与吸尘管道　移动式无尘干磨设备的气动工具的连接需要三个管道：压缩空气的输入管、输出管以及吸尘管，如图 6-71 所示。

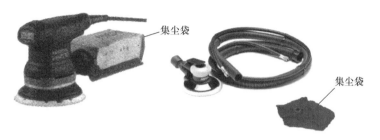

图 6-69 简易袋式无尘干磨设备

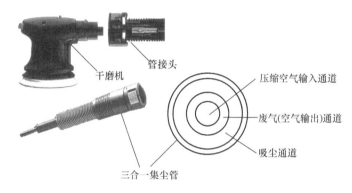

图 6-70 打磨工具的组成

现代先进的干磨设备采用综合套管,将压缩空气的输入、输出与吸尘三种功能组合为一体,套管采用快速连接方式,具有 360°的扭转补偿。

(2)吸尘设备 吸尘桶依靠真空吸尘作用吸收打磨作业中产生的固体微粒,改善作业环境,如图 6-72 所示。

(3)磨垫 磨垫安装在打磨机托盘上,用于保护托盘。磨垫上依靠尼龙搭扣安装干磨砂纸,如图 6-73 所示。

图 6-71 供气、回气与吸尘管   图 6-72 吸尘桶

打磨不同材料时,应使用不同的磨垫。打磨腻子时,应采用硬磨垫;打磨中间漆层时,应采用软磨垫;打磨具有较大弧度的表面时,应采用超软的磨垫。

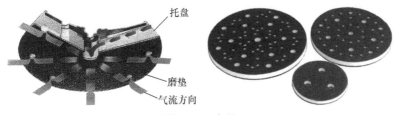

图 6-73 磨垫

五、辐射式干燥设备

1. 辐射式干燥原理

辐射是热传导的一种方式，是将热量转变为不同波长的电磁波（或称热射线）直接投射到物体上后，能够被物体吸收，再变成热量。热射线的传播过程称为热辐射。利用热辐射干燥物体的方法，称为辐射式干燥。以红外线为热射线的干燥设备称为红外线干燥设备。辐射加热使涂层加速干燥通常使用红外线干燥设备。

2. 红外线

如图 6-74 所示，红外线波长范围在 $0.76 \sim 100\mu m$，一般将波长为 $0.76 \sim 5.6\mu m$ 这一段称为近红外线，而将波长为 $5.6 \sim 100\mu m$ 这一段称为远红外线。当红外线辐射到达物体时，一部分被物体表面反射，一部分被物体吸收，其余部分透过物体。被吸收的红外线辐射能量就转变成热能，使物体温度升高，被吸收的能量越大，物体的温度就升得越高。红外线波长不同，其穿透漆膜的能力也不同，波长越短，穿透能力越强，如图 6-75 所示。

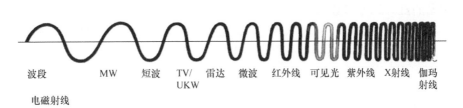

图 6-74 电磁射线的波段和波长

不同的物质对红外线的反射、吸收和透射是不同的，即使是同种物质，也可因其结构和表面状况的不同而不同。同一物体对不同波长的红外线，其反射、吸收和透射也是不相同的。到达被加热物体上的红外线辐射能量与红外线传播的距离有着密切的关系。红外辐射源至被加热物体之间的距离每增加 1 倍，达到物体的红外辐射能量便减少到原来的 1/4。因此应用红外线加热时，辐射源与被加热物体之间的距离应小一些，一般为 $150 \sim 350cm$（具体参照生产厂商的建议）。

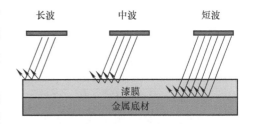

图 6-75 红外线波长越短，穿透漆膜能力越强

红外线加热的效果，主要取决于被加热物体吸收红外辐射能量的多少，这就需要采用

辐射率大的材料来缩短辐射的距离，使到达被加热物体的红外辐射能量尽可能地大；同时，被加热物体的红外吸收率也要大，以吸收尽可能多的辐射能量。

3. 红外线干燥的特点

1）干燥时由内向外，溶剂容易挥发，干燥彻底、迅速，一般可提高效率 2～5 倍，如图 6-76 所示。

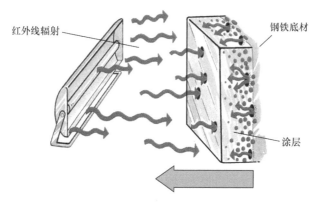

图 6-76　红外线干燥

2）涂层干燥均匀，可大大减少由于溶剂蒸发而产生的针孔、气泡现象，干燥质量好。

3）升温迅速，缩短了干燥时间。

4）红外线干燥设备结构简单、投资费用低、效率高、节能、无污染、占地面积小。

5）红外线辐射具有方向性，可用于局部加热。

6）使用时，尽量使工件表面受到红外线的直接照射，才能取得良好的效果。

4. 常见的红外线干燥设备

（1）红外线辐射加热器　红外线辐射加热器虽有各种型号，但一般都由金属板/管、碳化硅板、陶瓷三部分组成。热源可用电力、煤气、液化气。红外线辐射加热器形状一般分为管状、平板状及灯泡状三种。

辐射器一般包含两个基本部分——热源和远红外辐射层。

热源的作用是给辐射层提供热能，使之辐射远红外线。辐射层的作用是在受到加热后，从其表面辐射出与其温度相对应的红外辐射能量。

由于汽车维修行业的特殊性，要求干燥加热装置具有移动性和可变性，常使用可移动的红外线加热装置（图 6-77）对腻子、底漆和面漆各个部位的局部强制干燥，提高工作效率。这种红外线加热装置的性能特点主要有如下几个方面：独立开关控制；整个发射管可作 360°旋转；发射管支架由气压撑杆支承，上下自如；电子计时器可分别控制预热，全热过程自动转换；可烘烤汽车车身任何部位，如车顶和前、后盖。

红外灯也可设计成方阵，用于局部修补加热

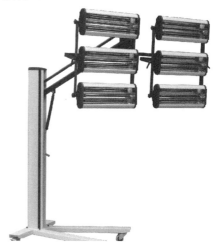

图 6-77　红外线加热装置

用。由红外灯射出的放射红外线能展开呈扇形，在离灯 20～30cm 的距离内，中心与外部的温度分布基本均匀，用多个组合可互补热量，以获得均匀的温度。

（2）连续式通道烘干室　连续式通道烘干室是广泛应用于大批量生产的一种烘干设备。目前，连续式通道烘干室大多采用红外线干燥。根据输送带运行的路线和方向，可分为单程和双程、水平单程和双程以及垂直单程和双程的通道烘干室。在每个阶段的若干节烘干室内，配制数量不等的红外线辐射装置。烘干室内设有排风装置，以排除烘干时蒸发的溶剂蒸汽。由于在通道烘干室内，涂有涂层的工件是连续或间歇地移动的，移动装置可采用架空式单线和双线输送带、板式小车输送带及杆式输送带等各种不同的传送形式。

（3）短波红外线烤漆房　短波红外线烤漆房，使用红外线的辐射原理加热，具有环保、高效、节能的特点。烤漆房内短波红外线装置每边上、下各一排，每排 4 个红外线装置，每个装置有 2 根红外线灯管的管状热源向涂层辐射热量。每个红外线灯管的功率为 1.2kW，室内装有 16 个红外线装置，共 32 根红外线灯管，总功率为 38.4kW，辐射距离不小于 500mm，可用于对整车涂层烘烤，独立式开关系统也可对汽车涂层的腻子、底漆和面漆进行局部烘烤。

六、常用洗车设备

常用的洗车设备主要有高压清洗机、泡沫清洗机、蒸汽洗车机、无接触洗车机、全自动电脑洗车机、空气压缩机、水枪和气枪、洗车发泡枪、无水洗车机等。

1. 高压清洗机

高压清洗机主要用于汽车外表、发动机、底盘和车轮等的清洗，是现代汽车美容的必备工具之一。它以普通的自来水为水源，通过其内部的电动泵再加压，输出的水流压力可以按需要进行调节。压力大时，能将黏附于底盘上的泥土冲洗下来。而冲洗风窗玻璃和钣金部分时，水压可调小一点，以免造成损伤。

高压清洗机分为高压冷水清洗机和高压冷/热水两用清洗机，如图 6-78、图 6-79 所示。前者用于气温较高的南方一带；后者除了提供常温的高压水外，还增加了电加热装置，可调节输出高压水的温度，清洁效果更好，但能耗大，一般仅适于冬季寒冷的地区使用。高压清洗机的种类很多，性能不一，价格差别也较大。高压冷/热水两用清洗机一般由水泵、加热装置和传动机构等组成。配套的部件主要有进水软管和出水软管、各种规格喷枪、刷洗用的毛刷等。

图 6-78　高压冷水清洗机

图 6-79　高压冷/热水两用清洗机

2. 泡沫清洗机

泡沫清洗机为汽车美容清洁用的主要设备之一，有气动和电动两类。它与高压清洗机的不同之处在于其输出的水不但可以增压，而且还能加入专用的清洗剂，通过压缩空气（由空气压缩机提供），使清洗剂泡沫化，然后从泡沫喷枪喷出，喷枪能将泡沫状的清洗液均匀地涂敷于车身外表，浓稠的泡沫容易捕集污垢粒子，通过化学反应，起到极佳的除尘和去油污作用。图 6-80 所示为气动泡沫清洗机。

泡沫清洗机的主要操作要领如下：

1）打开加水阀和排气阀，加入清水，以水柱标高为准，然后按比例加入清洗剂。

2）关好加水阀和排气阀，然后用快速接头接上空气压缩机，再将工作气压调至 245kPa（压力开关顺时针为增加压力，逆时针为减小压力）。

图 6-80 气动泡沫清洗机

3）以上工作准备好后，开动空气压缩机，当压力表压力升至 245kPa 时，打开喷枪阀开关，即可喷射出泡沫。喷射距离为 5~7m，喷射距离可用压力来调节。

3. 蒸汽洗车机

蒸汽洗车机是一种能够产生足够压力和气量的蒸汽以用于清洗汽车的设备，如图 6-81 所示。

蒸汽清洗为柔性清洗，利用蒸汽热降解原理，用柔和的蒸汽将附着在汽车表面的污垢结合、软化、膨胀、分离，再用干净抹布将剩余的污垢和少许的水渍去除；蒸汽清洗有助于漆面的保护、缝隙的清洗，并且含水量少不损伤电路，能够有效清洗汽车发动机、仪表板、空调口等部位；一边用蒸汽冲，一边擦干，一个流程就能顺利清洗完汽车，操作更加简单、快捷。

蒸汽清洗工作效率高，单人 10min 清洗一辆汽车，是最有利于汽车车漆保护及环境保护的清洗方式。

4. 无接触洗车机

无接触洗车机是指依靠高压水喷射、多种洗车液配合来完成洗车全过程的一种洗车方式，如图 6-82 所示。无接触洗

图 6-81 蒸汽洗车机

车机的优点在于机器结构简单，投资小；单纯洗车比人工洗车机速度快，效率高；缺点是属于半自动产品。无接触洗车机的主要操作步骤：清洗升泡沫→清洗→烘干→人工。洗车时间大体为 15min。

现在国内的大部分无接触洗车机一般都只是重点清洗车的两侧。对于车头和车尾，基本上都是高压水冲洗的时候，顺带湿润一下，并不能去掉全部灰尘。当然有些洗车机也能够解决这个问题，但是还是需要人工擦拭一下。

5. 全自动电脑洗车机

全自动电脑洗车机（简称自动洗车机）是一种通过电脑设置相关程序实现自动清洗、

图 6-82　无接触洗车机

打蜡、风干等工作的机器，主要由控制系统、电路、气路、水路和机械结构构成。全自动电脑洗车机技术先进，造型美观，有多种全自动洗车程序可供选择。它通过光电系统检测，经电脑分析计算出各种动作的最佳位置和力度，达到最佳的洗车效果。

全自动电脑洗车能自动闪避后视镜、旗杆等，确保汽车安全；电脑洗车洗净力强、含水量大、不伤车，对本身油漆的磨损程度为手工洗车的 30% 以下，电脑洗车刷压力均匀、洗车速度及方向稳定。测试结果表明：电脑洗车 50 次后车身油漆磨损小于 3‰mm，而人工洗车磨损大于 10‰mm。

全自动电脑洗车机分为往复式洗车机和隧道式洗车机两大类。

1）龙门往复式洗车机。一般国际习惯称之为往复式洗车机，如图 6-83 所示。往复式洗车机的特点是汽车停在固定的位置不动，洗车设备根据车型来回往复运动。能实现自动冲洗底盘、自动喷电脑洗车机专用洗车液和水蜡、自动仿形刷洗、自动仿形风干。往复式洗车机是真正的全自动洗车机，占地面积小，投资成本低，但洗车速度较慢，比较适合小型洗车厂或者是洗车量较小的地区使用。

图 6-83　往复式洗车机

2）隧道式洗车机的优点是洗车速度快，而且可以连续洗车。缺点是对场地要求严格；前期场地施工时，耗资也比较大一些；耗水、耗电也比较多。隧道式洗车机如图 6-84 所示。

隧道式洗车机的洗车方式是当车驶入输送机定位，由输送机推杆推动车辆的前轮前进，

图 6-84　隧道式洗车机

进行冲水、洗车、打蜡、风干等流程。当前一台车推进离开输送机定位后，第二台车即可驶入定位，做同上动作。这样连续流水线的洗车方式，能够快速完成冲洗、洗车、打蜡、风干等作业，如图 6-85 所示。

图 6-85　隧道式洗车机的洗车流程

6. 空气压缩机

空气压缩机是汽车美容护理以及维修的通用设备之一，应用范围很广，如图 6-86 所示。空气压缩机在汽车美容护理方面主要用于提供充足的达到预定压力值的高压清洁压缩空气，以确保汽车美容护理作业车间所有的气动设备都能有效工作，如高压泡沫机、喷枪、气动打磨机、气动抛光机、钣金件的干燥除尘设备等各种气动工具以及轮胎充气等。

图 6-86　空气压缩机

7. 水枪和气枪

水枪作为高压清洗机的附件与高压清洗机配套使用，是重要的清洗设备，种类较多：有的带快速接头，可作快速切换；有的带长短接杆，令使用更为方便。高级水枪带喷水压力和喷水形状调节。在汽车清洗中应用高压水枪，不但可以提高清洗作业的质量，极大地保护漆面，同时也提高了清洗作业的效率。图 6-87 为常见的水枪外形。

气枪与空气压缩机配套使用，是重要的清洗、除尘设备，有的气枪带有快速接头，可作快速切换。气枪通常为外购件，不随空气压缩机附送。图 6-88 为常见的气枪外形。

8. 洗车发泡枪

洗车发泡枪是专业的低压泡沫洗车工具，通过灵活的组合方式，实现喷洒洗车水蜡和低压软水冲洗车辆，如图 6-89 所示。其优势在于杜绝高压水柱对汽车漆面造成的损害，节省场地和设备，提高洗车档次和效率。

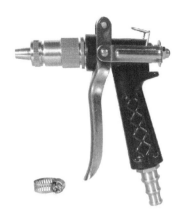

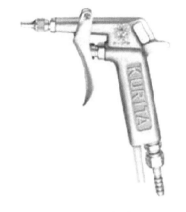

图 6-87　水枪　　　　　　　　　图 6-88　气枪

9. 无水洗车机

无水洗车也叫作微水洗车。主要的设备包括一台洗车机及若干塑料软管与喷头，如图 6-90 所示。

图 6-89　洗车发泡枪　　　　　　图 6-90　无水洗车机

10. 打蜡机及打蜡盘套

（1）打蜡机　打蜡机也称轨道抛光机，是把车蜡打在漆面上，并将其抛出光泽的设备。其外形如图 6-91 所示。打蜡机工作时是以椭圆形的轨迹旋转，它的托盘直径比抛光机的抛光盘直径大，机体却比抛光机轻很多，而且其双手扶把紧贴机体的中心立轴。由于它的质量、速度和椭圆形的旋转方式，使其产生不了足够的热能让抛光剂与车漆进行化学反应，不能用来进行研磨抛光作业。但此机用于打蜡效果很好，主要的优点在于质量小、做工细且底盘面积大，比人工打蜡省时省力，而且打蜡时不易产生漆面划痕。

（2）打蜡盘套　打蜡盘套安装在打蜡机的固定打蜡托盘上。打蜡盘套是一种衬有皮革底的毛巾套，其作用是把蜡均匀地涂覆到车身上。打蜡盘套的材料有三种：全棉（毛巾）的盘套、全毛（或混纺）的盘套和海绵的盘套。打蜡盘套有多种规格，目前使用最广泛的是全棉盘套，选择时应选择针织密集、线绒较多、具有柔软感的。因为越柔软就越能减少发丝划痕，也能把蜡的光泽和深度抛出来。

图 6-91　打蜡机及打蜡盘套

注意：全棉盘套不能反复使用，最好每做完一辆车更换一个新的。即使不更换新的，旧的也一定要洗干净。清洗时要使用柔顺剂，以免晒干后盘套发硬。

11．抛光机与抛光盘

如图 6-92 所示，抛光机也称为研磨机。抛光机常用于机械式研磨、抛光及打蜡。其工作原理是，电动机带动安装在抛光机上的抛光盘高速旋转，由于抛光盘和抛光剂共同作用并与待抛光表面进行摩擦，进而达到去除漆面污染、氧化层和浅划痕的目的。

图 6-92　抛光机

（1）抛光机

1）按动力分为气动和电动两种。气动式比较安全，但需要气源；电动式容易解决电源问题，但要注意用电安全。

2）按功能分为双功能工业用磨砂/抛光机和简易型抛光机两种。双功能工业用磨砂/抛光机安上砂轮可打磨金属材料，换上抛光盘又能进行车漆护理。此机较重，但工作起来非常平稳，不易损坏，转速可以调节，适合专业美容护理人员使用。简易型抛光机实际上是钻机，体积小，转速不可调，使用时难掌握平衡，专业美容护理人员一般不使用此类机型。

3）按转速分为高速抛光机、中速抛光机和低速抛光机三种。高速抛光机转速为 1750 ～ 3000r/min，转速可调；中速抛光机转速为 1200 ～ 1600r/min，转速可调；低速抛光机为 1200r/min，转速不可调。

（2）抛光盘　抛光盘安装在抛光机上，与研磨剂或抛光剂共同作用完成研磨/抛光作业。吸盘式抛光盘应用最广泛，与之配合使用的抛光机的机头用螺钉固定有托盘，托盘的工作面可粘住带有尼龙易粘平面的物体，这样就可以根据需要选择各种吸盘式的抛光盘，工作时只需将此种抛光盘贴在托盘上，便可实现抛光盘的快速转换。抛光盘按材料分为羊毛抛光盘、海绵抛光盘和兔毛抛光盘三种。

1）羊毛抛光盘。羊毛抛光盘为传统式切割材料，研磨能力强、功效大，研磨后会留下旋纹。一般用于普通漆的研磨和抛光，用于罩光漆时要谨慎。如图6-93所示，羊毛抛光盘按颜色一般分为白色和黄色两种。

① 白色羊毛抛光盘：切削力强，能去除漆面的严重瑕疵，配合较粗的蜡打磨进行快速去除橘皮或修饰研磨痕。

② 黄色羊毛抛光盘：切削力较白色羊毛抛光盘弱，一般配合细蜡来抛光漆面、去除漆面粗蜡抛光痕及轻微擦伤痕。

a) 白色　　　　　　　　　　　　b) 黄色

图6-93　羊毛抛光盘

注意：羊毛抛光盘需定期用梳毛刷或空气喷嘴清洁，以清除蜡质；使用过的羊毛抛光盘要进行干燥，干燥后用梳毛刷冲洗干净；冲洗时必须使用温水，千万不要用热水或强碱性清洁剂冲洗；使用洗衣机清洗只可使用轻柔档；通常利用空气对其干燥，最好不要进行机器干燥。

2）海绵抛光盘。海绵抛光盘切削力较羊毛抛光盘弱，不会留下旋纹，能有效去除漆面的中度瑕疵，可用于车身普通漆和透明漆的研磨和抛光，一般作羊毛抛光盘之后的抛光、打蜡之用。海绵抛光盘按颜色一般可分为三种，如图6-94所示。

① 黄色盘：一般作为研磨盘，质硬，用以消除氧化膜或划痕。

② 白色盘：一般作为抛光盘，质软、细腻，用以消除发丝划痕或抛光。

③ 黑色盘：一般作为还原盘，质软、柔和，适合车身为透明漆的抛光和普通漆的还原。

注意：海绵抛光盘在温水中冲洗后，挤去水分，面朝上放在干净的地方进行干燥；或用专门的抛光盘清洗机进行清洗。不要使用肥皂或清洁剂清洗，更不能干洗。

3）兔毛抛光盘。兔毛抛光盘切削力介于羊毛抛光盘和海绵抛光盘之间，可用于车身普通面漆和罩光漆的抛光，如图6-95所示。

12. 机械除锈、除漆工具

机械除锈、除漆是利用机械产生的冲击、摩擦作用对工件表面进行除锈、除漆，机械除锈、除漆速度快，质量好，工作效率高，是目前应用比较广泛的一种除锈、除漆方法。机械除漆在去除旧涂膜的同时也能彻底清除锈蚀，能一步达到除膜、除锈的目的。常用的工具有电动除漆/除锈机、气动除漆/除锈机、电动或气动砂轮机（图6-96）等。

图6-94 海绵抛光盘   图6-95 兔毛抛光盘

a) 电动砂轮机   b) 气动砂轮机

图6-96 砂轮机

　　手提式电动砂轮机是利用砂轮的高速运转除去铁锈，效果较好，尤其适用于较深的锈斑。它可以在手中随意移动，其工作效率高，施工质量也较好，使用方便，是一种较理想的也是比较普遍采用的除锈工具。其结构主要由电动机和打磨盘组成，打磨盘上有打磨砂轮片。砂轮片是易耗品，根据砂轮片的砂粒及直径大小分为不同规格，以便进行粗磨、中粗磨和细磨。

　　电动（气动）钣金除漆/除锈机的工作原理和电动砂轮机是一样的，它适用于清除钣金旧漆和铁锈，不伤钣金表面。

　　气动小型除漆/除锈机用于小面积边角部位除漆、除锈。

七、 喷枪

　　喷枪是涂装修补的关键设备，喷枪的功能是利用压缩空气的压力将液体雾化，形成雾状射流，雾化使涂料形成细小且均匀的液滴，当这些小液滴被以正确的方式喷上汽车表面后就会形成薄厚均匀具有光泽的薄膜。喷枪的类型和规格较多，适用于不同场合的喷涂。喷枪的质量会对涂装修补的质量带来重大影响。

1. 喷枪的类型

　　空气喷枪根据涂料的供给方法分为吸力式、重力式和压力式三种（图6-97），修补涂装常用吸力式和重力式，按涂料罐的安装位置常称为下壶枪和上壶枪。根据空气帽的类型，喷枪又分为外部混合型喷枪和内部混合型喷枪。根据喷枪的用途又分为底漆枪、面漆枪和修补喷枪。各式喷枪的优缺点见表6-8。

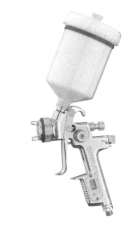

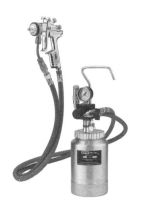

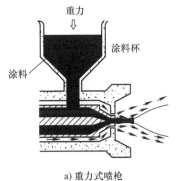

a) 重力式喷枪

b) 吸力式喷枪

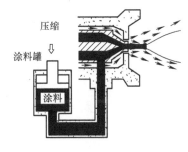

c) 压力式喷枪

图 6-97　喷枪的种类

表 6-8　各式喷枪的优缺点

类型	涂料进给方式	优点	缺点
吸力式（下壶枪）	涂料罐安装在喷嘴下方，仅用吸力供应涂料	喷枪工作稳定，便于向涂料罐加涂料或变换颜色	喷涂水平表面困难，黏度变动导致出漆量变化。涂料罐比重力进给式大，因而涂装人员较易疲劳
重力式（上壶枪）	涂料罐安装在喷嘴上方，用涂料重力及喷嘴处的吸力供应涂料	涂料黏度变化出漆量不会变化，涂料罐的位置可按喷涂件的形状变更角度，节省涂料	由于涂料罐安装在喷嘴上方，反过来就会影响喷枪的稳定性；涂料罐容量小，不适合喷涂较大的表面，多用于修补喷涂
压力式	用压缩空气罐或泵给涂料加压	喷涂大型表面时不必停下来向涂料罐内加涂料，也可以使用高黏度涂料	不适合小面积喷涂，变换颜色及清洗喷枪需要较多时间

2. 喷枪的结构

典型的喷枪由枪体和喷枪嘴组成。图 6-98 所示为一典型的吸力进给式空气喷枪的结构图。枪体主要由扇面调节螺钉、涂料调节螺钉、空气调节螺钉、进漆口、压缩空气进气口、扳机、手柄组成；喷枪嘴由气帽、涂料喷嘴、枪针组成。

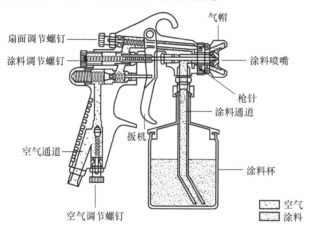

图6-98　吸力进给式空气喷枪结构

3. 喷枪主要组件及其作用

1）涂料调节螺钉。如图6-99所示，通过调节螺钉来控制涂料喷出量。如果拧松调节螺钉，涂料喷出量增加，拧紧调节螺钉，涂料喷出量减少。

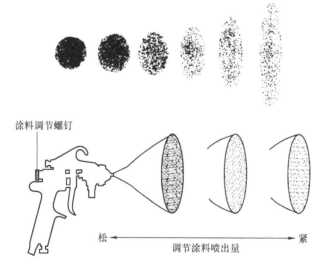

图6-99　涂料调节螺钉示意图

2）扇面调节螺钉。它的作用是调节喷雾图形（图6-100）。拧松螺钉喷雾形成椭圆形状；拧紧螺钉喷雾形成较圆形状。椭圆形状比较适合喷涂大的工作表面，圆的形状比较适合喷涂小的工作表面。

3）空气调节螺钉。它的作用是调节空气压力（图6-101）。拧松调节螺钉增加空气压力；拧紧调节螺钉降低空气压力。

空气压力不足会影响涂料雾化的程度，而空气压力过大，则会使更多的涂料溅散，增加所需的涂料量。

4）气帽。气帽把压缩空气导入漆流，使漆流雾化，形成雾形。气帽上有中心气孔、雾

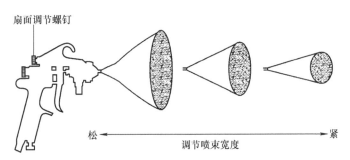

图 6-100 扇面调节螺钉示意图

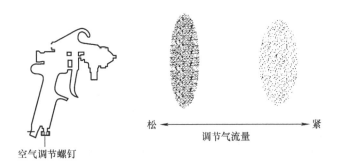

图 6-101 空气调节螺钉示意图

化气孔、扇面控制气孔（图 6-102）。中心气孔位于喷嘴末端，用来产生真空以排出涂料；雾化气孔促进涂料的雾化，喷出空气量的多少与涂料雾化好坏有很大关系；扇面控制气孔可控制喷雾的形状，如图 6-103 所示。

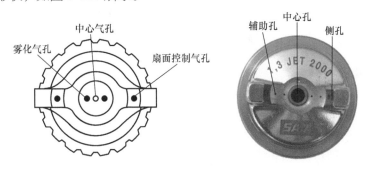

图 6-102 气孔名称

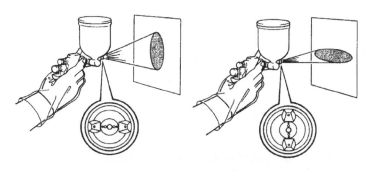

图 6-103 气帽与喷雾扇形的关系

5）涂料喷嘴。涂料喷嘴的作用是控制喷漆量，并把漆流从喷枪中导入气流（图6-104）。涂料喷嘴内有枪针内座，枪针顶到内座时可切断漆流。从喷枪喷出的实际漆量由枪针顶到内座时涂料喷嘴开口的大小决定。涂料喷嘴有各种型号，可以适应不同黏度的涂料。涂料喷嘴口径越大涂料喷出量越大，因此防锈底漆等下层涂装常用大口径的涂料喷嘴。

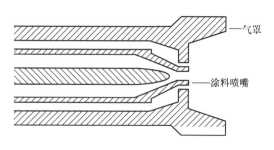

图 6-104　涂料喷嘴示意图

6）扳机。拉动扳机，空气和涂料便会喷出（图6-105）。扳机为两段式，扣下扳机时，气阀先开放，从空气孔喷出的压缩空气在涂料喷嘴前形成低压区，在用力扣下时，涂料喷嘴开口，吸入涂料。

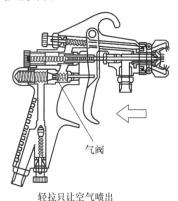
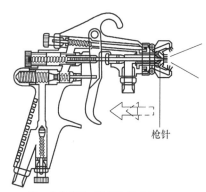

轻拉只让空气喷出　　　　　　　　　进一步拉动还可以让涂料喷出

图 6-105　扳机动作示意图

4．喷枪的检查与调整

对于喷枪的检查与调整，在喷涂底漆、二道浆和面漆之前都要按规定进行。

（1）检查　涂料罐上的气孔无污垢堵塞；涂料罐上的密封圈无渗漏。

（2）调整　喷枪的调整主要包括压力调整、喷幅调整和漆流量调整。

1）压力调整。严格按照涂料厂商提供的产品说明书中相应的施工参数调整喷枪的压力。由于有管道阻力的存在，空气从干燥器调压阀流到喷枪时压力有所损失，其差别取决于输气管的长度和直径。解决措施之一是在软管接头和喷枪之间接一个带压力表的调压阀，用来检查和控制喷枪压力，如图6-106所示。也可以使用带内置数字显示式压力表的喷枪，如图6-107所示。

最佳压力是指获得适当雾化、挥发率和喷雾扇形宽度所需的最低压力。压力过高会因飞漆而浪费大量涂料，到达涂装表面前溶剂挥发过快，导致涂料流平性差，容易产生橘皮等缺陷；而压力过低则会因保留的过多而造成干燥性能差，漆膜容易起泡和流挂。

2）喷幅调整。把喷幅调整旋钮拧到底可得到最小的圆形喷幅，逐渐拧出则喷幅逐渐加大成椭圆形状，旋钮全拧出得到最大喷幅，如图6-108所示。

3）漆流量调整。通过漆流量调整旋钮选定雾形调整漆流量，将调整旋钮拧出时漆流量增大，调整旋钮拧入时漆流量减小，如图6-109所示。

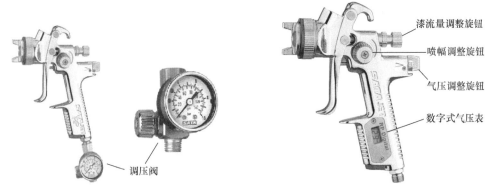

图6-106　带压力表调压阀的喷枪　　　　**图6-107　带内置数字显示式压力表的喷枪**

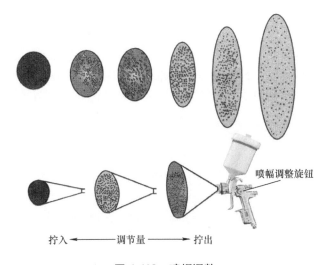

图6-108　喷幅调整

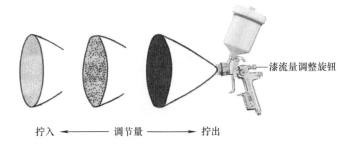

图6-109　漆流量调整

4）涂料分布测试。通过雾形测试，看流挂情况，检查喷枪调整是否正确。如图6-110所示，将空气帽的喇叭口转成竖直位置，使喷涂的椭圆形状呈水平方向。垂直对准试喷板保持约20cm的喷射距离，按下扳机进行喷涂直到涂料出现流挂现象，结果如图6-111所示。

如果各项调整正确，各段流挂的长度应近似相等，如图6-111a所示；如果流挂呈分离

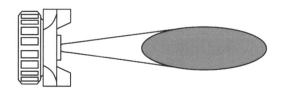

图 6-110　转动空气帽调整试喷图形

a) 合适的喷涂图形　　b) 分离的喷涂图形　　c) 中间过重的喷涂图形

图 6-111　雾形测试

形状，如图 6-111b 所示，则说明喷幅过宽、气压太低或涂料黏度过低。把喷幅调整旋钮拧入半圈，或把气压提高一些，交替进行这两项调整，直到流挂均匀；如果流挂中间长、两边短，如图 6-111c 所示，则说明漆流量过大或涂料黏度过高，调节漆流量调整旋钮，直至流挂均匀。

八、烤漆房

烤漆房将喷漆和烤漆合二为一，如图 6-112 所示。根据涂膜的成膜机理，无论是自然挥发成膜还是化学反应交联成膜，在温度高一些的时候、温度适宜的情况下，都会加快速度，提高涂膜的质量和工期，使生产效率提高。因此设立烤漆房，使漆膜加快干燥、固化，保持工作环境更干净，提高工作效率和工作质量。

图 6-112　烤漆房

1. 烤漆房的作用

因在维修涂装中的汽车整车经不起高温烘烤，所以汽车修补涂装中一般使用的是自干型或双组分型涂料。为了提高涂装效率和涂层质量，可选用低温烘烤型涂料和低温烘烤设备。在修补涂装产量大的场合，一般都独立设置一套低温烘烤房，烤漆房内的气流路径如图6-113所示。在局部修补时，还可使用移动式烘烤设备。

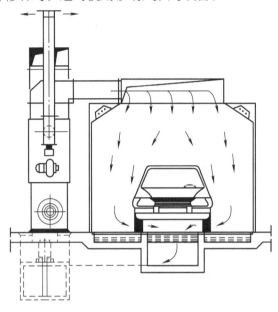

图6-113 烤漆房内的气流路径

烤漆房可以单独设置，也可以与喷漆房连成一体。如果喷漆房带有无尘的干燥室，可以加速漆膜的干燥。如图6-114所示，在普通维修企业通常使用喷－烤两用房（俗称烤漆房），即可以在其中进行喷涂施工，等涂膜经过充分晾干后，再实施烘烤工序。可满足修补涂装中的喷涂施工和低温烘烤两方面的要求，但工效低且漆雾粒子的除净率低。

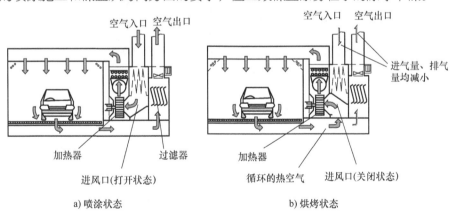

图6-114 喷－烤漆房的工作状态

2. 烤漆房的类型

根据烤漆房对漆膜的干燥方式不同，有热空气对流式烤漆房和辐射式烤漆房。

（1）热空气对流式烤漆房 如图6-115所示，热空气对流式烤漆房采用热风对流加热方式，被烘干件的金属底材温度在烘烤过程中不超过80℃。热源一般为煤油、柴油、废油、天然气、电力或蒸汽。

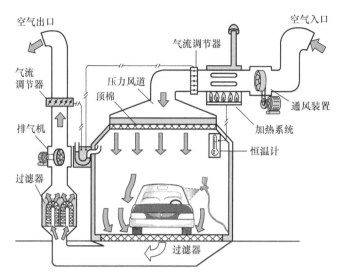

图6-115　热空气对流式烤漆房

（2）辐射式烤漆房　烘烤干燥方式除热空气对流式外，也可采用辐射式（图6-116）。可将辐射式干燥器根据烘烤室的结构合理布置在内，也可用于局部烘烤。

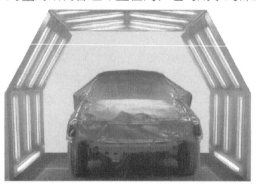

图6-116　辐射式烤漆房

第四节　汽车空调系统维修工具的使用

汽车空调在具体修理过程中，离不开检漏、抽真空、充注制冷剂、加注冷冻润滑油以及排出空气等基本操作。汽车空调维修及安装常用的检测工具有歧管压力表、检漏设备、制冷剂注入阀、真空泵以及其他专用维修工具。

专用成套维修工具

专用成套维修工具是把汽车制冷系统维修时需要的专用工具组装在一个工具箱内，如图6-117所示，汽车空调专用成套维修工具由歧管压力表、漏气检测仪、制冷剂管固定架、制冷剂管割刀、备用储气瓶、扩口工具、检修阀扳手、注入软管衬垫、检修阀衬垫等构成。这些专用工具组装在工具箱内，便于携带和保管，特别适用于空调系统的快修工作。

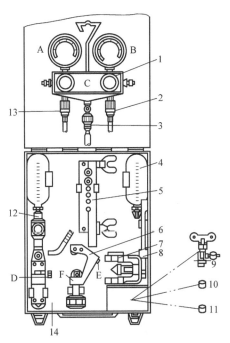

图6-117　汽车空调专用成套维修工具

1—歧管压力表　2—红色注入软管　3—绿色注入软管　4—备用储气瓶　5—制冷剂管固定架　6—制冷剂管割刀
7—扩口工具　8—检修阀扳手　9—制冷剂罐注入阀　10—注入软管衬垫　11—检修阀衬垫　12—漏气检测仪
13—蓝色注入软管　14—工具箱　A—低压表　B—高压表　C—压力表座　D—反应板　E—铰刀　F—刀片

二、专用工具

专用工具是指在对空调系统进行维修时所需的专门工具。

1. 割管器

用于切割制冷剂管（钢管），如图6-118所示。纯铜管一般用割管器切断，用割管器切出的管口整齐光滑，易于涨管。

切片

图6-118　制冷剂管割管器

割管器可用于切割直径为3~25mm的纯铜管。切割时将要切断的纯铜管夹在刀片与滚轮间，刀口与纯铜管垂直，然后顺时针缓慢旋紧螺钉把手，以使割管器转动1/4圈，然后再缓慢将割管器绕纯铜管旋转一周，再旋紧割管器螺钉把手1/4圈，并使割管器绕纯铜管一周，直至纯铜管被切断为止。切割纯铜管时，要将刀口垂直压向纯铜管，不要歪扭或侧向扭动。否则，很容易将刀口边缘崩裂。

2. 弯管器

纯铜管弯曲时，可先在弯曲处退火。弯曲前用气焊火焰加热纯铜管，加热部分的长度由弯曲角度和纯铜管的直径决定。当弯曲角度为90°时，加热部分的长度是纯铜管管径的六倍；弯曲角度为60°时，加热部分的长度是纯铜管管径的四倍；弯曲角度为45°时，加热部分的长度是纯铜管管径的三倍；弯曲角度为30°时，加热部分的长度是纯铜管管径的二倍。

加热纯铜管时应不断转动管子，使纯铜管管壁受热均匀。加热时间不要太长，一般加热到纯铜管管壁变为黄红色即可。纯铜管弯曲需用弯管器，如图6-119所示。操作时将纯铜管放入轮子的槽内，用夹具夹紧，纯铜管的另一端应将柄杆按顺时针方向移动，弯曲直到所需要的角度为止，然后退出弯管。对应于弯管不同的角度可调整轮上的不同角度。弯管时，速度要慢，逐步弯制，弯曲半径不能太小，过小会使纯铜管凹扁，纯铜管的弯曲半径应以纯铜管直径的五倍为宜。

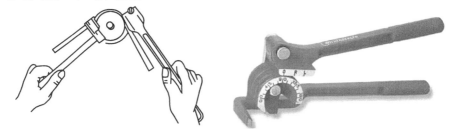

图6-119 用弯管器弯曲纯铜管

3. 涨管器

纯铜管采用螺纹接头时，为确保连接处的密封性，纯铜管管口需扩大并呈喇叭口形状。图6-120所示为纯铜管涨管器。操作时，将已退火且已割平的纯铜管去除毛刺后放入与纯铜管管径相同的孔中，纯铜管管口朝向喇叭面（纯铜管需露出喇叭口深度的1/3），旋紧夹具，在顶尖上涂少许冷冻润滑油，然后用手柄旋紧，先使顶尖下旋3/4圈，再退出1/4圈，如此反复进行，直到扩成60°喇叭口为止。其接触面不应有裂纹和麻点，以防密封不严，不合格的喇叭口可能有偏斜不正、损伤或裂纹、起皱。

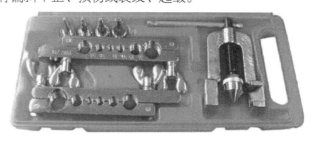

图6-120 涨管器

三、 检漏设备

检漏设备包括卤素检漏灯、染料检漏器、荧光检漏仪、电子检漏仪、氦质谱检漏仪、超声波检漏仪等。其中卤素检漏灯只能用于R12、R22等卤素制冷剂的检漏，对R134a等不含氯离子的新型制冷剂无效。电子检漏仪对常用制冷剂也存在适用性的问题，使用时要注意。

1. 氟利昂电子检漏仪

如图 6-121 所示为常用氟利昂电子检漏仪，图 6-122 所示为电子检漏仪工作原理，它由一对电极组成，阳极由铂金做成，铂金被加热器 3 加热，并带正电，在它附近放一阴极 6，使它带负电。若放在空气中，就会有阳离子射到阴极并产生电流。如果有氟利昂气体流过，回路中的电流就明显增大，根据此信号即可检测出制冷系统的泄漏情况。

图 6-123 所示为电子检漏仪外形及结构，在圆筒状铂金阳极设有加热器，并可加热到 800℃ 左右，在阳极外侧装有阴极，在阳极和阴极之间加有 12V 直流电压，为使气体在电极间流动，设有吸气孔和小风扇，当有卤素元素的阳离子出现时，就会产生几个微安的电流，由直流放大器放大，使电流计指针摆动或使音频振荡器发出不同的声响，以示系统制冷剂泄漏程度的大小。

2. 卤素检漏灯

检修或拆装汽车空调制冷系统管道、更换零部件之后，需在检修及拆装部位进行制冷剂的泄漏检查，目前主要有卤素检漏灯和电子检漏仪两种，其中电子检漏仪最为常用。

图 6-121　常用氟利昂电子检漏仪

卤素检漏灯是一种丙烷（或酒精）燃烧喷灯，利用制冷剂气体进入安装在喷灯的吸气管内，会使喷灯的火焰颜色改变这一特性来判断系统的泄漏部位和泄漏程度，其结构如图 6-124 所示。当喷灯的吸气管从系统泄漏处吸入制冷剂时，火焰颜色会发生变化；泄漏量少时，火焰呈浅绿色；泄漏较多时，火焰呈浅蓝色；泄漏很多时，火焰呈紫色。

卤素检漏灯的操作如下：

1）向检漏本体和检漏灯上加液态丙烷或无水酒精。

2）将点燃的火柴插入检漏灯点火孔内，再按逆时针方向慢慢旋转调节把手，让丙烷气体溢出，遇火就能点燃。

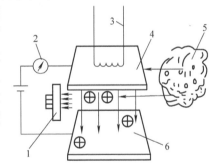

图 6-122　氟利昂电子检漏仪工作原理
1—吸气微型风扇　2—电流计
3—加热器　4—阳极
5—气态制冷剂　6—阴极

3）将燃烧的火焰调节到尽量小，火焰越小，对制冷剂泄漏反应越灵敏。

4）把吸气管末端靠近各个有可能泄漏的部位。

5）细心观察火焰的颜色。判断出制冷系统泄漏的部位和泄漏程度。

若没有泄漏发生，空气中不存在制冷剂蒸气时，火焰为无色。当出现极轻微的泄漏时，吸气管将泄漏的制冷剂蒸气吸入到丙烷灯燃烧室内，并在 600～700℃ 的燃烧区发生制冷剂分解，产生的气体在接触到烧红的铜时，会把火焰变成绿色并增加火焰高度。因此，可根据卤素检漏灯火焰颜色来判断制冷剂泄漏量，见表 6-9。

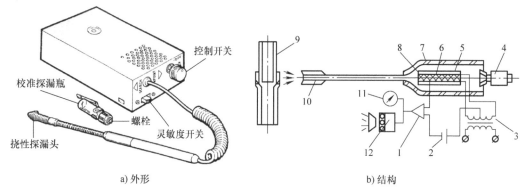

a) 外形　　　　　　　　　　　　　　　　　　b) 结构

图 6-123　氟利昂电子检漏仪

1—电流计　2—阳极电源　3—变压器　4—风扇　5—阳极　6—阴极
7—外壳　8—电热器　9—管道　10—吸嘴　11—放大器　12—音频振荡器

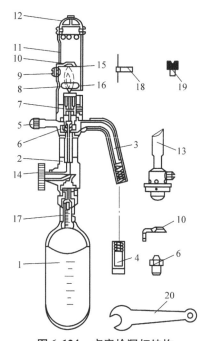

图 6-124　卤素检漏灯结构

1—检漏灯储气瓶　2—检漏灯主体　3—吸气管　4—滤清器　5—燃烧筒支架　6、17—喷嘴　7—火焰分离器
8—点火孔　9—反应板螺钉　10—反应板　11—燃烧筒　12—燃烧筒盖　13—栓盖　14—调节把手
15—火焰长度（上限）　16—火焰长度（下限）　18—喷嘴清洁器　19—调节扳手　20—扳手

表 6-9　卤素检漏灯故障诊断表

燃烧物质	火焰颜色	故障诊断
酒精	变成浅绿色	有少量泄漏
	变成深绿色	有大量泄漏
丙烷	变成浅蓝色	有较少泄漏
	变成蓝色	有较多泄漏
	变成紫色	有大量泄漏

四、 歧管压力表

歧管压力表也称压力表组，与制冷系统相接可进行抽真空、加注制冷剂及检查和判断制冷系统的工作状态和故障情况等。

1. 歧管压力表结构

歧管压力表由高压表、低压表、低压手动阀、阀体以及高压接头、低压接头、制冷剂抽真空接头等组成，如图 6-125、图 6-126 所示。工作时高、低压接头分别通过软管与压缩机高、低压阀相接（图 6-127），中间接头与真空泵或制冷剂钢瓶相接。只能用手拧紧软管与歧管压力计的接头，不可用扳手，否则会拧坏接头螺纹。所用压力表为弹簧管式压力表。低压表既用于显示压力，也用于显示真空度，故也称为连程表。

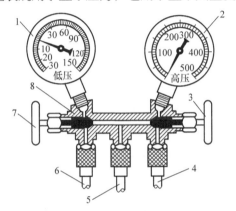

图 6-125　歧管压力表结构

1—低压表（蓝色）　2—高压表（红色）　3—高压手动阀　4—高压侧软管（红色）
5—维修用软管（绿色）　6—低压侧软管（蓝色）　7—低压手动阀　8—歧管座

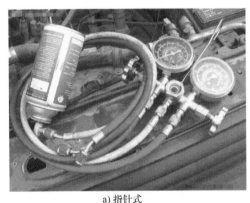
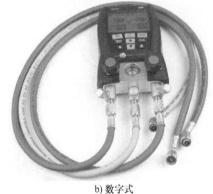

a) 指针式　　　　　　　　　　　　　　　b) 数字式

图 6-126　常用歧管压力表

2. 歧管压力表具有如下四种功能

（1）检测制冷系统的高压端压力　如图 6-128a 所示。若高压手动阀和低压手动阀同时关闭，则可对高压侧和低压侧进行压力检查。

（2）对制冷系统抽真空　如图 6-128b 所示。当高压手动阀和低压手动阀同时全开时，全部管路接通，在中间接头接上真空泵，便可以对系统进行抽真空。

（3）加注气态制冷剂和冷冻机油　如图 6-128c 所示。当高压手动阀关闭，低压手动阀打开时，中间接头接到制冷剂钢瓶上或冷冻机油瓶上时，则可向系统低压侧充注气态制冷剂或冷冻机油。

图 6-127　歧管压力表与空调高、低压管路的连接

（4）高压侧充注液态制冷剂，也可排出制冷剂，使系统放空　如图 6-128d 所示。当低压手动阀关闭，高压手动阀打开时，则可使系统向外放空，排出制冷剂，也可使高压端充注液态制冷剂。

使用注意事项如下：

1）压力接头与软管连接时，只能用手拧紧，不可使用工具。

2）使用时要排尽管内空气。

3）不使用时，应用堵头将各接口密封，防止管内进入水分或杂物。

4）该表属精密仪表，平时应注意保持清洁，使用时应注意轻拿轻放。

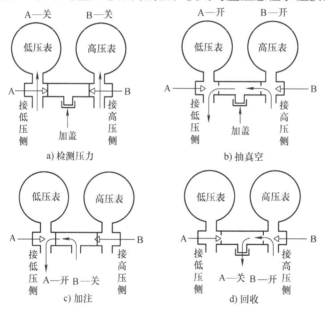

图 6-128　歧管压力表功能

3. 制冷系统的抽真空

抽真空是为了排除制冷系统内的空气和水蒸气，是空调维修中一项极为重要的程序。因为对制冷系统进行维修或更换元件时，空气会进入系统，且空气中含有一定量的水蒸气（湿空气）抽真空并不能直接把水分抽出制冷系统，而是产生真空后降低了水的沸点，水气化成蒸汽后被抽出制冷系统。因此，系统抽真空时，时间越长，系统内残余的水分就越少。

为最大限度地将系统内的空气及湿气抽出，必须采用重复抽真空法，即第一次抽真空完毕后，再连续抽 30min 以上。图 6-129 所示为抽真空管路连接方法，具体操作过程如下：

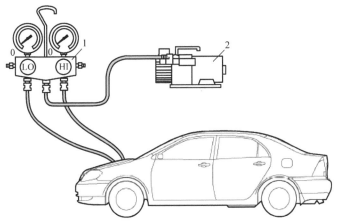

图 6-129　抽真空管路连接方法

1—歧管压力表　2—真空泵

1）歧管压力表、真空泵与制冷系统的连接。将歧管压力表上的两根高、低压软管分别与压缩机或空调管路上的高、低压接口相连；将歧管压力表上的中间软管与真空泵相连。也可以中间接口的软管上接上一个三通阀，将真空泵、制冷剂瓶、中间接口接到三通阀上，后一种的优点是在抽真空加入制冷剂时空气进入制冷系统的机会小。

2）抽真空。开动真空泵，打开歧管压力表的高、低压手动阀，起动真空泵（图 6-130）。观察歧管压力表真空度大于 95kPa 后，再持续 10min 后停止抽真空。起动真空泵，观察歧管低压压力表真空度不低于 300kPa，高压表不能低于零，说明系统有堵塞，应修复后再抽。

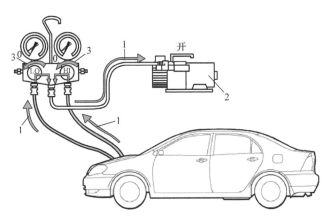

图 6-130　抽真空

3）真空泄漏。关闭高、低压手动阀，其表针应在 10min 内不得回升，如图 6-131 所示。低压表在 100～200kPa。这就是前面所说的真空试漏。若在抽真空时系统达不到低压表在 100～200kPa，或达到了但在 10min 内表针有回升，则说明制冷系统有泄漏的地方。

4）检漏。系统内的真空度在 10min 内没有回升，低压表在 100～200kPa，还要进行制冷剂检漏，方法是从低压端注入少量气态制冷剂。当压力达到 100kPa 时，迅速关闭制冷剂瓶和低压手动阀。用电子检漏仪或肥皂水检查方法查漏，若出现管接头有泄漏，按图6-132所示进行坚固。

注意：如果抽真空不足，空调管道内的水分会冻结，这将阻碍制冷剂的流动并导致空调系统内表面生锈。

5）第二次抽真空　再次开动真空泵，打开歧管压力表的高、低压手动阀，继续抽真空不少于 30min，可以更长时间保证抽真空的效果，结束时要先关闭高、低压手动阀，再关闭真空泵。这时就为系统加注制冷剂做好了准备。

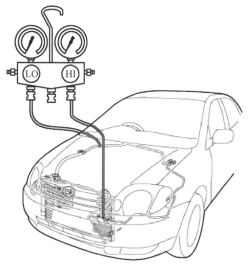

图 6-131　检查空调管路的密闭性

4. 制冷剂的加注

当制冷系统抽真空达到要求，且经检漏确定制冷系统不存在泄漏部位后，即可向制冷系统充注制冷剂，充注前先确定注入制冷剂的数量，每种压缩机加注制冷剂的量都有严格规定，加注量过多或过少都将影响压缩机的寿命和空调系统的制冷效果。

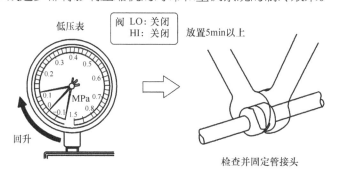

图 6-132　检查并坚固管接头

加注制冷剂的方法有三种，一种是制冷系统的高压端的气门阀充注，称为高压端充注，充入的是液态制冷剂，其特点是安全，快速，但用该方法时要注意充注时不可开启压缩机（发动机停转），且制冷剂罐要倒立，这种方法最好是用专用的设备充注；另一种是从制冷系统的低压端的气门阀充注，充入的是气态制冷剂，其特点是充注速度慢，可在系统补充制冷剂的情况下使用；第三种是先从高压端气门阀充注一定量制冷剂后，起动发动机，空调制冷系统工作，再从低压端气门阀吸入制冷剂，这种方法充注制冷剂的速度较快，不需要其他的专用仪器，一般汽车修理厂都采用这种方法。

（1）加注罐的安装

1）连接阀门和加注罐（图6-133、图6-134）。

① 检查加注罐连接部件的盘根（图6-134a），逆时针转动手柄升起针阀，逆时针转动阀盘升起阀盘。

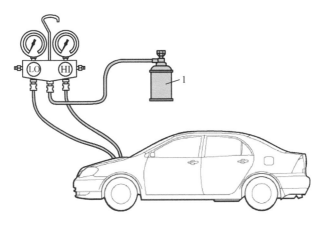

图 6-133　安装加注罐
1—加注罐

注意：要在针阀升起前安装加注罐，否则针阀会插进加注罐从而导致制冷剂泄漏。

② 把阀门旋进加注罐直到和盘根紧密接触（图 6-134b），然后紧固阀盘以卡住阀门。

注意：不要顺时针转动手柄，否则针将插进加注罐，从而导致制冷剂泄漏。

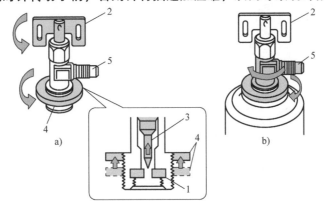

图 6-134　加注阀的安装方法
1—盘根　2—手柄　3—针阀　4—阀盘　5—阀门

2）把加注罐安装到歧管压力表上（图 6-135）。

① 完全关闭歧管压力表低压侧和高压侧的阀门。

② 把加注罐安装到歧管压力表中间的绿色加注软管。

③ 顺时针转动手柄直到针阀在加注罐上钻个孔。

④ 逆时针转动手柄退出针阀。

⑤ 按下歧管压力表的空气驱除阀放出空气直到制冷剂从阀门释出。

注意：如果用手按下气体驱除阀，释放出的空调气体就会沾到手上等处，从而冻伤，因此要用螺钉旋具等按住阀门。

（2）高压端加注　高压端加注（图 6-136）是通过歧管压力表高压手动阀端向系统加注液态制冷剂的方法，操作步骤如下：

1）当系统抽真空后，关闭歧管压力表上的高、低压手动阀。

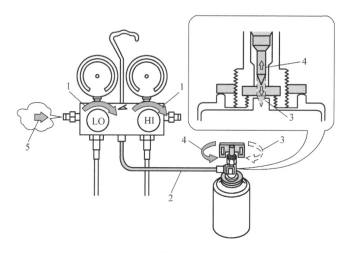

图 6-135　把加注罐安装到歧管压力表上

1—高、低压阀关　2—黄色软管　3—顺时针转动手柄　4—逆时针转动手柄　5—空气驱除阀

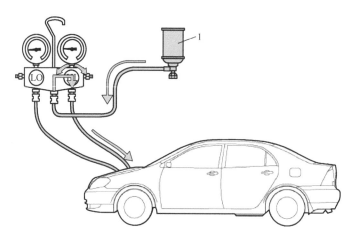

图 6-136　高压端加注液态制冷剂

1—加注罐

2）将中间软管的一端与制冷剂罐加注阀的接头连接。打开制冷剂罐开启阀，再拧开歧管压力表软管一端的螺母，让气体溢出几分钟，把空气排出，然后再用手拧紧螺母即可，无需使用工具，如图 6-137 所示。

3）拧开高压侧手动阀至全开位置，将制冷剂罐倒立。

4）从高压侧注入规定量的液态制冷剂。关闭制冷剂罐注入阀及歧管压力表上的高压手动阀，然后将仪表卸下。从高压侧向系统加注制冷剂时，发动机处于不起动状态（压缩机停转），不要拧开歧管压力表上的低压手动阀，以防产生液压冲击。

（3）低压端加注　低压端加注是通过歧管压力表低压手动阀端向系统加注气态制冷剂的方法，操作步骤如下：

1）如图 6-138 所示，将歧管压力表与压缩机和制冷剂罐连接好。

2）打开制冷剂罐，拧松中间注入软管在歧管压力表上的螺母，直到听见有制冷剂蒸汽

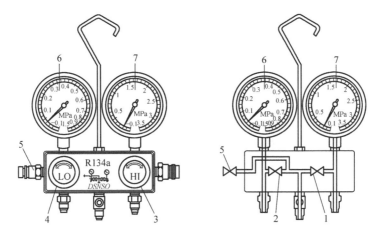

图 6-137　排除双表中的空气

1—高压阀（HI）　2—低压阀（LO）　3—高压阀旋钮（HI）
4—低压阀旋钮（LO）　5—空气清除阀　6—低压表　7—高压表

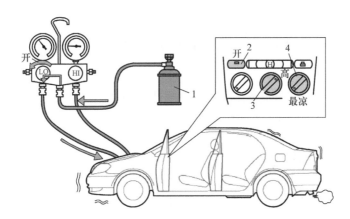

图 6-138　低压端加注气态制冷剂

1—加注罐　2—空调开关　3—送风机速度控制　4—温度选择器

流动声，然后拧紧螺母。从而排出注入软管中的空气。

3）打开低压手动阀，让制冷剂进入制冷系统。当系统的压力值达到 0.4MPa 时，关闭低压手动阀。

4）起动发动机，将空调开关接通，并将鼓风机开关和温控开关都调至最大。

5）再打开歧管压力表上的手动阀，让制冷剂继续进入制冷系统，直至加注量达到规定值。

6）在向系统中加注规定量制冷剂之后，从视液窗处观察，确认系统内无气泡、无过量制冷剂。随后将发动机转速调至 2000r/min，冷鼓风机风量开到最高档，若气温为 30～35℃，则系统内低压侧压力应为 0.147～0.192MPa，高压侧压力应为 1.37～1.67MPa。

7）加注完毕后，关闭歧管压力表上的低压手动阀，关闭装在制冷剂罐上的注入阀，使发动机停止运转，将歧管压力表从压缩机上卸下，卸下时动作要迅速，以免过多制冷剂泄出。

8）在向系统中充注规定量制冷剂之后，检查空调系统运转是否正常：通过观察孔检查加注量，确认系统内无气泡、无过量制冷剂；检查漏气；空调制冷状况如图6-139所示。随后将发动机转速调至1500r/min，冷风机风量开到最高档，若气温在30～35℃，系统内低压侧压力应为0.15～0.25MPa，高压侧压力应为1.37～1.57MPa。

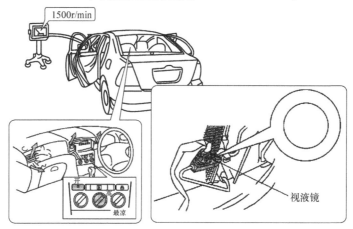

图6-139　检查制冷剂量和空调系统是否正常

9）制冷剂加注量符合要求后，关闭歧管压力表上的手动低压截止阀，关闭装在制冷剂罐上的开启阀，使发动机停止运转，将双压表组从压缩机上卸下，卸下时动作要迅速，以免过多的制冷剂泄出，如图6-140所示。

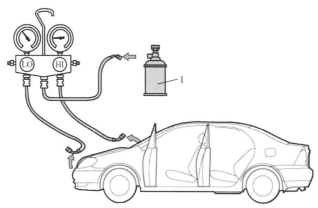

图6-140　拆卸空调歧管压力表组和制冷剂罐
1—加注罐

如图6-141所示，外部温度高时，加注制冷剂困难，可用空气或冷水降低冷凝器的温度；外部温度低时，可用温水（40℃以下）加热制冷剂罐，这样加注比较容易。

（4）从高压端注入液态制冷剂，再从低压端补足制冷剂

1）当系统抽真空后，关闭歧管压力表上的高、低压手动阀。

2）将中间软管的一端与制冷剂罐注入阀的接头连接起来，打开制冷剂罐开启阀，再拧开歧管压力表软管一端的螺母，让气体溢出几分钟，把空气赶走，然后再拧紧螺母。

3）从高压侧注入液态制冷剂一段时间后，制冷剂罐重量不再下降，则关闭高压手动

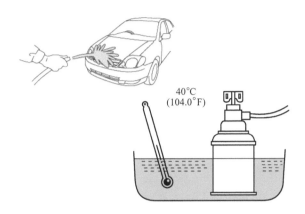

图 6-141　用温水加热制冷剂罐或用冷水冷却冷凝器

阀，将制冷剂罐竖立。

4）起动发动机，转速保持在 1250～1500r/min，打开空调 A/C 开关，风扇开到最大档，并打开低压手动阀，让气态的制冷剂进入系统的低压端。

5）若进气速度慢，则可以把制冷剂罐放在热水中加热，加快进气速度。

6）从视镜玻璃、高低压力表中检查制冷剂量，其方法同上述检查方法一致。加足量后，关闭制冷剂罐，然后关闭低压手动阀，停止空调器的工作，停止发动机的运转。

（5）注入制冷剂时的注意事项

1）注入人员应遵守操作规范、戴好防护眼镜，避免制冷剂与皮肤直接接触。

2）制冷剂罐应放在 40℃ 以下的无太阳直射的通风处。

3）在系统抽完真空后，应立即关闭歧管压力表上的手动高、低压阀，然后再关闭真空泵。两者顺序千万不能颠倒，否则会导致管道与外界相通，无法保持系统的真空状态。

4）注入制冷剂后，应及时检查制冷剂的注入量。

五、真空泵

真空泵用于制冷系统抽真空，排除系统内的空气、水分，真空泵的外形如图 6-142 所示。抽真空并不能将水抽出系统，而是产生真空后降低了水的沸点，水在较低温度下沸腾，以蒸汽的形式从系统中抽出。

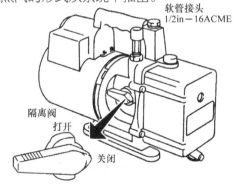

图 6-142　真空泵

六、 制冷剂罐注入阀

当向制冷系统加注制冷剂时，可将注入阀装在制冷剂罐上，旋转制冷剂罐注入阀手柄，阀针刺穿制冷剂罐，即可加注制冷剂。为便于维修汽车空调和随车携带，制冷剂生产厂制造了一种小罐制冷剂（一般为400g左右），但要将它注入汽车空调制冷系统中需要有注入阀才能配套开罐。图6-143所示为制冷剂罐注入阀，制冷剂罐内装有制冷剂，接头用软管与歧管压力表的中间接头相连，其具体使用方法如下：

制冷剂注入阀手柄
注入阀接头
板状螺母
阀针
制冷剂罐

图6-143　制冷剂罐注入阀

1）按逆时针方向旋转注入阀手柄，直到阀针退回为止。

2）将注入阀装到制冷剂罐上，逆时针方向旋转板状螺母直到最高位置，然后将制冷剂注入阀顺时针拧动，直到注入阀嵌入制冷剂密封塞。

3）将板状螺母按顺时针方向旋转到底，再将歧管压力表上的中间软管固定到注入阀的接头上。

4）拧紧板状螺母。

5）按顺时针方向旋转手柄，使阀针刺穿密封塞。

6）若要加注制冷剂，则逆时针方向旋转手柄，使阀针抬起，同时打开歧管压力表上的手动阀。

7）若要停止加注制冷剂，则顺时针方向旋转手柄，使阀针再次进入密封塞，起到密封作用，并同时关闭歧管压力表上的手动阀。

七、 检修阀

检修阀是一个三通阀，用于对汽车空调系统抽真空、检测系统压力以及加注制冷剂，其结构如图6-144所示，阀上有四个通道接口，接口4接压力表，接口5接旁路电磁阀，接口6接制冷系统管道，接口7接压缩机。

无论高、低压检修阀均有三个位置，即后座、中座和前座，如图6-145所示为检修阀的工作位置，其阀杆可利用棘轮扳手转动，使该阀可处于下列三种位置中的任何一种位置。

（1）后座位置　又叫正常位置，如图6-145a所示，逆时针方向旋转阀杆至极限位置，

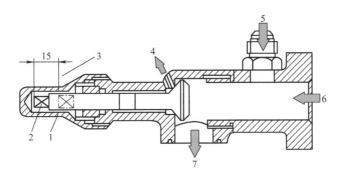

图 6-144　检修阀结构

1—阀帽　2—阀杆　3—阀杆行程　4—压力表接口　5—旁路电磁阀接口　6—制冷系统管道接口　7—压缩机接口

检修阀为后座，此时制冷剂可进、出压缩机，但到不了压力表。制冷系统正常工作时，压缩机上的两个检修阀处于此位置。

（2）中间位置　如图 6-145b 所示，歧管压力表、压缩机、制冷剂管道全部连通。这个位置可以加注制冷剂、抽真空或用歧管压力表检查制冷系统的压力。制冷剂可在整个系统内流通，压缩机内制冷剂既可进入管路系统，又可进入压力表口，以便检测系统压力。

（3）前座位置　如图 6-145c 所示，顺时针方向转动阀杆至检修阀的极限位置，检修阀为前座，此时系统内制冷剂不能流到压缩机，检修阀处于关闭位置。而压缩机与系统其他部分隔绝，若松开检修阀的固定螺钉，可以更换压缩机，或将压缩机拆下来修理，而不必打开整个制冷系统。但从压缩机上卸下检修阀时要小心，因为压缩机还残存有制冷剂，所以拆卸检修阀时速度要慢并遵守有关操作规程。

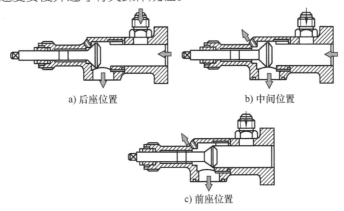

a) 后座位置　　　　　　　　　　　b) 中间位置

c) 前座位置

图 6-145　检修阀的工作位置

八、气门阀

气门阀一般用于非独立驱动的汽车空调制冷系统维修（如轿车空调等）。在轿车空调制冷系统中，为了简化制冷系统结构，压缩机上不设检修阀，而用维修接口来代替，每个维修接口上都装有气门阀。气门阀的结构如图 6-146 所示，轿车空调压缩机吸、排气管都采用这种气门阀，它和轮胎的气门芯相似，只有开和关两个位置。使用时只要把检测用软管接头拧在工作阀口上，阀芯就被压开，制冷剂就进入检测用软管；卸下检测用软管时，则自动关闭系统接口。

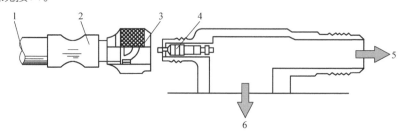

图 6-146　气门阀结构

1—通往压力表　2—检测用软管　3—顶阀杆　4—气门阀　5—通往制冷管路　6—通往压缩机

九、氧乙炔焊割设备

氧乙炔焊割是汽车空调维修使用最广的设备，其基本组成如图 6-147 所示。氧乙炔焊割设备主要由乙炔瓶、氧气瓶、焊枪、氧气减压阀、乙炔减压阀及氧气连接管等组成。

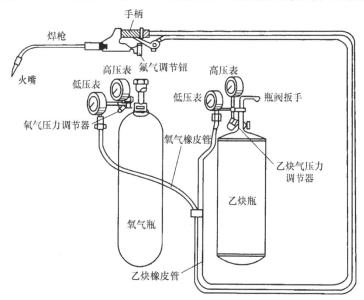

图 6-147　氧乙炔焊割设备

（1）乙炔瓶　乙炔瓶用于存储乙炔气体，其最大表压力为 0.15MPa，乙炔含量 93%，乙炔瓶安装有减压阀，其阀有瓶内压力指示表和减压后乙炔气体压力指示表。减压阀装有调节手柄，将手柄逆时针旋转，减压后的乙炔压力就随之升高。

（2）氧气瓶　氧气瓶用于存储高压氧气，其最大表压力为 15MPa，由于压力过高，所以使用时装有减压阀，减压阀上装有两块压力表分别指示瓶内氧气压力和调整后的氧气压力。压力调整和乙炔相同。

（3）焊枪　焊枪是指氧气和乙炔按正确的比例混合好并点燃后的高温火焰焊接管路接头的焊接工具。焊枪结构有两个针阀调节开关，逆时针旋转打开针阀，顺时针旋转关闭针阀。调节两针阀的开启度可使氧气和乙炔按比例混合，也可调整火焰的大小。

第五节　车身系统维修常用工具及设备

 钣金锤

车辆在交通事故中如果发生刮蹭、碰撞等，会导致车身发生凹陷、变形或破损，维修时就需要使用钣金锤对变形的部件进行修复，使之恢复原始形状。钣金锤种类繁多，大致有以下几种。

1. 球头锤

球头锤如图 6-148 所示。球头钣金锤是一种对所有钣金作业都适用的多用途工具，用途很广，既可用来校正弯曲的基础构件，也可用于修平变形部件和钣金件粗成型工作，球头锤质量一般在 290～450g 之间。

2. 橡皮钣金锤

橡皮钣金锤如图 6-149 所示。橡皮钣金锤在汽车钣金作业中，主要用来修复表面微小的凹陷，由于锤头使用比较柔软的橡胶制成，因此敲击时不会损伤汽车喷漆表面，也不会在敲

图 6-148　球头锤

击表面留下敲击痕迹。如图 6-149b 所示为软面锤。它一端是硬面的（钢制），另一端是软面的（可更换橡胶头），适用于修理铬钢件或其他精密部件，而不损坏表面的光泽。

3. 轻铁锤

轻铁锤如图 6-150 所示，是一种用来修整钣金件，使其大致回到原形的钣金锤。它的手柄比较短，非常适合在操作空间比较狭窄的地方使用。

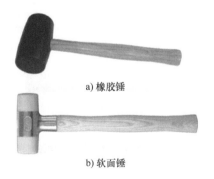

a) 橡胶锤

b) 软面锤

图 6-149　橡皮钣金锤

图 6-150　轻铁锤

 车身锤

车身锤是连续敲击钣金件恢复其形状的基本工具。有方头、圆头、尖头等不同形状，每种形状均有其特定的用途。

1. 镐锤

镐锤如图 6-151 所示，是专门用来维修小凹陷的工具。镐锤上的尖顶可以将凹陷敲出，其平端头与顶铁配合使用可以去除微小的凸点和波纹。使用时要小心，不要用力过猛，否则镐锤的尖顶有可能戳穿车身钢板，镐锤不能用于修复大的凹陷表面。

2. 冲击锤

冲击锤如图 6-152 所示。冲击锤的锤头一头是圆形，锤顶表面近乎是平的。这种锤顶面大，敲击时打击力会散布在较大的面积上，非常适合矫正凹陷板面的初始作业或加工非露在外面的钣金件。变形大的凹陷表面可用冲击锤，冲击锤另一端锤头为凸起的顶面，可用来敲击下凹的金属下表面，使之逐渐恢复平整。

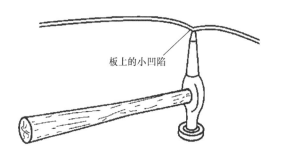

图 6-151　镐锤

图 6-152　冲击锤

3. 精修锤

精修锤如图 6-153 所示，当使用冲击锤将凹陷去除之后，就可以使用精修锤对钣金件外形实施精修作业。精修锤的锤面比冲击锤小，锤头锤面隆起，适于修平表面微小凸点和波纹顶端。带有锯齿面的收缩精修锤可适用于表面收缩作业，能修整因过度捶打而产生的延伸变形。

精修锤的锤面较冲击锤小。锤面隆起的锤头适于修平表面微小高凸点和波纹的顶端。带有锯齿面或交错缝槽面的精修锤，适用于表面收缩作业，以便修整被过度捶打而产生的延伸变形。图 6-154 所示为收缩锤两种锤面的示意图。

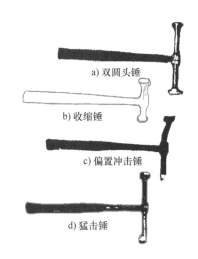

a) 双圆头锤

b) 收缩锤

c) 偏置冲击锤

d) 猛击锤

图 6-153　各种常用的精修锤

三、衬铁

衬铁是一种手持的铁砧，也叫抵座。在汽车钣金作业中，一般和锤子一起配合使用进行钣金维修作业，如图 6-155 所示。在钣金修整作业中，可以根据车身表面不同形状的凹陷采用形状不同的衬铁，使衬铁形状与面板外形形成最好的配合，从而得到良好的钣金整形效果。图 6-156 为各种不同形状的顶铁。

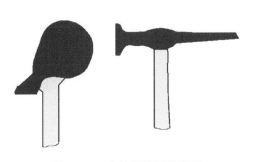

图 6-154　收缩锤的两种锤面

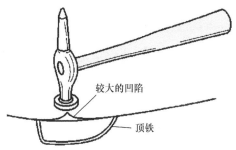

较大的凹陷

顶铁

图 6-155　用锤子和顶铁修复凹陷

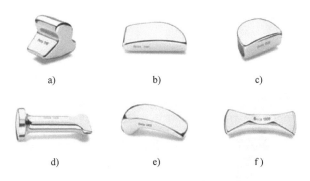

a)　　　　　　　　b)　　　　　　　　c)

d)　　　　　　　　e)　　　　　　　　f)

图 6-156　各种不同形状的顶铁

四、修平刀

修平刀如图 6-157 所示。修平刀是车身修理的特殊工具，使用时将修平刀紧紧贴在待修表面，然后再捶打修平刀，对修复某些微小隆起或使划伤部位恢复原状非常有效，如图 6-158 所示。修平刀种类很多，如图 6-159 所示。对于某些衬铁无法放入操作的弧形凹陷位置，也可以使用修平刀充当衬铁使用。

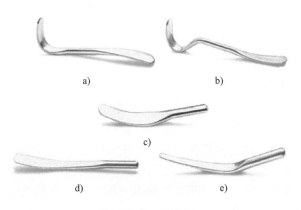

a)　　　　　　　　　　　　b)

c)

d)　　　　　　　　　　　　e)

图 6-157　修平刀

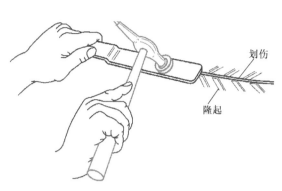

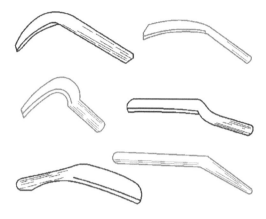

图6-158　用钣金锤和修平刀修复微小的隆起和划伤　　　　**图6-159　修平刀的种类**

五　撬镐

　　撬镐使用方法和类型如图6-160所示，利用撬镐可以穿过车身固有的洞口对车门侧板的凹陷处进行敲击，消除凹陷。

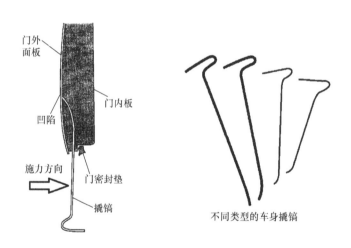

图6-160　撬镐使用方法和类型

六　凹坑拉出器和拉杆

　　对于某些配备密封型车身面板的车型，无法利用现成的孔洞使用撬镐撬起凹陷时，可以采用凹坑拉出器或拉杆将凹陷拉平。凹坑拉出器的顶端如图6-161所示呈螺纹尖端形，螺纹尖端可以旋紧在孔中，然后利用套在杆中部的冲击锤向外冲击手柄端面，同时向外拉手柄，即可将凹点慢慢拉起。

　　拉杆也可以用来修复凹坑，先在凹坑处钻孔，然后把拉杆的弯钩插入钻孔中，勾住凹坑两侧向外拉起，如图6-162所示，将凹坑拉起，整平后用气焊将钻孔修补再喷漆复原即可。

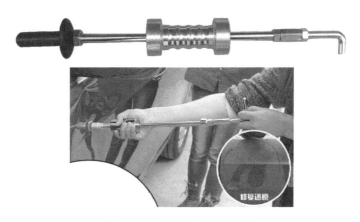

图 6-161　凹坑拉出器的顶端

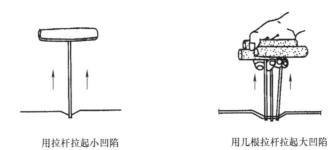

用拉杆拉起小凹陷　　　　　　用几根拉杆拉起大凹陷

图 6-162　用拉杆修复凹坑

七、凹坑吸盘

凹坑吸盘是一种汽车钣金作业中使用的真空吸盘，如图 6-163 所示。对于车身面板凹陷，可以使用真空吸盘将凹陷处拉平。使用真空吸盘的优点在于进行凹陷修平时不会损伤车身漆面，特别适合对车身蒙皮部位产生的凹陷进行修平作业。

图 6-163　凹坑吸盘

八、金属剪

汽车钣金维修中常用的金属剪（图 6-164）是一种金属切割工具，主要有以下三种。

1. 铁皮剪

铁皮剪可以用来剪切薄钢板，可以把薄钢板剪切成各种形状。

2. 金属切割剪

金属切割剪可以用来切割硬度较高的不锈钢等硬金属。

3. 面板切割剪

面板切割剪是一种特殊的铁皮剪，在汽车钣金维修作业中常用来切断车身钣金件中被损坏的部分，这种剪刀切出来的切口非常清洁、平直，便于实施焊接作业。

图6-164 不同类型的金属剪

九、铆枪

铆枪是汽车钣金维修中经常使用的维修工艺，铆接时就使用铆枪将铆钉组件插入被连接件的通孔中，用铆钉器将外伸的铆钉杆拉断，即可完成铆接作业，将板材铆接在一起。常见的铆枪如图6-165所示，铆接示意图如图6-166所示。

图6-165 铆枪

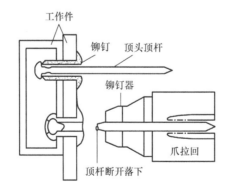

图6-166 铆接示意图

读者沟通卡

一、申请课件

本书附赠**教学课件**供选用本书作为教材的任课教师采用，可在机械工业出版社教育服务网（www.cmpedu.com）注册后免费下载；也可扫描二维码关注"**爱车邦**"微信订阅号获取课件。

爱车邦

免费下载　教学课件、学习视频、海量学习资料
☆扫描二维码，关注"**爱车邦**"
☆点击"粉丝互动"→"视频课件"

二、机工汽车教师服务群

任课教师可加入"**机工汽车教师服务群**"，与教材主编、编辑直接沟通交流。"机工汽车教师服务群"提供最新教材信息、教材特色介绍、专业教材推荐、样书申请、出版合作等服务。

QQ 群号码：633529383，本群实行实名制，请任课教师以"**院校名称＋姓名**"的方式申请加入。

三、微信购书

汽修邦

关注微信订阅号"**汽修邦**"，可直达机工社旗下网络购书平台"**汽车书院**"，第一时间购买新书，获取新鲜实用的维修资讯。

四、意见反馈和编写合作

联　系　人：谢元
电　　　话：010-88379771
电子信箱：22625793@qq.com
地　　　址：北京市西城区百万庄大街 22 号汽车分社
邮　　　编：100037

扫一扫
关注有礼

欢迎关注
机械工业出版社汽车分社
官方微信公众号

"爱车邦AutoClub"微信订阅号

扫一扫
关注我们

💾 免费赠送汽车专业学习课件！

💾 免费赠送汽车专业学习视频！

💾 免费赠送汽车专业海量资料！

"汽修邦"微信订阅号

"汽车极客"微信订阅号

"车界瞭望"微信订阅号

扫一扫
加入汽车维修技师之家，
免费领取汽车维修视频

扫一扫
加入汽车工程师之家，获
取最前沿的汽车科技资讯

扫一扫
洞悉汽车行业最新动态，
获取最新鲜的科技知识

机械工业出版社
CHINA MACHINE PRESS